PHILOSOPHIES
DE LA NATURE

DU MÊME AUTEUR

Tableau des progrès de la pensée humaine *depuis Thalès jusqu'à Hegel.* 6° édition, un vol. in-12, Paris, PERRIN, 1886.

Pascal physicien et philosophe. Un vol. in-12, Paris, PERRIN, 1885.

La Philosophie de Saint Augustin (*Ouvrage couronné par l'Institut*). 2° édition, deux vol. in-12, Paris, DIDIER, 1866.

La Philosophie de Leibniz (*Ouvrage couronné par l'Institut*). Un vol. in-8°, Paris, HACHETTE, 1860, *épuisé*.

Une Visite à Hanovre, *Septembre 1860. Mémoire sur les manuscrits de Leibniz.* Broch. in-8°, DURAND, 1860.

La Nature humaine, *Essais de psychologie appliquée* (*Ouvrage couronné par l'Institut*). Un vol. in-8°, Paris, DIDIER, 1865.

Essai sur Alexandre d'Aphrodisias, suivi du *Traité du Destin et du Libre pouvoir aux Empereurs,* traduit en français pour la première fois. Un vol. in-8° Paris, DIDIER, 1870.

Exposition de la Théorie Platonicienne des idées Un vol. in-18, Paris, LADRANGE, 1862, *épuisé*.

Essai sur la philosophie de Bossuet, *avec des fragments inédits.* 2° édition, un vol. in-8°, Paris, LADRANGE, 1862.

Spinoza et le Naturalisme contemporain. Un vol. in-12, Paris, DIDIER, 1866.

Portraits et Études, *avec des fragments inédits.* Nouvelle édition, un vol. in-12, Paris, DIDIER, 1863.

Les Pères de l'Église latine. Deux vol. in-12, Paris, HACHETTE, 1856.

Le Cardinal P. de Bérulle. Un vol. in-12, Paris, DIDIER, 1856, *épuisé*.

La Politique de Bossuet. Un vol. in-12, Paris, DIDIER, 1867.

L'Ancienne France et la Révolution, avec une introduction sur *la Souveraineté nationale.* Un vol. in-12, Paris, DIDIER, 1873.

Trois Révolutionnaires : Turgot, Necker, Bailly. Un vol. in-8°, Paris, PERRIN, 1885.

Machiavel. Nouvelle édition augmentée d'un *Appendice sur Machiavel et les Classiques anciens.* Un vol. in-12, Paris, PERRIN, 1883.

PHILOSOPHIES

DE

LA NATURE

BACON
BOYLE — TOLAND — BUFFON

PAR

NOURRISSON

Membre de l'Institut

PARIS
LIBRAIRIE ACADÉMIQUE DIDIER
PERRIN ET Cie, LIBRAIRES-ÉDITEURS
35, QUAI DES GRANDS-AUGUSTINS, 35
1887
Tous droits réservés

PHILOSOPHIES DE LA NATURE

INTRODUCTION

« L'homme, écrivait Pascal, est à lui-même le plus prodigieux objet de la nature. » Il faudrait ajouter que la nature elle-même est pour l'homme un prodige, dont toujours il s'est montré impatient de pénétrer les secrets innombrables et de résoudre la douloureuse énigme. De son étonnement est née la science.

Et d'abord, comment l'homme ne serait-il point stupéfait, accablé, presque anéanti, au premier regard qu'il jette sur l'immensité qui l'environne, sur les mille objets qui peuplent l'espace et parmi lesquels il se trouve confondu à la fois et perdu? Que vaut en effet la force dont il dispose contre tant de forces qui l'enserrent, le soutiennent mais aussi le menacent; et quel autre sentiment le spectacle de l'univers, malgré d'éblouissantes magnificences, peut-il commencer par inspirer à son âme mal affermie que celui d'un trouble déchirant ou même d'une indicible terreur?

Mais peu à peu se débrouille, à ses yeux, cette espèce de chaos. Insensiblement il y démêle, sous le flux et le reflux des phénomènes, des lois qui persistent; dans leur variété, la manifestation d'un libre choix; dans leur accord, l'unité d'un ordre inviolable ; dans leur contingence, la nécessité d'une nécessité ; et, de toutes les merveilles que lui révèle sa pensée, la plus grande lui reste encore, sa pensée même, qui, en le reportant à l'idée d'une pensée plus haute, lui permet de se connaître lui-même comme aussi de connaître les choses dont l'ensemble constitue ce qu'il appelle la nature, pour ensuite, dans une mesure sans cesse croissante, les modifier et en disposer.

C'est ainsi que, dès qu'il s'est mis à réfléchir, l'homme a dû irrésistiblement passer de la considération du visible à la conception de l'invisible, et que s'est comme d'elle-même offerte, imposée à son esprit, une philosophie naturelle de la nature.

Cependant, cette philosophie naïve de la nature ne pouvait pas ne pas se développer tour à tour et s'altérer sous l'effort persistant de la réflexion humaine. Car si l'homme est capable de vérité ; si la faculté de réfléchir, loin d'en faire un animal dépravé, est un des traits excellents qui essentiellement le distinguent des autres animaux ; l'homme, par ses préoccupations, son impatience, les abus mêmes de sa liberté, l'homme est capable d'erreur. Au lieu d'observer, il imagine ; au lieu de regarder, il rêve ; il préfère se tromper plutôt que de consentir à ignorer. Oui, en un sens, il est exact de dire que, trop souvent, l'homme qui réfléchit ou l'homme philosophe est un animal glorieux, *philosophus animal gloriæ*.

De là, avec un mélange inévitable de vrai et de faux, les systèmes ou les différentes philosophies de la nature.

Quelles ont été les premières philosophies de la nature ? Autant vaudrait rechercher quand les hommes se sont mis à réfléchir, alors que nous ignorons absolument et que, malgré tout, nous ne saurons sans doute jamais à quelle date les hommes ont fait sur la terre leur première apparition. Force est donc de nous reporter simplement vers ceux qu'on est convenu d'appeler les anciens et que, de toute évidence, on nommerait mieux les modernes ou les jeunes, parce que si, moins éloignés que nous de l'origine des choses, ils ont été à même de les envisager sous une lumière plus pure, ils se trouvent néanmoins avoir pour aînées les générations successives qui, d'âge en âge, ont sondé plus avant les insondables profondeurs de l'univers. *Antiquitas seculi juventus mundi.* Encore, cette antiquité doit-elle se réduire, comme on l'y réduit d'ordinaire, à l'antiquité Grecque et Romaine. D'une part effectivement la Grèce, d'où procède l'Italie, résume, reproduit, complète, soit qu'elle l'emprunte, soit qu'elle l'ait inventé, le meilleur des doctrines de l'Orient, et, d'un autre côté, c'est uniquement en Grèce que nécessairement mêlées, dans les premiers temps, aux religions, les philosophies de la nature se distinguent peu à peu et se séparent nettement des religions.

En réalité, d'ailleurs, il le faut avouer, l'antiquité même, ainsi étroitement circonscrite, nous demeure hélas! fort mal connue. Non seulement après dix-neuf siècles de Christianisme, il nous est devenu comme impossible d'entrer dans les idées et les habitudes de penser des anciens Grecs; mais, malgré des miracles d'érudition, les premiers monuments, pour ne pas dire les plus considérables de leurs philosophies semblent avoir pour nous presque entièrement péri. Que nous reste-t-il, par exemple, des écrits d'un Héraclite ou d'un Démocrite, d'un Parménide ou d'un Pythagore? D'incertaines et équivoques traditions; à peine quelques pages de prose ou quelques pièces de vers, des fragments encore plus mutilés que les métopes du Parthénon. Et si nous connaissons mieux Épicure même et Zénon, n'est-ce point par les ouvrages de leurs disciples beaucoup plus que par leurs propres travaux? Les livres de Diogène de Laerce sont vraiment comparables aux campagnes de la Grèce contemporaine, où l'œil du voyageur n'a guère à contempler que des ruines.

Heureusement, le temps envieux n'a point réussi à nous dérober les œuvres principales des deux illustres penseurs, qui, résumant les théories de tous ceux qui les ont précédés comme ils préparent les doctrines de tous ceux qui les ont suivis, ont su exposer sous la forme la plus prestigieuse, les deux philosophies de la nature qui, à toutes les époques, devaient se partager les esprits. En vain, probablement des traités de Platon, et certainement plusieurs écrits d'Aristote nous manquent, et non point parmi les moins précieux. Ce que nous en possédons comme par aventure au moins autant que par des transcriptions laborieuses et d'habiles restitutions, ce qui nous est parvenu de ces chefs-d'œuvre inimitables suffit pour nous apprendre ce que pensèrent de la nature l'auteur de la *Métaphysique* et l'auteur du *Timée*.

La distinction établie par Platon entre les phénomènes et les idées restera à jamais célèbre. Pour Platon, ce sont les idées, comme pour Pythagore les nombres, qui sont, en toutes choses, les principes d'être, d'organisation, de vie, de pensée, de vertu, de bonheur. Et toutes ces idées, types indéfectibles de l'être, sont comprises dans une idée souveraine, idée des idées, l'idée féconde du bien, vers laquelle l'âme humaine s'élève, portée tour à tour par l'effort de la dialectique et par l'élan de l'amour. L'idée du bien, en effet, n'est-elle pas en même temps l'idée du vrai, laquelle se résout en l'idée de l'un, que, par des généralités de plus en plus hautes, poursuit et atteint la dialectique? Et, d'autre part, l'idée du bien n'est-elle pas aussi l'idée de la beauté non engendrée et non périssable, dont le souvenir confus nous agite de tressaillements divins; qui nous remplirait, si nous pouvions la contempler face à face, d'une ineffable félicité, mais qu'à peine, comme relégués dans une caverne, nous apercevons en image, et que pourtant, du fond même du tombeau qui est le corps, nous brûlons de posséder. Certes, si ce fut, en partie, de Parménide que Platon tint cet idéalisme que les Alexandrins, avec leur triade de nature, d'intelligence et d'unité, sembleront plus tard prendre à tâche de défigurer sous prétexte de le perfectionner, combien Platon ne dût-il pas davantage à son éducation Socratique et à son propre génie ! Cet idéalisme d'ailleurs, quand on le dégage des abstractions et des mythes, se traduit en une philosophie de la nature, qu'à beaucoup d'égards, les modernes n'ont pas surpassée. *Plato pene noster*. Ce qui manque notamment à Platon, quelque complaisance que l'on mette, comme Dutens, à interpréter quelques-uns de ses textes, ce qui manque à Platon c'est l'idée de la création.

« *Ex nihilo nihil, in nihilum nil posse reverti.* »

A cet adage qui n'est, en définitive, qu'un énorme malentendu, se trouve comme rivé l'esprit de l'antiquité tout entière, et Platon lui-même n'a pas su rompre cette chaîne. Mais s'il est vrai que dans la philosophie de la nature, l'idée de la création soit comme la clef de voûte de tout l'édifice, Platon a eu du moins dans la philosophie de la nature telle qu'il l'a conçue, le ferme vouloir de distinguer et de maintenir distincts à leur place respective, la matière, l'homme et Dieu. Effectivement la matière éternelle ne lui est qu'un indéterminé ténébreux, un non être ou une simple possibilité d'être, qui, des idées, lesquelles seules sont des êtres, reçoit avec la lumière la détermination, d'où résulte la diversité indescriptible des apparences ou phénomènes. Platon, en outre, ne se contente pas d'affirmer que toutes ces idées se trouvent comprises dans une idée unique et souveraine ; il fait de ces idées les types d'après lesquels la matière a été façonnée. Et assurément sa cosmogonie devient étrange, inintelligible, fabuleuse, soit qu'il reprenne les théories numérales et géométriques de Pythagore, soit qu'il introduise sur la scène une série de démiurges subalternes. Mais en quels termes sublimes et humains tout ensemble, sans crainte de le dégrader, ne parle-t-il pas du démiurge suprême ou de Dieu ? Ce lui est peu de dire que l'idée de Dieu est la prairie où paissent les âmes, dont cette pâture fait pousser les ailes ; ou encore que Dieu est le soleil des esprits. Ce qu'avant tout en Dieu il adore, c'est le père du monde, qui, parce qu'il est bon et ne connaît pas l'envie, non seulement du chaos a tiré le monde, mais a formé le monde à sa propre ressemblance. Or, où chercher l'image de Dieu plus que dans l'homme ? Et en quoi consiste la destinée de l'homme, sinon à achever en soi, autant qu'il en est capable, cette image ! Ὁμοίωσις τῷ θεῷ κατὰ τὸ δυνατόν. L'homme qui essentiellement est âme, est une force qui se meut elle-même, κίνησις ἑαυτὴν κίνουσα. Libre, il est responsable, et, avide de bonheur, ne saurait l'obtenir que par la vertu, de telle sorte que le plus grand des maux, après celui d'avoir violé la justice, consiste à ne point lui donner réparation. Son existence présente lui est donc un champ d'exercice, et, quant à une existence future d'immortalité, Platon qui, à maintes reprises, l'affirme éloquemment, et dans les fières paroles qu'il met sur les lèvres de Socrate mourant, et dans les pages tragiques où il représente le jugement des âmes ; Platon, qui semble croire à leur transmigration, Platon, au milieu des mythes où il se joue et des traditions qu'il se plaît à invoquer, déclare avec un accent de mélancolie touchante et consolée, que la croyance en l'immortalité est un radeau qui se présente à nous au milieu du naufrage ; que c'est un hasard qu'il est beau de courir, une espérance dont il faut comme s'enchanter soi-même. En définitive, le fond de la philosophie de la nature chez Platon, c'est le divin. Dieu n'est pas seulement l'éternel géomètre ; il édicte la morale éternelle, et c'est au pied de son trône que sont scellées les chaînes d'airain et de diamant qui rattachent la peine au crime et la récompense à la vertu. En tout, dans la nature entière, dans le monde comme dans l'homme, Dieu est le principe de l'ordre, et là où Dieu n'est pas, règne le chaos. Dans la nature entière, il y a donc, suivant Platon, et c'est le résumé profond de toute sa doctrine, il y a donc deux modèles, l'un divin et bienheureux, l'autre sans Dieu et misérable.

Dieu, le monde et l'homme, Platon, obéissant aux inspirations de son noble génie, avait tout distingué. Aristote, cédant aux nécessités de la logique, finit par tout confondre.

On oppose le plus souvent Aristote à Platon. Que n'y regarde-t-on de plus près ! On reconnaîtrait que sans Platon il n'y aurait vraisemblablement pas eu d'Aristote, et que c'est au fondateur de l'Académie, dont il fut si longtemps le disciple, que le chef de l'école Péripatéticienne, les dénommant, les combinant à sa mode ou même les altérant, doit la plupart des conceptions maîtresses sur lesquelles repose son explication universelle des choses.

De même que tout le Platonisme se ramène à la théorie des idées, tout le Péripatétisme se résume dans la théorie des causes. Il y a, en effet, pour Aristote, quatre causes par où tout s'explique : la cause matérielle, la cause formelle, la cause efficiente et la cause finale. La cause matérielle, c'est la matière éternelle, mais la matière de soi informe, inerte, obscure, sans laquelle dans la nature rien ne peut être de ce qui est, mais qui, en elle-même, n'est rien de ce qui est et ainsi par son indétermination même confine au néant ; matière première qui ne devient matière seconde, ayant son entéléchie ou achèvement, qu'autant qu'à la cause matérielle, par la cause efficiente, s'applique, en vue de la cause finale, la cause formelle. Et c'est ce qui se produit en suite d'une espèce d'incantation ou d'attraction, l'incantation ou l'attraction de la cause finale, qui peu à peu éveille de son sommeil et de son impuissante langueur, de ses ténèbres et de son inertie, la matière première, laquelle, insensiblement, de degré en degré, s'élève du minéral à la plante qui comprend le minéral, de la plante à l'animal qui comprend le minéral et la plante, jusqu'à ce qu'enfin elle réalise cette forme supérieure qui est l'homme, où se concentrent et se condensent toutes les formes qui en ont été la préparation. C'est de cette façon et par ces progrès gradués que la matière devient la nature. Cependant, quel est le secret de ces transformations au rythme merveilleux et de ces développements aux perfections toujours grandissantes ? C'est qu'avec la matière première coexiste une pensée suprême, cause efficiente et finale à la fois, ou plutôt, parce qu'elle est cause finale, cause efficiente, qui, par la cause formelle détermine la cause matérielle. Effectivement, cette pensée suprême, qui est le souverain intelligible, n'est-elle pas en même temps le souverain désirable ? Le double attrait de l'intelligible et du désirable, voilà donc le principe de tant de merveilles! Cet attrait, d'autre part, est exactement comparable à celui que sur le fer exerce l'aimant. Sans doute la pensée suprême se pense elle-même, ἐστίν ἡ νόησις νοήσεως νόησις ; mais, à penser ce qui n'est pas elle-même, cette pensée s'avilirait. C'est pourquoi, c'est sans qu'elle le pense et aveuglément que rayonne et se projette, en pénétrant la matière plus ou moins profondément, l'influence vivifiante et ordonnatrice de la pensée. Restriction d'ailleurs bizarre et qui témoigne avec éclat que les plus fortes intelligences ont leurs faiblesses, et que le plus prodigieux savoir ne va pas sans d'étonnantes ignorances ou d'incroyables préjugés! Aristote, qui, aussi bien, semble s'être plus attaché à la physique qu'aux mathématiques et à leurs applications, mais qu'on ne peut évidemment incriminer de ne point s'être montré un Galilée ou un Newton; Aristote imagine puérilement, s'il est permis de parler de la sorte d'un aussi grand homme, Aristote imagine de diviser le monde en sublunaire et supralunaire. C'est sur le monde supralunaire uniquement que, suivant lui, s'exerce dans sa plénitude l'influence de la suprême pensée; d'où vient que, tandis que le supralunaire est la région de l'incorruptible et de l'immuable, le monde sublunaire reste le lieu de la corruption, de l'accident et du hasard. Et tel est le théâtre où s'accomplit, à travers mille péripéties, le drame de l'existence humaine.

Qu'est-ce en effet pour Aristote que l'homme? Certes, le Stagirite a jeté sur l'homme, comme sur tous les êtres qui l'environnent, les regards les plus pénétrants, et ses analyses qui, même de nos jours, étonnent les physiologistes, n'ont pas moins de droit à l'admiration des psychologues. Ainsi nul n'a mieux que lui constaté que l'homme est le plus sage des animaux, qu'il est un animal moral, un animal politique; le poète de l'Hymne à Hermias dirait volontiers: un animal religieux. Et pourtant, cet observateur incomparable, qui a si fidèlement décrit les passions humaines, qui a su assigner les règles de nos actes presque avec autant de précision que les lois de nos raisonnements, l'auteur de la *Politique* et de ces *Éthiques*, qui arrachaient à Bossuet lui-même des applaudissements, Aristote semble ignorer ou du moins oublier que ce qui fait l'excellence de l'homme, c'est la liberté. C'est qu'en réalité il a méconnu la personnalité humaine. Organisation supérieure, mais qui ne s'est formée que pour périr, l'homme ne doit, à l'en croire, qu'à une visite d'en haut et comme à l'illumination passagère d'un actif esprit νοῦς ποιητικός, l'esprit passif qui est son propre esprit νοῦς παθητικός et dont le complet évanouissement suivra la dissolution même du corps. Qu'on ne parle donc plus de vie future. La mort, conclut Aristote, la mort termine tout. Qu'on ne parle pas davantage, malgré ce qu'il y a en nous de divin, de vivre en s'efforçant de ressembler à Dieu. Les disciples d'Aristote soutiendront que c'est simplement en s'accommodant à la nature qu'il convient de vivre, ζῆν ὁμολογουμένως τῇ φύσει. Conséquemment, encore une fois, pour Aristote, qu'est-ce que l'homme? Un phénomène transcendant, si l'on veut, mais enfin un pur phénomène de la nature.

D'un autre côté, Aristote a beau, par un raffinement sublime, isoler dans une majesté inviolable la pensée, qui est la dernière raison des choses. Une pensée suppose un sujet, c'est-à-dire un être qui pense. Or, où trouver à cette pensée un substrat sinon dans la matière qui, informée par la pensée, devient la nature? Et, en effet, ne surprend-on pas Aristote à diviniser la nature, quand si magnifiquement et si souvent il en célèbre la sagesse? C'est pourquoi, en dépit de sa métaphysique, et faute d'avoir été lui-même prémuni contre une pareille erreur par la notion de création, Aristote se trouve, à son tour, conduit à identifier logiquement dans l'idée de nature ce qu'avant lui Platon n'avait qu'arbitrairement distingué : la matière ou le monde, l'homme et Dieu. Sa philosophie de la nature n'est, en définitive, que naturalisme.

De là le naturalisme d'Épicure et le naturalisme de Zénon, qui, tous les deux, par les voies les plus diverses, l'un par le relâchement, l'autre par la tension, celui-là par l'ataraxie, celui-ci par l'apathie, l'un et l'autre par l'idolâtrie de la nature, aboutissent au même et déplorable résultat : l'abolition de la personne humaine, qui pour Épicure n'est qu'un éphémère agrégat d'atomes, pour Zénon que la fulguration d'une étincelle.

Spéculatif singulier, moitié sophiste et moitié poète, sans solide science mais non sans une certaine connaissance du passé, et doué de toute l'astuce sceptique d'un habitant d'un faubourg d'Athènes, Épicure que la théurgie avait de très bonne heure dégoûté de la théologie, est vraiment l'initiateur des théoriciens depuis lui si nombreux, qui ont entrepris d'émanciper les esprits, « en les purgeant, comme on s'exprimait au xviii° siècle, de la matière superstitieuse ». Pour arriver à ses fins, rien du reste de plus simple que le moyen qu'il emploie. Il abolit l'objet de toute religion, et les Dieux ne lui sont plus, par manière de dire, que des fantômes qui errent dans les interstices du vide. Or, si toute religion demeure abolie, il est trop clair qu'aucune superstition ne saurait s'ensuivre, et ainsi il semble que le mal soit extirpé jusque dans sa racine. Le vide et des atomes éternels, éternellement et au hasard en déclinaison, toutes choses qu'Épicure décore du nom de nature, voilà en effet les seuls éléments de sa philosophie de la nature et qu'il prétend suffire à tout expliquer. Une telle doctrine certainement n'est point complexe ; mais il est aisé de remarquer qu'elle suppose tout et ne rend raison de rien ; qu'au lieu de résoudre les problèmes, elle les supprime, et surtout que l'hypothèse qui la fonde n'est pas moins arbitraire que grossière, sinon inintelligible. Le philosophe de Gargette s'est, en vérité, satisfait de peu, et si son système put paraître une négation hardie du polythéisme de son temps,

« *Primum Graius homo mortaleis tollere contra*
est oculos ausus primusque obsistere contra. »

scientifiquement et presque à tous égards, il reste sans valeur.

Aussi n'est-ce point sa philosophie de la nature qui, par elle-même, obtint à Épicure le crédit dont il jouit et la popularité extraordinaire que devait conserver son nom. Sa philosophie était misérable, *paupertina philosophia;* il la mit en faveur, sinon en honneur, par les conséquences pratiques qu'il en tira. Il sut la résumer dans un de ces mots, qu'il suffit de prononcer pour conduire les hommes où l'on veut : le mot de plaisir ou de volupté.

Quelle est effectivement, aux termes de la philosophie d'Épicure, la condition de l'homme? Atome ballotté parmi d'innombrables atomes, qui, à chaque instant, menacent de l'engloutir ou de le broyer, son premier soin ne consiste-t-il pas, dès lors, à prévenir les chocs et à éviter la submersion? Le sage doit donc s'isoler, se préserver de son mieux de toute atteinte, n'offrir en quelque sorte à la fortune, afin d'échapper à ses prises, qu'une surface arrondie et polie, *totus teres atque rotundus*. Il sera par conséquent sans patrie et sans famille, pour être sans devoirs ; sans plaisir, pour être sans douleur ; sans autre commerce que celui des Muses ou l'amitié tranquille de sages comme lui. C'est ainsi qu'Épicure se montre l'arbitre des élégances, *arbiter elegantiarum*, et qu'à travers les siècles on le saluera comme le maître des raffinés, qui cherchent dans leur égoïsme un inviolable asile et qui n'y trouvent, en définitive, qu'une cellule capitonnée où ils étouffent. Il advient en effet que la nature se refuse à ce régime contre nature. Ce ne lui est pas assez que de ne point souffrir ; faite pour la jouissance, elle veut jouir, et non pas seulement par ce qu'on appelle l'esprit, mais avec tout elle-même. Laissant aux estomacs délabrés l'eau et le pain d'orge, elle exige une plus substantielle nourriture, et, finissant par se lasser des charmes d'entretiens délicats, se précipite aux émotions violentes de la volupté.

« *Nunc in Aristippi furtim præcepta relabor.* »

La force des choses y ramène nécessairement Épicure, qu'Horace son sectateur ne calomniera point, quand lui-même il se déclarera

« *Epicuri de grege porcum.* »

On s'étonne de la fantaisie à laquelle a cédé un prévôt de l'Église de Digne, l'ami de Bernier, mais aussi de Peiresc, l'admirateur et biographe de Copernic, l'honnête et savant Gassendi, lorsqu'en plein xviie siècle il a pris à tâche, en réhabilitant Épicure, de relever l'Épicurisme, philosophie mécanique de la nature, qui ne procède que par postulats et par exclusions, postulats de la matière et du mouvement éternels, exclusions de l'âme et de Dieu. On comprend mieux le désir qu'éprouva, quelque cinquante ans plus tôt, un philologue de marque, l'érudit mais inconsistant Juste-Lipse, de remettre le Stoïcisme en crédit. Car, si c'est surtout par la morale que s'est rendue fameuse, comme la doctrine d'Épicure, la doctrine de Zénon, c'est du moins par une morale qu'ont illustrée de mémorables exemples et qui répond aux parties hautes de l'humanité.

Dans le Stoïcisme en effet, au péril même du droit, il n'est question que de devoirs, τὰ καθήκοντα. Plus fait pour supporter et s'abstenir que pour agir, le sage du Portique, sans admettre d'ailleurs dans le mal ni nuance ni degré, ne connaît d'autre mal que le manquement à une inflexible loi, d'autre décorum que celui qu'impose la justice. Ce qui concerne le corps lui importe peu. Et, en effet, ses ancêtres ne sont-ils pas les Cyniques ? Insensible aux souffrances d'autrui comme il affecte de l'être à sa propre douleur, l'unique étude du Stoïcien consiste à déraciner de son cœur les passions, si bien qu'il n'aura, semble-t-il, réalisé l'idéal du sage, qu'autant qu'il sera parvenu, en se raidissant, à l'état d'une statue de pierre ou d'airain. Et c'est ce personnage de théâtre qu'on a souvent songé à comparer à un Chrétien ! Sans amour, sinon sans haine, le Stoïcien est sans résistance comme il est sans résignation. Que le malheur vienne à fondre sur lui, il s'y dérobera par le suicide. C'est pourquoi, ni les menaces d'un tyran, ni la fureur d'un peuple en délire ne sauraient l'ébranler, et, l'univers s'écroulerait, qu'impassible, il se verrait ensevelir sous ses ruines. Car n'est-il pas Dieu, ou du moins une partie de Dieu, *divinæ particula auræ*? Mais n'est-ce pas le cas de s'écrier avec Pascal : « Le plaisant Dieu que voilà ! »

Effectivement, l'éthique Stoïcienne n'est qu'une déduction de la philosophie de la nature que professent les Stoïciens et qu'il suffit, par conséquent, d'envisager d'un sec et ferme regard, *lumine sicco*, pour qu'aussitôt se dissipent les prestiges et se montrent à nu toutes les faiblesses de leur morale si vantée.

Tandis que le Christianisme se fonde sur la notion de Dieu fait homme, c'est, au contraire, sur l'idée de l'homme fait Dieu, que le Stoïcisme repose, et, au lieu que le Christianisme, expression d'une métaphysique toute nouvelle, glorifie en la sanctifiant et immortalise la personne humaine, le Stoïcisme qui aboutit à une physique, dissout la personne humaine, après l'avoir soumise, dans ses manifestations passagères, à toute espèce d'abaissements. Qu'on ne parle donc plus entre saint Paul et Sénèque d'une communauté d'idées et d'une identité de sentiments ! La charité que prêche saint Paul établit entre les hommes la fraternité par l'amour ; la charité que célèbre Sénèque n'éteint entre les hommes l'hostilité que par la mort. Le monde, la matière ou la nature (car pour les Stoïciens c'est tout un), se trouve, suivant eux, vivifiée intérieurement et dirigée par l'esprit.

« *Spiritus intus alit totosque infusa per artus*
Mens agitat molem et magno se corpore miscet »

La nature peut se comparer à un animal immense, dont tous les êtres inorganiques ou organisés sont les membres ou les parties ; dont la respiration résulte du souffle de tout ce qui respire ; dont l'instinct est tour à tour l'instinct de l'abeille ou l'intelligence du penseur. Au sein de la matière agit une raison, germe ou principe de toute raison σπερματικὸς Λόγος, et qui introduit la raison partout, de sorte qu'il n'y a de hasard nulle part et que rien n'est vil dans la maison de Jupiter, puisque tout est Jupiter lui-même.

« *Jupiter est quodcumque vides, quodcumque movetur* »

Monde, homme et Dieu, dans la philosophie dynamique de la nature telle que le Stoïcisme la conçoit, aussi bien que dans la philosophie mécanique de la nature telle que l'Épicurisme l'imagine, tout est donc confondu, et suivant Zénon, de même que selon Épicure, l'homme, pour excellent qu'on le proclame, l'homme n'est, après tout, qu'un phénomène, supérieur sans doute, mais enfin n'est qu'un phénomène de la nature.

Platonisme, Péripatétisme, Épicurisme, Stoïcisme, telles sont les philosophies de la nature ou les quatre grands dogmatismes, les uns originaux, les autres dégénérés, entre lesquels l'antiquité Romaine partagera, suivant les époques, ses suffrages et ses préférences, mais dont elle empruntera même la langue et auxquels elle n'ajoutera pas une idée.

Quel noble esprit que Cicéron ! Et quoiqu'il s'y mêle quelque amour de la gloriole, chez lui quel amour de la gloire ! Surtout, quelle éloquence est jaillie de ces lèvres que des mains scélérates cloueront à la tribune aux harangues ! Démosthène que souvent on lui compare et qui peut-être l'emporte sur lui comme orateur, Démosthène n'a point, autant que Cicéron, conquis l'admiration des âges ni suscité des légions d'imitateurs. C'est que Cicéron, si occupé et préoccupé de bien dire, s'est montré aussi, semble-t-il, soucieux de bien penser. Il n'y a pas une théorie de l'antiquité Grecque qui ne soit familière à ce brillant élève des Écoles d'Athènes. Et parmi les systèmes il sait choisir, en retenant d'ordinaire ce qu'ils offrent de plus relevé à la fois et de plus plausible. Cependant, non seulement il ne les complète ni ne les dépasse, mais son intelligence que rend indécise la multiplicité de ses vues et que distrait l'ambition politique, son intelligence éveillée et mobile, ne trouve pas même, parmi toutes ces doctrines, un point inébranlable où se fixer. Il dissertera savamment de la nature des Dieux; en viendra-t-il, pour cela, à distinguer la nature et Dieu? Il parlera, en un magnifique langage, de l'éternelle loi d'où procède toute loi; assignera pertinemment les caractères qui séparent de l'utile l'honnête; au-dessus de biens subalternes proclamera un bien suprême. Finira-t-il par pénétrer plus avant que n'avaient fait les Grecs, le secret de la destinée humaine? Lisez le *Songe de Scipion,* mais lisez les *Tusculanes.* Toute rhétorique à part, dans ce dernier ouvrage, Cicéron, en ce qui concerne l'immortalité de l'âme, reste aussi négatif que César.

« *Post mortem nihil est ipsaque mors nihil.* »

Comme Cicéron marque le plus haut degré de la culture latine, Sénèque en signale le déclin. Bel esprit, non grand esprit, cet Espagnol devenu Romain et qui trahit son origine par son goût pour un éclat qui n'est souvent qu'un faux éclat, Sénèque s'est arrêté à la surface plus qu'il n'a pénétré dans l'intérieur des choses. Évidemment, de tous les dogmatismes que Rome avait reçus de la Grèce, le Stoïcisme était celui qui devait particulièrement séduire son emphatique génie. Aussi les nombreux traités sortis de sa plume sont-ils consacrés tout entiers à exposer, à développer, à commenter ingénieusement les maximes du Portique. Pour lui aussi « la nature n'est rien sans Dieu, ni Dieu sans la nature, et c'est un même être que l'un et l'autre ». Mais, peu curieux de rechercher comment avec la physique de Zénon s'accorde son éthique, ce sont presque uniquement les lieux communs de cette morale qu'il reprend en un style recherché et compassé, et avec plus d'amour pour l'antithèse que de souci pour la vérité. C'est, qu'en effet, parmi ses richesses et ses esclaves, ce n'est guère qu'en rhéteur que le faible éducateur de Néron parle de la vertu, et, quoique l'âme remplie de je ne sais quel pressentiment obscur des grands changements qui vont remuer le monde, quand l'ordre lui sera donné de s'ouvrir les veines, sans certitude et sans espérance, il ne trouvera d'autre réconfort à ses angoisses, en même temps que l'immolation volontaire de sa jeune épouse, que de frivoles et pompeuses déclamations.

S'il fallait, dans l'antiquité Romaine, indiquer les deux écrivains qui ont le plus illustré la philosophie de la nature, c'est apparemment l'auteur du poème *De natura rerum* et l'auteur de l'*Histoire naturelle* qu'on devrait citer ; c'est Lucrèce et c'est Pline l'Ancien.

Lucrèce, que ses goûts aristocratiques, au moins autant peut-être que sa condition de chevalier, éloignaient de la foule, Lucrèce est plus qu'un disciple d'Épicure. Il en est le dévot, presque l'adorateur. Certes, il ne s'est point dissimulé les tristes côtés de la doctrine de son maître : car c'est sous sa dictée qu'il professe les maximes d'un égoïsme impitoyable.

« *Suave, mari magno, turbantibus æquor aventis*
« *E terra magnum alterius spectare laborem.* ».

Se retirer en soi, comme dans une forteresse, pour y jouir de soi à l'abri du danger et en se délectant du spectacle des folies humaines, voilà le rôle du sage.

« ..... *Nil dulcius est, bene quam munita tenere*
Edita doctrina sapientum templa serena :
Despicere unde queas alios, passimque videre
Errare atque viam palanteis quærere vitæ. »

Aussi bien, ne pas souffrir mais jouir n'est-ce pas le cri, l'unique cri de la nature ?

« *O miseras hominum mentes!*
. . . . . *nonne videre,*
Nil aliud sibi naturam latrare, nisi ut, cum
Corpore sejunctus dolor absit, mente fruatur
Jucundo sensu, cura semota metuque! »

Vienne la mort ; qu'importe ?

« *Nil igitur mors est, ad nos neque pertinet hilum.* »

C'est malgré ces enseignements, ou plutôt, à cause même de ces enseignements, que Lucrèce vénère Épicure à l'égal d'un Dieu.

« ..... *Deus ille fuit, Deus.....*
Qui princeps vitæ rationem invenit eam, quæ
Nunc appellatur sapientia: quique per artem
Fluctibus e tantis vitam, tantisque tenebris
In tam tranquilla et tam clara luce locavit. »

Épicure effectivement n'est-il pas le libérateur, qui, relevant l'humanité des abjections d'une existence superstitieuse et après avoir brisé ses liens, l'a mise en présence de l'éternelle et radieuse nature, mère universelle des choses, Μαΐα? C'est avec l'accent d'une originalité séduisante et une sorte de rudesse sauvage où se mêle une grâce naïve, que Lucrèce trace de la nature les plus ravissants tableaux. Rien n'égale la fraîcheur de ces idylles. Sous un ciel pur, parmi des plaines de verdure et de fleurs qu'encadrent des montagnes aux fines arêtes ou les horizons d'une mer aux flots d'azur, s'élancer librement dans l'espace, respirer à pleins poumons un air balsamique, enivrer ses regards de lumière et de beauté, et, au milieu de chants d'insouciante allégresse et de rires joyeux, sentir, dans un corps souple et vigoureux, courir tous les frissons de la volupté, n'est-ce pas là, tel que l'a dépeint Lucrèce, pour l'homme de la nature, l'idéal du bonheur? Et la nature elle-même n'apparaît-elle pas vivante sous les traits de cette Vénus féconde, *Venus genetrix*, à laquelle Lucrèce adresse des hymnes enflammés? Pourtant, cette félicité, à le bien prendre, n'est-elle pas surtout le bonheur d'un animal? D'autre part, n'est-ce point une insoutenable fiction que celle d'une Vénus Anadyomène, toujours jeune, toujours hors des atteintes de la maladie, de la vieillesse et de la mort? L'univers enfin tout entier n'est-il pas comme une décoration de théâtre qui est destinée à disparaître, et l'édifice du monde ne s'écroulera-t-il pas un jour sous les assauts multipliés du temps, pour ne laisser après lui que d'effroyables ruines?

« *Sic igitur magni quoque circum mænia mundi*
Expugnata dabunt labem putreisque ruinas »

Ah! sans doute, mieux qu'Épicure, Lucrèce semble avoir compris que le vide et les atomes ne suffisent point à expliquer la génération et l'ordonnance même instable des choses. Il a vu qu'il y faut aussi cette force vivifiante qui s'appelle l'esprit.

« *Ergo vivida vis animi pervicit, et extra*
Processit longe flammantia mænia mundi. »

Car si tel est l'esprit contemplateur, comment n'y aurait-il pas un esprit ordonnateur?

Mais qu'est-ce que cette force souveraine qu'on nomme l'esprit ? N'est-elle pas identique aux corps qu'elle anime ? N'est-ce pas une flamme intérieure qui, après avoir produit les choses, les consume ? Et le chantre de l'Épicurisme, bien qu'il se refuse expressément à admettre avec Héraclite que tout provienne du feu, n'aurait-il pas néanmoins parfois songé à compléter les enseignements de son maître en empruntant aux Stoïciens leur doctrine du feu artiste, dont le phénix est le symbole, et qui, au sein d'une matière éternelle et par elle-même informe, organise tour à tour et détruit, ἐκπύρωσις ? Quoi qu'il en soit, parmi ces ténèbres que sillonnent à peine quelques éclairs, à travers ces alternatives d'enchantement et d'épouvante par lesquelles le spectacle de la nature fait passer le spectateur, dans cet abandon de toute idée d'âme et cette négation de toute idée de Dieu, quelle raison, si ferme qu'elle soit, ne se sentirait ébranlée ? Aussi n'est-il pas besoin, pour expliquer le délire de Lucrèce et son suicide, d'imaginer qu'il ait succombé au philtre empoisonné d'une maîtresse.

Soldat, jurisconsulte et érudit, Pline l'Ancien a mis à écrire les trente-sept livres de son *Histoire naturelle*, dédiée à Titus, l'âpre labeur et les rudes sentiments d'un Romain. C'est de l'ensemble de la nature une description aussi savante que le comportaient les connaissances de son temps, une sorte d'encyclopédie qui embrasse l'astronomie, la physique, la géographie, l'agriculture, le commerce, la médecine, les arts, l'histoire naturelle proprement dite, avec des traités relatifs à l'étude morale de l'homme et à l'existence des peuples. Compilateur, et trop souvent compilateur sans critique, ses compositions, empreintes à la fois de superstition et d'une philosophie chagrine, témoignent du moins qu'avec opiniâtreté il a entrepris de lire dans les faits le secret des choses. Mais son médiocre génie ne parvient point à se dégager du cercle étroit des théories grecques et païennes. Le monde lui reste, à lui aussi, un animal immense, et s'il parle d'une divinité, c'est encore l'ensemble des êtres sensibles ou la nature qu'il désigne par cette appellation. « *Mundum et hoc quod alio nomine Cœlum appellare libuit, cujus circumflexu teguntur omnia, Numen esse credi par est, æternum, immensum, neque genitum, neque interriturum unquam. Sacer est, æternus, immensus, totus in toto, imo vero ipse totum, finitus et infinito similis, extra, intra, cuncta complexus in se, itemque Naturæ opus et rerum ipsa Natura.* » C'est donc avec une tristesse muette que cet intrépide observateur des cataclysmes du globe se laissera, sans presque chercher à fuir, étouffer par les cendres brûlantes du Vésuve. Que lui est-ce, en effet, autre chose que rentrer fatalement dans le grand tout, à la surface duquel il avait un instant émergé ?

En résumé et en définitive, l'antiquité Grecque et Romaine n'a point réussi, malgré de longs et parfois prodigieux efforts, à s'élever au-dessus de l'idée complexe de nature. Vainement elle a constaté, célébré même avec une éloquence admirable l'ordre que manifestent les choses aux regards les moins attentifs, si bien que c'était d'un seul et même mot que les Grecs, dans leur pittoresque langage, désignaient l'univers et la beauté κόσμος. Impuissante à concevoir l'effective pluralité des substances, l'antiquité en vient ou en revient sans cesse à l'idée fascinatrice d'unité, tantôt ramenant à la pensée ce qui est pensé sans néanmoins refuser à ce qui est pensé une existence qu'il ne tient que de lui-même, tantôt ramenant la pensée elle-même à ce qui est pensé, ou, en d'autres termes, tantôt attribuant à l'esprit les modes de la matière qui se trouvent ainsi les modes mêmes de l'esprit, tantôt à la matière incorporant l'esprit qui n'est, dès lors, qu'une matière plus sensible et plus raréfiée ; mais toujours, par l'une ou l'autre voie, arrivant, bon gré mal gré, à identifier logiquement, et la plupart du temps sous le nom de nature, l'homme, le monde et Dieu.

Comment donc sera rompu le charme, et quelle influence dissipera ces prestiges ?

Historiquement, le fait demeure indéniable. C'est dans la tradition Biblique, développée et complétée par le Christianisme, que, pour la première fois, aux théories unitaires de l'antiquité Grecque et Romaine, s'oppose la doctrine qui proclame, avec la création de la matière et la nouveauté relative du monde, l'existence d'un Dieu libre, distinct du monde et de l'âme humaine ; distinct du monde qui pourrait être autre qu'il est ou cesser d'être, parce que Dieu, qui en est la cause unique, en est aussi la cause immanente mais voulante; distinct de l'âme humaine, qui, toute substantielle et immortelle qu'elle soit, ne doit pourtant la permanence de son être qu'à l'action et à l'action continuée de Dieu.

Telle est la philosophie de la nature, qui, malgré des dissidences secrètes ou qui parfois même s'ignorent, prévaut durant tout le moyen-âge. Aussi bien, la philosophie se trouve-t-elle placée, à cette époque, sous la vigilante tutelle, pour ne pas dire sous le servage de la théologie, *philosophia ancilla theologiæ*. Mille causes diverses devaient changer ces conditions. En effet un jour vint où la philosophie prétendit être considérée non plus comme la servante, mais comme la fille de la maison ; volontiers même elle eût signifié à la théologie que c'était à elle d'en sortir.

Parlons sans métaphore. A l'étude de la nature la Scolastique avait comme uniquement substitué la métaphysique et surtout la syllogistique. Ignorant le meilleur de l'antiquité et s'appropriant néanmoins ce qu'elle en pouvait connaître, elle en répudiait les traditions et en proscrivait presque le langage. Sous le joug de l'autorité elle fléchissait toute indépendance ; enfin, tandis que ses dogmes, bien qu'essentiellement réparateurs, en s'imposant aux esprits, les rendaient captifs, l'excellence même de sa morale si pure mais si contrariante pour les passions, paraissait, par préoccupation du ciel, abolir, en même temps que les soucis, les jouissances de la terre.

Aussi, lorsque, au XVI° siècle notamment, les inventions, les voyages, les découvertes eurent donné de l'univers une idée inattendue ; quand une spéculation hardie eut ébranlé une autorité contre laquelle conspiraient déjà, avec des passions inavouées, les intérêts d'une politique violente ; lorsque des accidents heureux, par la divulgation de textes depuis longtemps disparus, eurent comme ressuscité l'antiquité, ce fut, en tous sens, un incroyable essor de l'activité humaine. Les sciences, alors vraiment constituées, devinrent fécondes en applications ; les arts produisirent des chefs-d'œuvre inimitables, et en même temps que les travaux élégants des Humanistes rendaient aux lettres le lustre qu'elles paraissaient avoir à jamais perdu, non seulement des langues se formaient qui devaient se partager l'empire des esprits, mais l'imprimerie assurait aux écrivains, avec une ubiquité qui défiait toutes les barrières, une sorte de glorieuse immortalité. Enfin pénétraient dans les consciences et se manifestaient dans les livres, en attendant qu'on les vît réaliser dans l'histoire, les principes d'un droit épuré tout ensemble et rajeuni, qui déclarait les rois faits pour les peuples et non les peuples pour les rois. De toutes parts, en un mot, il semblait, suivant la prophétie de la Sibylle, qu'une nouvelle série de siècles allait commencer.

« *Magnus ab integro seclorum nascitur ordo.* »

Comment les philosophes n'auraient-ils point participé à ce mouvement de rénovation ? Loin qu'ils y restassent étrangers; il ne serait qu'exact de dire qu'ils s'en firent les principaux promoteurs. Cependant, il faut bien le reconnaître, l'action des philosophes de la Renaissance fut, la plupart du temps et avant tout, une réaction païenne. « Semblables à ces enfants drus et forts d'un bon lait qu'ils ont sucé, qui battent leurs nourrices, » les plus marquants d'entre eux, quelles que fussent leurs précautions de tactique, s'attaquaient directement et principalement au Christianisme. Et ce n'était pas seulement ses dogmes qu'ils repoussaient pour en revenir aux doctrines de Platon et d'Aristote; c'était aussi la morale de l'Évangile qu'ils allaient jusqu'à répudier non sans une cynique hardiesse. De toutes les béatitudes énoncées par le Christ, ils n'en retenaient guère qu'une seule : « Heureux ceux qui posséderont la terre ! » Encore oubliaient-ils que ce n'était « qu'à ceux qui sont doux » que cette promesse avait été donnée. Car rarement philosophes dogmatisèrent avec plus d'emportement, et ce dogmatisme, presque de toutes pièces, c'était à l'antiquité païenne qu'ils l'empruntaient.

Ainsi, c'est dans un naturalisme qui est animisme universel que consiste toute la philosophie de Cardan. La nature ne lui est pas seulement le principe de toutes choses, mais aussi le premier et véritable sujet. *Natura non solum principium est omnium, sed etiam primum et verum subjectum.* Elle se décompose d'ailleurs en trois principes : l'espace, la matière, l'intelligence. Vous croiriez entendre un disciple attardé de Zénon.

Pour se rapprocher, en apparence, davantage de Parménide, Bruno ne s'en tient pas moins, à son tour, à un animisme universel, qui se résout en matérialisme. D'après lui, tout est animé, et les astres notamment sont des animaux intellectuels, *animali intellectuali.* Que si, d'un autre côté, Bruno s'approprie cette définition « que Dieu est une sphère intelligible, dont le centre est partout et la circonférence nulle part, *sphera intelligibilis, cujus centrum ubique, circumferentia nusquam*, ou encore, dans un sens tout idéaliste, s'il dit « que Dieu est l'infinie, très simple, très une et très absolue cause, principe et unité, » *la infinita, simplicissima, unissima ed assolutissima causa, principio ed uno*, il n'en parle pas moins d'une activité intérieure qui forme la matière, *artifice interno che forma la materia e la figura da dentro*, et proclame la nature « la fille unique de Dieu ».

Pour Campanella, il n'y a qu'un seul être sensible, et l'univers est un animal grand et parfait. Le poète de la *Cité du Soleil* ne cesse, en outre, de célébrer « le père incommensurable, qui enceint tout, comme la mer les poissons ».

Après avoir développpé les lieux communs du spiritualisme dans son *Amphithéâtre de l'éternelle Providence*, Vanini expose sa vraie pensée dans ses *Quatre livres sur les secrets admirables de la Nature, reine et déesse des mortels*. Il y déclare d'abord sans vergogne qu'il a écrit dans l'*Amphithéâtre* bien des choses auxquelles il n'ajoute nulle foi. Il y expose ensuite ses idées sur Dieu, les êtres en général et l'homme en particulier. Dieu, c'est la nature, *Ipsa Natura quæ Deus est*; c'est par génération spontanée et transformation que les êtres se produisent et reproduisent les uns les autres ; car pourquoi n'en serait-il pas ainsi ? *Cur non unum animal in aliud ?* Quant à l'homme, c'est uniquement par métaphore qu'on lui attribue un esprit ; spirituel vient de respirer, *spiritale e spirando*, d'où il est aisé d'inférer qu'expirer c'est finir. Aussi la volupté reste-t-elle le but unique de la vie, et Vanini n'hésite point à conclure que tout le temps est perdu qui n'est point occupé par l'amour, *perduto tutto il tempo che in amor non si spende*.

Mais de tous les philosophes de la Renaissance,

celui qui représente peut-être le mieux les tendances de cette époque et en exprime le plus complètement les convictions déclarées ou dissimulées, c'est le représentant le plus illustre de l'École de Padoue, Pierre Pomponace. Nul n'a plus expressément opposé aux enseignements du Christianisme, *Lex Christiana,* la pure philosophie naturelle, *in puris naturalibus*; de même que nul aussi n'a mis moins de scrupule à professer l'hypocrite distinction des deux philosophies, de la philosophie du dedans qui est libre pensée, et de la philosophie du dehors, qui s'accommode aux habitudes reçues, *intus ut libet, foris ut moris est.* C'est avec une vivacité tout Italienne et le sentiment d'une sorte de *vendetta,* que Pomponace entreprend de chasser de la science un spiritualisme et un miracle qu'il estime inutiles, et, en revanche, cet esprit fort prend au sérieux la magie, la chiromancie, la nécromancie, l'onéiromancie. Il nie un Dieu personnel, mais il croit à la Providence des astres, *corpora cœlestia de nobis sollicita.* A lui aussi le monde ne semble être qu'un seul animal, *mundus unum animal,* et renouvelant d'Aristote l'étrange division du supralunaire et du sublunaire, il déclare que les choses sublunaires ne sont que scorie ou fumier *Sublunaria tanquam stercora.* Enfin, dans une seule phrase et en quelques mots d'une précision terrible, Pomponace résume toute la philosophie que déjà il a trouvée en crédit et qu'il s'est efforcé lui-même de propager : *Unitas intellectus, mortalitas animorum, æternitas mundi, religionis vanitas.* L'unité de l'intellect, la mortalité des âmes, l'éternité du monde, la vanité de la religion, telle, en définitive, est effectivement la doctrine qui, sous des formes savantes ou plaisantes, domine au xvi° siècle. Ni Bodin, dans son *Universæ naturæ Theatrum,* ni Bonaventure Despériers dans son *Cymbalum mundi,* ni Étienne Dolet dans son

Enfer réformé, ni dans ses contes aux allusions burlesques, le plantureux génie qui fut Rabelais, n'ont, au fond, d'autre pensée.

C'est ainsi que la philosophie de la Renaissance consiste en une philosophie de la nature, où toute idée de religion est bafouée; toute idée d'âme immortelle reléguée parmi les chimères; toute idée de Dieu ramenée à l'idée du monde éternel et de l'intellect unique qui l'informe. Et cette philosophie, en somme, rencontre comme représentants, des esprits inquiets, intempérants, qui, sans qu'ils s'en aperçoivent, rétrogradent, en plus d'un point, vers le passé, alors qu'ils croient audacieusement s'engager dans les voies de l'avenir; plus érudits, après tout, qu'originaux, plus turbulents que sincères et plus faits pour guerroyer que pour vaincre, en un mot, si on peut s'exprimer ainsi, des aventuriers de la pensée.

C'est au xvii° siècle qu'en tout genre et que dans notre France particulièrement, apparaissent les héros. Au premier rang, il faut nommer Descartes, qui, pour emprunter son langage, livra contre l'erreur ou l'ignorance « tant de batailles, où il eut l'heur de son côté ». Qui pourrait en effet contester que Descartes ait renouvelé la philosophie et qu'il soit le père de la pensée moderne ?

Les novateurs de la Renaissance s'étaient évertués, dans leur enthousiasme païen et leurs passions antichrétiennes, à nier la spiritualité de l'âme et l'existence de Dieu, concluant de la sorte à un naturalisme grossier. C'est à démontrer avec une évidence plus que mathématique, que l'âme est spirituelle et que Dieu existe, que Descartes applique expressément toute la puissance de son génie. Il restaure la métaphysique. Et c'est de la psychologie qu'immédiatement et sûrement il s'élève à la métaphysique. « Je pense, donc je suis; » donc je ne suis pas corps, puisque je suis une chose qui pense et que la pensée exclut l'étendue, tandis que le corps la suppose; donc Dieu est, car je ne suis à moi-même ni la cause de mon être, ni celle de la permanence de mon être; car je suis un être fini et imparfait, mais qui ne se reconnaît fini et imparfait que parce qu'il conçoit l'infini et le parfait, et qui ainsi ne peut avoir sa raison d'être que dans l'infini et le parfait vers lequel sans cesse il aspire. De l'idée du moi Descartes passe donc à l'idée de Dieu, mais sans que l'idée du moi s'absorbe dans l'idée de Dieu, non plus que l'idée de Dieu ne se confond avec l'idée du moi.

D'un autre côté, tandis que les philosophes novateurs de la Renaissance, nullement physiciens ni géomètres, mais se bornant à reprendre les traditions bizarres de l'antiquité ou abusant des merveilleuses découvertes de Copernic, se faisaient de l'univers une idée fantastique et se proposaient surtout d'en bannir Dieu, Descartes, par une sorte de mécanisme universel, explique tout ce qui n'est pas la pensée; et, loin d'admettre que l'univers subsiste par lui-même, c'est sur la métaphysique qu'il fait reposer sa physique tout entière.

Écoutez-le! « C'est par la connaissance de Dieu que j'ai tâché de commencer mes études, et je n'eusse jamais su trouver les fondements de la physique, si je ne les eusse cherchés par cette voie. » Mais cette connaissance de Dieu suppose d'abord la connaissance de l'âme. « Je prends, continue Descartes, l'être ou l'existence de la pensée pour le premier principe, duquel je déduis très clairement les suivants, à savoir qu'il y a un Dieu qui est auteur de tout ce qui est au monde, et qui, étant la source de toute vérité, n'a point créé notre entendement de telle nature qu'il se puisse tromper au jugement qu'il fait des choses dont il a une perception fort claire et fort distincte. Ce sont là tous les principes dont je me sers touchant les choses immatérielles ou métaphysiques, desquels je déduis très clairement ceux des choses corporelles ou physiques. »

Descartes sera-t-il donc venu à bout de son dessein ? Avec un naïf orgueil, mais que l'expérience a, sous beaucoup de rapports, justifié, l'auteur du *Discours de la Méthode* et des *Méditations*, qui est aussi celui du livre des *Principes*, du *Traité du Monde*, du *Traité de l'Homme* et du *Traité des Passions*, l'auteur enfin de tant d'œuvres capitales de mathématiques et de physique, n'hésite point à l'affirmer. « Je n'ai rien trouvé dans la nature des choses matérielles, dit-il, dont je ne puisse très facilement donner une raison mécanique. »

— « On doit reconnaître que j'ai prouvé par démonstration mathématique toutes les choses que j'ai écrites, au moins les plus générales qui concernent la fabrique du ciel et de la terre. »

Or, à ce compte, que devient dans la doctrine de Descartes, la nature ? Considérée en général, la nature « ne lui est autre chose que Dieu même, ou bien l'ordre et la disposition que Dieu a établie dans les choses créées. » Et, d'une manière très précise : « Par la nature, répond Descartes (*Le Monde ou Traité de la Lumière*), je n'entends point quelque déesse ou quelque autre sorte de puissance imaginaire, mais la matière, avec ses qualités, comprises toutes ensemble, et sous cette condition que Dieu continue de la conserver en la même façon qu'il l'a créée ; car de cela seul qu'il continue ainsi de la conserver, il suit de nécessité qu'il doit y avoir plusieurs changements en ses parties, lesquels ne pouvant, ce me semble, être attribués à l'action de Dieu, parce qu'elle ne change point, je les attribue à la nature, et les règles suivant lesquelles se font ces changements, je les nomme les lois de la nature. »

Le Dieu de Descartes est donc un Dieu créateur, et Descartes n'identifie pas plus l'univers avec Dieu ou Dieu avec l'univers, qu'avec Dieu il n'a identifié l'homme. Pour lui c'est bien de la création *ex nihilo* qu'il s'agit ;

et ce sublime penseur ne recule point devant une affirmation que prend en pitié plus d'un bel esprit. *Tria mirabilia fecit Deus : liberum arbitrium, mundum ex nihilo, Hominem-Deum.* « Dieu, note Descartes, a fait trois merveilles ou miracles, le libre arbitre, le monde de rien et l'Homme-Dieu ».

Cependant Descartes, qui a distingué chez l'homme l'âme et le corps jusqu'à rendre incompréhensible leur union, n'a-t-il pas également distingué à ce point la création et le créateur, que le créateur demeurant étranger aux déploiements de la création et l'univers se suffisant à lui-même, le créateur devient finalement inutile, c'est-à-dire cesse d'être créateur? C'était le reproche qu'adressait à Descartes Pascal, comme si Descartes eût fait seulement de Dieu un premier moteur, et que se bornant à parler de création, il n'eût point parlé aussi de création continuée ! « M. Descartes n'a pu s'empêcher d'accorder à Dieu une chiquenaude, observait Pascal avec injustice et dans un accès de mauvaise humeur; après cela, il n'a plus qu'en faire. » Descartes expliquait très bien ce qu'il y a d'excellent dans l'acte créateur. « Encore que Dieu n'eût point donné au monde au commencement d'autre forme que le chaos, pourvu qu'ayant établi les lois de la nature, il prêtât son concours, on peut croire, sans faire tort au miracle de la création, que par cela seul toutes les choses purement matérielles auraient pu, avec le temps, s'y rendre telles que nous voyons, et leur nature est bien plus aisée à concevoir, quand on la voit naître peu à peu en cette sorte, que considérée toute faite. » Il n'y a assurément dans ces propositions ni naturalisme qui soit monisme, ni évolution fatale qui soit transformisme. Et lorsque Descartes en est venu à affirmer qu'avec la matière et le mouvement il ferait le monde, c'est qu'il pensait qu'il pensait. Tout son mécanisme est comme suspendu à la pensée, de même que c'est par la pensée qu'infailliblement et constamment ce mécanisme se dirige. Encore une fois, d'après Descartes, « la première cause ne peut être que métaphysique ». Que si d'ailleurs il a le tort de bannir du domaine de la science toute argumentation de finalité, ce n'est point qu'il nie en cela que le monde réalise un plan conçu de Dieu, mais, au contraire, parce que, suivant lui, « nous ne devons pas tant présumer de nous-mêmes que de croire que Dieu nous ait voulu faire part de ses conseils. » Il y a plus; Descartes n'exclut, au début de nos recherches et dans nos recherches la finalité, que pour l'invoquer au terme de nos recherches. Car, à son sens, « si nous ne pouvons deviner pour quelle fin chaque chose a été créée; dans l'usage admirable de chaque partie, dans les plantes comme dans les animaux, il est juste d'admirer la main de Dieu qui les a faits et de connaître et glorifier l'ouvrier par l'inspection de ses ouvrages. »

Telle est la philosophie de la nature qu'avec un bon sens tout Français et une vue claire des choses, Descartes avait substituée aux imaginations et aux rêveries malsaines de la Renaissance; philosophie où une timidité étrange se mêle, il est vrai, aux audaces les plus heureuses, (Descartes qui n'ose pas se déclarer Copernicien, n'ose pas non plus traiter et de l'immortalité de l'âme et de la morale) mais philosophie en soi profondément raisonnable, où Dieu, le monde et l'homme sont distingués à la fois et subordonnés comme il convient; philosophie solide, dont le fond, quoique toujours le même, reste inépuisable aux investigations du penseur, et sur lequel vécut, au xviie siècle, toute une race patricienne de philosophes, un Bossuet, un Fénelon, un Pascal, un Arnauld, un Malebranche.

Ce n'est pas que les principes posés par Descartes ne prêtâssent, sous certains rapports, à l'équivoque, ou même que les conclusions qu'il en tirait, ne fussent à plusieurs égards, incomplètes et erronées. C'est ce qui est rendu très manifeste dans les systèmes de quelques-uns de ses plus illustres disciples ou successeurs. Il avait prétendu expliquer tout le monde des corps, même la vie, mathématiquement, *omnia apud me fiunt mathematice;* après lui, c'est le monde même de l'âme qu'on se flattera de pouvoir décrire à la manière des géomètres, *more geometrico.*

Déjà, pour avoir rapporté à Dieu toute activité, Malebranche avait tellement affaibli, exténué l'idée de la personne humaine, qu'elle s'évanouissait en quelque sorte au sein du Verbe incréé et que l'intervention d'un acte créateur maintenait à grand peine distinct du suprême esprit l'univers de la matière ou les corps. « Je me sens porté à croire, écrivait le pieux Oratorien, que ma substance est éternelle, que je fais partie de l'être divin, et que toutes mes diverses pensées ne sont que des modifications de la substance universelle; corps et âme, matière et esprit sont éminemment en Dieu; il est toutes choses. » Heureusement, Malebranche ajoutait : « Il ne faut pas humaniser Dieu, il est créateur. » Étranger, ou plutôt, en dépit de son origine et de son éducation Juives, rebelle à toute idée de création, ce n'est pas simplement l'être humain, mais tout être, dont Spinoza ne fait plus qu'un mode de la substance unique, cause immanente et non transitoire de tout ce qui est, *causa immanens, non vero transiens.* Tout corps a une âme et toute âme a un corps; car les corps ne sont que les modes de l'attribut qui dans la substance unique est l'étendue, et les âmes ou esprits que les modes de l'attribut qui dans cette même substance est la pensée. Ainsi se correspondent en cette substance unique, infinie et douée d'une infinité d'attributs infinis mais dont deux seulement nous sont saisissables : l'infinie étendue et l'infinie pensée ; substance étendue sans être divisible et pensante sans avoir d'entendement substance qui agit sans avoir de liberté et dont les déploiements tiennent à la nécessité de son essence, de même qu'il est essentiel au triangle de comprendre en somme deux angles droits ; ainsi en cette substance unique se correspondent les idées et les choses. *Ordo et connexio idearum idem est ac ordo et connexio rerum.* L'homme et l'univers sont en Dieu ou mieux sont Dieu lui-même, Dieu impliquant le monde et le monde expliquant Dieu, *Deus mundus implicitus, mundus Deus explicitus.* Pneumatique, c'est-à-dire science des esprits, et physique, c'est-à-dire science des corps, sont de la sorte ramenées à un évolutionnisme mécanique et à un évolutionnisme inexpliqué, Spinoza écartant avec un dédain suprême la question du pourquoi et ne s'inquiétant jamais de la question du comment. Cet évolutionnisme du reste n'est point transformisme; car c'est par degrés que toute variété procède de l'unité et y revient. L'homme, dès lors, n'est « qu'un automate spirituel » chez qui tout dépend de la disposition du cerveau, *pro dispositione cerebri ;* ou, pour parler exactement, il n'est qu'un phénomène passager de l'unique substance qui est l'éternelle nature, nature naturante alternativement et nature naturée, *natura naturans et natura naturata.* Peut-être toutefois Leibniz se montrait-il trop sévère, lorsqu'il écrivait « que le Cartésianisme finit où le Spinozisme commence, dans le naturalisme. »

Illusion singulière d'un grand esprit ! La gloire de de Leibniz, polymathe et curieux incomparable, c'est d'avoir restitué dans l'idée de substance, l'idée de force, ne prétendant par là rien moins qu'amender toute la philosophie en général, *de notione substantiæ vel de emendatione totius philosophiæ,* et corriger le Cartésianisme, en particulier. C'était, en tout cas, au mécanisme de Descartes devenu le mécanisme de Spinoza, opposer un dynamisme puissant, et la monadologie ou réduction de l'idée d'être à l'idée de force ou d'agrégat de forces autonomes semblait à bon droit au philosophe de Hanovre la réfutation la plus décisive du monisme Spinoziste. Dans sa doctrine en effet toute substance est force, mais de telle sorte que si toute matière est force, toute force n'est pas matière. Entre les monades il y a, il doit y avoir, en vertu du principe de la raison suffisante, une continuité ou succession graduée de qualités qui les spécifient, et si toutes, comme autant de miroirs, expriment ou représentent l'univers, toutes perceptives, toutes ne sont pas aperceptives ou douées de conscience. C'est là le propre de l'âme ou de l'esprit que Leibniz définit très bien une force qui a conscience d'elle-même *vis sui conscia*.

Toutefois, comme ces forces indivisibles et simples restent concentrées en elles-mêmes et que « n'ayant point de fenêtres sur le dehors, » elles ne se trouvent ni pénétrables ni pénétrantes, leurs rapports, soit dans l'homme qui est âme et corps, soit dans le monde qui se compose de tant d'êtres divers, ne se peuvent comprendre qu'en suite d'une harmonie préétablie et maintenue de Dieu. C'est donc quand Dieu pense et calcule que le monde se fait. *Cum Deus calculat et cogitationem exercet, fit mundus*. C'est Dieu qui donne et maintient à l'univers le branle par où il se meut si bien que tout mouvement n'a, en définitive, qu'un moteur, tout acte qu'un acteur, et que, dans ce déterminisme inflexible, c monde peut être dit l'horloge de Dieu, *mundus horologium Dei*. L'homme n'est plus, par conséquent, (et c'est ainsi qu'à son tour le qualifie Leibniz) « qu'un automate spirituel » *Risum teneatis?* N'est-ce pas reproduire Spinoza, après l'avoir combattu, et du dynamisme en revenir à un mécanisme que Descartes lui-même eût répudié ?

Certes, quand de manière ou d'autre on retire aux créatures toute énergie propre, on est bien près de n'en faire, au lieu de substances que des phénomènes substantifiés, et c'est ainsi que Leibniz ne voyait plus dans la matière qu'un phénomène exact et réglé. Mais, comme souvent il arrive, se sauvant par une inconséquence, il n'en maintenait pas moins qu'il y avait création et ainsi réalité substantiellement distincte de l'homme, du monde et de Dieu. Ramenée à de justes termes, la théorie de l'harmonie préétablie, qui énerve tout son système, ne lui servait plus qu'à mettre en pleine lumière que si tout concourt, Σύμπνοια πάντα, c'est que les causes efficientes dépendent des causes finales, et que l'idée de cause étant identique à l'idée d'ordre, c'est dans un souverain ordonnateur que se découvre la souveraine causalité, *Deus monas monadum*. « Ce n'est pas seulement dans un principe matériel, écrivait-il, et dans des raisons mathématiques qu'il faut chercher l'origine du mécanisme même, mais il convient de le rapporter à une source plus haute et, pour ainsi dire, métaphysique. » Et avec une parfaite précision : « L'esprit, la matière et le mouvement suffisent à expliquer les phénomènes du monde et leurs causes. Le principe de tout mouvement est, en effet, l'esprit, ce qu'Aristote lui-même a justement entendu, quand il déclare qu'il n'y a rien naturellement et dans la nature de désordonné, car la nature est à toutes choses une cause d'ordre, et tout ordre est raison. » *Mentem, materiam et motum sufficere ad explicanda mundi phænomena et causas eorum. Motus enim omnis principium mens, quod et Aristoteli recte visum*. Met. 1. 8. οὐδὲν ἄτακτον τῶν φύσει καὶ κατὰ φύσιν· ἡ γὰρ φύσις αἰτίας πᾶσι τάξεως, τάξις δὲ πᾶσα λόγος. Est-ce donc que Leibniz comprenne au même sens qu'Aristote le mot de nature ? Tout imbu qu'il soit des principes du Stagirite, dont l'entéléchie est devenue évidemment la monade Leibnizienne, c'est ici bien plutôt de Platon que se rapproche l'auteur de la monadologie. Car si Leibniz reconnaît qu'il y a dans la nature une force vive ou énergie, *de vi naturæ energetica*, c'est très expressément qu'il professe « que la nature, prise en général, n'est rien que l'ensemble des forces de l'univers, avec leurs puissances persistantes et leurs lois. »

Quelles que soient, au milieu des hommages qu'il rend au passé, les prétentions de Leibniz à une doctrine originale et qu'il voudrait même rendre dominatrice, Leibniz relève de Descartes, c'est-à-dire de la France, et quand il a souci d'assurer la faveur publique aux seuls ouvrages philosophiques de longue haleine qu'il ait jamais composés, aux *Nouveaux Essais*, à la *Théodicée*, c'est en français qu'il les rédige. L'Allemagne alors est encore loin d'avoir pris possession d'elle-même et d'exercer influence sur les esprits.

C'est d'Angleterre que devait venir le mouvement perturbateur qui allait compromettre les idées que dans l'Europe entière avait accréditées le génie de Descartes, et faire, pour un temps, mettre en oubli la belle philosophie spiritualiste de la nature qu'il avait inaugurée. Assurément, le sol anglais n'est pas tel que la métaphysique n'y puisse, à de certaines heures, fleurir. Ainsi, pour n'en citer qu'un exemple entre beaucoup d'autres, n'est-ce pas un métaphysicien que Berkeley? Et sans doute ce subtil spéculatif tombe dans l'exagération et son langage prête à l'équivoque, quand il affirme « que l'univers, en tant que réalité distincte de Dieu et de notre pensée, est une grande illusion ». Mais si l'immatérialisme de l'évêque de Cloyne reste en lui-même inacceptable, c'est avec une droite raison que repoussant le naturalisme, il écrit : « Si on entend par nature une réalité quelconque, différente des choses perçues et de Dieu, c'est un mot vide de sens, une chimère païenne; la nature est une série de phénomènes que nous ne produisons pas au gré de notre volonté. » Il n'en reste pas moins très vrai de dire, quoique ce soit un lieu commun rebattu, que le génie Anglais, principalement tourné vers l'utile, se montre plus préoccupé de rechercher et d'accroître les conditions du bien-être que de discuter les conditions transcendantes de l'être, et il semble que tout ce qui passe les sens ne l'intéresse plus ou le dépasse. C'est ainsi que, sous prétexte de se dégager des arguties stériles de la Scolastique, Bacon, uniquement jaloux d'assurer l'empire de l'homme sur la nature ou l'univers, renvoie à la théologie tous les problèmes concernant l'âme et Dieu. Mais il n'a garde d'ailleurs, personnifiant ou divinisant la nature, de nier l'âme et Dieu et reconnaît hautement, au contraire, l'existence et la puissance de l'esprit. Il n'en va pas de même de ses disciples immédiats, tels que Thomas Hobbes. S'agit-il de l'âme? Hobbes déclare qu'une historiette de l'âme, *historiola animæ* (c'est l'expression qu'emploie aussi Spinoza), ne saurait occuper un philosophe. Autrement, il faudrait, au nombre des philosophes, inscrire femmelettes, apothicaires et alchimistes. *Quis vetaret quin mulierculæ, pharmacopæi ac ciniflones chymici in album philosophorum transferrentur?* Aussi bien, le philosophe de Malmesbury a des opérations de l'esprit une explication toute prête. « Le raisonnement dépend des noms, les noms dépendent de l'imagination, l'imagination dépend du mouvement des organes corporels ; et, ainsi, l'esprit n'est rien autre chose qu'un mouvement en certaines parties du corps organique. » S'agit-il de Dieu? Hobbes soutient que toute spéculation relative à Dieu ou à quoi que ce soit d'immatériel, doit être écartée de la philosophie. *Excludit a se philosophia theologiam, doctrinam de natura et attributis Dei, de rebus illis omnibus, quæ nec corpora, nec corporum effectus existimantur*. Et quel est donc, en définitive, l'objet de la philosophie? C'est tout ce qui est corps. *Subjectum philosophiæ est corpus omne*. Or, d'après Hobbes, tout est corps, et il n'y a de réel que la nature ou l'ensemble des corps. C'est pourquoi Christian Kortholdt, dans son livre *des trois grands im-*

posteurs, De tribus impostoribus magnis, qui sont pour lui Herbert de Cherbury, Hobbes et Spinoza, n'avait pas tort d'appeler Hobbes le prince des naturalistes du temps, *naturalistarum nostri ævi princeps.*

C'est de Hobbes effectivement, bien plus que de Bacon, en dépit des éloges que prodiguèrent au novateur de l'*Instauratio magna* les Encyclopédistes ; c'est de Hobbes que s'est inspirée la philosophie du xviii° siècle, laquelle fut, malgré tout, comme celle du xvii°, une philosophie éminemment Française. Car vainement des écrivains Français pensionnés par la Russie et par la Prusse se plaisaient-ils à répéter sur tous les tons :

« *C'est du Nord aujourd'hui que nous vient la lumière.* »

C'était de la France que sur le monde rayonnaient les idées, quoique obscurcies par des passions souvent généreuses mais enfin par des passions troublantes, et aussi, bien que dénaturées par des influences étrangères. Contradiction cent fois signalée et qu'expliquent pourtant, jusqu'à un certain point, les circonstances ! La gloire du xviii° siècle consiste à s'être épris d'humanité et de liberté, et c'est au somatisme, d'où l'auteur du *Léviathan* et de l'*Empire* a si logiquement déduit le despotisme, que les philosophes du xviii° siècle vont, pour la plupart, demander leurs principes ! Moins lu par eux que célébré à cause du sensualisme de ses *Essais sur l'entendement*, Locke, théoricien du *Gouvernement civil*, ne leur est presque de rien. Ils redoutent, en effet, tout ce qui de près ou de loin peut ramener aux conceptions d'âme et de Dieu, et Locke tant bien que mal a défendu ces notions. Or, pour eux, comme pour Hobbes, il n'y a, au fond, que des corps, et si de crédules mystiques ou des métaphysiciens abusés s'obstinent à affirmer une âme et un Dieu, le vrai savant ou philosophe, se dégageant de ces fadaises, *solertissimæ nugæ*, n'admet d'autre réalité que l'ensemble des corps ou la nature. De là, au XVIIIᵉ siècle et en France, toute une philosophie matérialiste de la nature, qui, plus violemment encore qu'à l'époque de la Renaissance et avec une plus complète audace, se montre révolutionnaire, et, avant tout, antichrétienne.

On dresserait un long catalogue rien qu'à énumérer les ouvrages, qui, au siècle dernier, traitent de la nature. C'est ainsi, qu'en 1751, Maupertuis publie un *Essai de philosophie morale* ou *Système de la Nature* ; en 1756, Morelly un *Code de la Nature*; en 1769, Delisle de Sales, une *Philosophie de la Nature* ; en 1748, Maillet, un livre sur *la diminution de la mer, la formation de la terre et l'origine de l'homme*; de 1761 à 1768, Robinet, les *Essais de la Nature qui apprend à faire l'homme*; en 1770, d'Holbach, un *Système de la Nature*. Ce sont, d'autre part, des *Catéchismes universels*, des *Éléments de morale universelle* ou *Catéchismes de la Nature*. En politique, de même qu'en morale, on ne parle que de revenir à la nature, d'obéir à la nature et les physiocrates semblent, à eux seuls, devoir régénérer tout l'État. Dans les beaux-arts également, il ne s'agit plus que d'imiter la belle nature. La nature enfin est la seule Divinité qu'à de rares exceptions près, invoquent tous les écrivains qui philosophent sur la nature. Omettant, dédaignant les problèmes au lieu de songer à les résoudre, et simplifiant tout parce qu'ils n'approfondissent rien, dans le mot retentissant de nature et l'idée mal définie de nature, ils confondent à la fois la personne humaine, l'univers et Dieu. Condillac et Turgot continuent presque seuls, au XVIIIᵉ siècle, et par des procédés fort divers, les traditions métaphysiques de l'âge précédent.

A la vérité, cette philosophie de la nature peut sembler d'abord avoir, au XVIIIᵉ siècle, des représentants d'étrange sorte. Car c'est un officier de cavalerie, le marquis d'Argens, un médecin aux Gardes Françaises, Offroy de Lamettrie, un capitaine aux Gardes Lorraines, le marquis de Saint-Lambert, un fermier général, Helvétius, qui, désertant leurs carrières, se portent les défenseurs du naturalisme, et, sans sérieuses études, sans réflexion, sans génie, suent, s'enflent et se travaillent, afin d'accréditer bruyamment les lieux communs où se complaît alors le gros des esprits. Tandis, en effet, que le xviie siècle marque une période d'autorité plus que de liberté, le xviiie siècle tend à inaugurer une époque de liberté plus que d'autorité, en modifiant d'ailleurs d'une manière radicale les conditions mêmes de l'autorité. De là, chez les écrivains qu'au xviiie siècle on décore du nom générique de philosophes, une sainte horreur du spiritualisme, où ils voient, en raison de ses convenances avec la religon chrétienne et de son alliance avec la monarchie, le plus ferme support de l'ancien régime. C'est donc à l'aide des doctrines matérialistes, qu'ils se persuadent pouvoir inaugurer des temps nouveaux, et c'est ainsi que par emportement et aberration de polémique, le siècle du droit se trouve être devenu le siècle de la matière, que l'on exalte sous l'appellation de nature.

D'Argens identifiant athéisme et patriotisme, estime que Dieu est « un vieux meuble hors d'usage, l'âme une substance inconnue, une qualité occulte inventée par Platon, perfectionnée par Descartes, changée en article de foi par les théologiens. Il n'y a de réalité que la nature qui seule fait tout et qui peut tout. » Et d'Argens assimile la nature « à un joueur de gobelets, lequel ne montre jamais que les derniers effets de ses opérations ».

L'auteur de l'*Homme-machine*, de l'*Homme plus que machine*, de l'*Homme-plante*, de l'*Histoire naturelle de l'âme*, Lamettrie confond grossièrement, à son tour, le physique et le moral. Le cerveau lui est une horloge, et il appelle la mort « la fin de la farce ». « Du faîte d'une immortalité glorieuse, belle machine théologique, comme d'une gloire d'opéra, l'homme se voit précipité dans un parterre physique. » Car si la matière est éternelle, les formes périssent et une entière destruction attend tous les corps animés. La nature est la dernière raison des choses. Uniforme dans la variété indéfinie de mouvements incessants, elle se déploie, par essais et par ébauches, en une série imperceptiblement graduée, du minéral à la plante et de la plante à l'animal, en une chaîne ininterrompue, quoique composée d'anneaux inégaux. Finalement, il n'y a, suivant d'Argens, qu'une seule substance diversement modifiée.

Après avoir d'une manière hautaine écarté les questions relatives à Dieu et à l'âme, « questions souvent agitées chez des bonzes et des lettrés qui avaient beaucoup de loisir, mais indignes d'un peuple dont les moments sont remplis par les vrais plaisirs et les vrais devoirs », Saint-Lambert n'en définit pas moins l'homme « une masse organisée et sensible qui tire de tout ce qui l'environne et de ses besoins cet esprit qui sera peut-être celui d'un Locke ou d'un Newton, ce génie qui maîtrisera les éléments et mesurera les cieux. » C'est ainsi que la nature crée notre âme. D'autre part, sans doute Saint-Lambert ne peut s'empêcher de reconnaître dans l'univers « une puissance active, un ordre, un dessein, des qualités qui produisent certains effets ». Mais il tient qu'il n'y a qu'un être qui est immense et d'éternelles lois, et cet être suprême c'est la nature. Enfin Helvétius, de son côté, estime « qu'on ne rencontre point d'âme en son chemin », et que Dieu n'est que la déification de l'espèce humaine. Il ne dira pas, si l'on veut, que tout se ramène à la matière, « abstraction difficile à concevoir, » mais, lui aussi, répétera « que tout se résume dans la nature et qu'il n'y a dans la nature que des individus auxquels on a donné le nom de corps. » On pourrait aisément s'en convaincre : ce sont là, dans les plates et nombreuses publications de d'Argens, d'Offroy de Lamettrie, de Saint-Lambert, d'Helvétius, sans ombre de démonstration ni commencement de preuve, les mêmes, perpétuelles et fastidieuses allégations. Aussi se sent-on comme récréé, lorsqu'on passe de la lecture de leurs écrits à celle des ouvrages, non pas seulement de Montesquieu et de Buffon qui, par plus d'un trait de caractère, comme souvent par leurs idées, semblent plutôt appartenir à l'âge précédent, mais de Voltaire et de Rousseau, en qui se réfléchit pleinement et au vif l'esprit du xviiie siècle.

Ce n'est pas que Voltaire et Rousseau ne reproduisent, en somme, à peu près les mêmes doctrines que ceux qu'on appellerait volontiers les quatre chevaliers servants du matérialisme. Mais ils défendent ces doctrines autrement. Au lieu de nous entraîner à leur suite dans des ténèbres *cimmériennes,* Voltaire nous éblouit de ses éclairs, et Rousseau nous pénètre de sa flamme. L'un et l'autre commencent même par combattre la philosophie de la nature alors en honneur. Ainsi cette philosophie n'est, au jugement de Voltaire, « qu'un galimatias qui fait pitié ». Auteur d'un poème sur la *Loi naturelle,* le sceptique vieillard de Ferney ne s'en dit pas moins d'abord, « dégoûté de cette nature qui a fourni tant d'insipides lieux communs, tandis qu'il n'y a pas de nature, que tout est art et révèle un suprême artisan. » Toutefois il finit par déclarer qu'à parler franchement, « il n'y a point d'âme ». « Ce système est le plus hardi, le plus étonnant de tous et au fond le plus simple. Tout le monde convient que l'âme est matérielle, et si elle l'est, on doit la croire périssable. » Pour ce qui est de Dieu, Voltaire affirme qu'au fond, « il n'y a que Spinoza qui ait bien raison. » Voltaire, à son tour, par conséquent, accepte la célèbre formule ἓν καὶ πᾶν, qui porte que tout est un, l'univers Dieu et Dieu l'univers, et que l'un est la matière ou l'univers animé des corps.

Rarement polémiste, on serait tenté de dire apologiste, a réfuté avec plus de verve et de véhémence indignée que Rousseau, l'athéisme et le matérialisme, « philosophie commode des heureux et des riches, qui font leur paradis en ce monde, alors que la multitude, faute de bonheur en cette vie, a besoin d'y trouver au moins l'espérance et la consolation que ces barbares doctrines lui ôtent. » Systèmes bizarres de force, chance, fatalité, nécessité, atomes, monde animé, matière vivante ou matière mue par attraction, autant de conceptions frivoles ou creuses! Reconnaître à la matière un mouvement déterminé, c'est reconnaître une cause qui le détermine. Le mouvement montre une volonté, la direction une intelligence, l'ordre un ordonnateur. Or, cet être qui veut et qui peut, cet être actif par lui-même, cet être enfin, quel qu'il soit, qui meut l'univers et ordonne toute chose, cet être, conclut Rousseau, je l'appelle Dieu. D'autre part, comment l'organisation et la vie seraient-elles les résultats de jets d'atomes? Jamais chimiste a-t-il fait sentir ou penser des mixtes dans un creuset? « Conscience, conscience! chante Rousseau, comme un aède la Grèce antique; conscience! instinct divin, immortelle et céleste voix; guide assuré d'un être ignorant et borné, mais intelligent et libre; juge infaillible du bien et du mal, qui rends l'homme semblable à Dieu! c'est toi qui fais l'excellence de sa nature et la moralité de ses actions; sans toi, je ne sens rien en moi qui m'élève au-dessus des bêtes, que le triste privilège de m'égarer d'erreurs en erreurs à l'aide d'un entendement sans règle et d'une raison sans principe. »

C'est ainsi que le spiritualisme de Rousseau s'élève jusqu'au lyrisme. Et pourtant, dupe des mots, plus sensible à la musique du langage qu'à la justesse des idées et plus sophiste que philosophe, fasciné surtout par l'imagination et troublé par l'envie, Rousseau est certainement, au xviii° siècle, l'écrivain qui a le plus fait pour accréditer toutes les équivoques, dont regorge l'expression de nature. Il a refermé tous les livres ; il en est un seul ouvert à tous les yeux, c'est celui de la nature. Tout est bien en sortant des mains de la nature, tout se corrompt entre les mains de l'homme. Si la nature nous a destinés à être sains, l'état de réflexion est un état contre nature. L'homme naît libre et partout il est dans les fers ; l'inégalité est presque nulle dans l'état de nature. Le droit de la société ne vient pas de la nature. Il faut écouter la sainte voix de la nature. Et Rousseau ne cesse de prêcher le retour à l'état de nature ; « état, reconnaît-il singulièrement lui-même, qualifiant ses propres idées de romanesques et fausses ; état qui n'existe pas, qui n'a peut-être point existé, qui n'existera peut-être jamais. » Puis, se détournant des spéculations sociales et politiques vers la métaphysique et la religion, c'est de tout son élan que Rousseau s'écrie : « O nature, ô ma mère ! » C'est avec enthousiasme qu'il invoque « le grand Être » ; c'est avec une sorte de frénésie « qu'il se jette tête baissée dans le vaste océan de la nature. » Nous voilà donc revenus à l'idolâtrie de la nature. C'est qu'en effet pour Rousseau, éternité du monde et création restent également difficiles à comprendre, et de son aveu même, « en se faisant huer des philosophes auxquels il l'a dit et qui l'ont décidé absurde et contradictoire, » il n'hésite point à admettre deux principes, l'un passif et l'autre actif mais qui ne peut ni créer ni anéantir. Telle est la conclusion dernière à laquelle se résigne l'auteur de la *Profession de foi du Vicaire Savoyard*. « *Desinit in piscem.* »

Toutefois, si l'on veut se faire une idée de ce qu'est au xviii° siècle le naturalisme dans toute sa pédantesque rigueur et sa rebutante condensation, ce sont les œuvres du baron d'Holbach et celles de Diderot qu'il faut consulter.

Le Système de la nature par d'Holbach est vraiment, comme on l'a observé, « le Système de la matière ». Il y a la matière et il n'y a que la matière, laquelle est éternelle, car la création est un non sens, et la matière ne pouvant cesser d'être n'a pas non plus commencé. Hétérogène, c'est-à-dire douée d'activités diverses, d'où résultent des matières élémentaires diversement combinées, la matière engendre spontanément des êtres qui ne naissent que pour périr, qui ne périssent que pour renaître. Elle est un phénix, dont l'âme est le mouvement. Et en effet le mouvement ne peut venir que de la matière, puisque la matière est tout. La matière se mouvant donc par sa propre énergie, tout est action et réaction, enchaînement de causes et d'effets, et, depuis la pierre jusqu'au soleil, depuis l'huître jusqu'à l'homme, tout est lié. « C'est peut-être dans les plaines de la Lybie que se forment aujourd'hui les premiers éléments d'un orage, qui, par une volonté, influera sur le sort de plusieurs nations, cette volonté elle-même se trouvant entraînée dans un tourbillon moral qui enveloppe également toute parole et toute pensée. » Eh ! quoi ! n'y a-t-il pas un ordre qui suppose un ordonnateur? L'ordre n'est qu'une manière de voir, un point de vue qui se déplace, et le désordre prétendu vient lui-même de certaines lois. Génération, mélange, conservation, destruction ou transformation, voilà les opérations de la nature, qui sans but mais non point au hasard, agit nécessairement. Quant à Dieu, il n'est qu'une illusion, et l'infini se résout en un amas de qualités négatives. C'est la vertu qu'il faut placer sur les autels, que l'imposture, l'enthousiasme et la crainte ont élevés à des fantômes dangereux. Malheureux les Déicoles ! Qui détruirait la notion de Dieu serait ami du genre humain. Encore un coup, il n'y a pas de Dieu, et tout ce qui n'est pas

d

milieux, les habitudes, l'hérédité. C'est l'organisation qui détermine les fonctions, le besoin qui engendre l'organe, et cela avec une variété indéfinie que l'imagination même demeure impuissante à concevoir. Gardons-nous par conséquent du sophisme de l'éphémère, et quand tout se trouve soumis à une perpétuelle évolution, n'allons pas croire à la permanence durable de quoi que ce soit qui frappe nos regards. Ce serait précisément se fier à ce que de mémoire de rose on n'a jamais vu mourir de jardinier. En réalité, tout passe ; il n'y a que le tout qui reste, la molécule seule est impérissable. Et il n'y a que ce qui passe, que nous puissions saisir. « Qu'aperçois-je ? des formes. Et quoi encore ? des formes, j'ignore la chose ; nous nous promenons entre des ombres, ombres nous-mêmes pour les autres et pour nous. »

A lire de telles paroles, il est impossible de le contester : Diderot est le grand naturiste du xviiie siècle. Quel intérêt y aurait-il, après cela, à rappeler les insipides redites d'un Naigeon, le singe de Diderot et qui traitait Robespierre de monstre pour avoir proclamé l'existence d'un Être suprême ; d'un Sylvain Maréchal, le Lucrèce français, qui mêlant à ses *Bergeries* la rédaction d'un *Code des hommes sans Dieu* et d'un *Dictionnaire des athées* parmi lesquels il enrôlait jusqu'au roi David, déclarait que Dieu « c'est or, amour, vertu, génie ; que le peuple est à lui-même son Dieu ; » d'un de Lalande enfin, qui, tout fier de ses mathématiques et de son astronomie, se persuadait « que pensée et liberté c'est matière éternelle ? » Ce qu'il importe, au contraire, de noter, quelque répugnance qu'on y éprouve, c'est la morale que sans pudeur et très logiquement du reste déduisent de cette philosophie de la nature ses représentants principaux.

Interrogez Saint-Lambert. Ouvertement et en parfait accord avec l'idée qu'il a imaginée de l'homme, l'auteur du *Catéchisme universel* professe que le plaisir et la douleur sont nos maîtres, que l'emploi de la vie consiste à chercher l'un et à éviter l'autre. Jouir, voilà la sagesse; faire jouir, voilà la vertu. Pour d'Holbach, l'objet de la vie est également le bonheur, et l'homme doit pratiquer le vice, si le vice le rend heureux. Diderot, plus crûment encore, déclare « qu'il n'y a rien de solide que de boire, manger, vivre, aimer, dormir, » et, par suite, avertit « que c'est sur la région de l'estomac qu'il faut veiller, que c'est ce viscère qu'il faut ménager. » D'Alembert dira : « le diaphragme ». Voltaire, de son côté, n'écrivait-il pas « que le plaisir est le but universel et que qui l'attrape fait son salut; qu'il faut jouir et que le reste est folie ? » Et afin qu'on ne s'y méprît point, il ajoutait : « Digérez, tout le reste est bien peu de chose. » « Bien digérer et se tenir le ventre libre, » voilà, suivant l'auteur du *Dictionnaire philosophique*, le dernier mot de la sagesse. Or, Voltaire, Diderot, d'Holbach, Saint-Lambert ne sont ici que les interprètes de la morale acceptée de la plupart de leurs contemporains.

Néanmoins il convient aussi de l'observer. Cette morale qui aurait dû leur sembler ignoble, ne laissait pas que de paraître hardie à ceux qui s'en portaient les promoteurs. Ils en concevaient même des scrupules. Mais, au lieu que ce qu'avaient de détestable les conséquences de leurs théories les obligeât à reconnaître ce que leurs principes avaient d'erroné, ils se bornaient à conclure superbement que leur philosophie n'était faite que pour l'élite. D'Argens est convaincu « que parmi les gens d'un certain rang on peut être honnête homme sans croire à l'immortalité de l'âme; » mais il n'en juge pas moins ce dogme « nécessaire pour contenir le bas peuple et les personnes vulgaires. » Lamettrie, de son côté, estime qu'on peut très bien vivre en citoyen et penser en philosophe, mais, « quoique fâché de croire tout ce qu'il dit sans se repentir de dire tout ce qu'il croit, » il juge « qu'au vil troupeau d'imbéciles mortels, à l'hydre à cent mille têtes folles, ridicules, imbéciles, comme il faut la potence et l'échafaud, il faut aussi des lois, des mœurs, une religion. » Il n'y a pas jusqu'à d'Holbach qui ne soit d'avis « que l'athéisme et le matérialisme, comme toutes les sciences abstraites et profondes, ne sont pas faits pour le peuple. » C'est également la pensée de Diderot, qui déclare, en outre, « que si, sans être faux, on n'écrit pas tout ce qu'on fait, sans être inconséquent on ne fait pas tout ce qu'on écrit. » Naigeon lui-même remarque sentencieusement « que l'étoffe pour faire un athée ne se rencontre ni chez la plupart, ni dans une nation, » et, suivant Sylvain Maréchal,

« Le sage seul a droit de se dire un athée. »

En un mot, qu'il doive y avoir une doctrine publique et une doctrine secrète, c'est le sentiment à peu près unanime de tous ceux qui, au xviiie siècle, se targuent du titre de philosophe ; c'est le sentiment d'Helvétius aussi bien que de Saint-Lambert, de d'Alembert aussi bien que de Voltaire.

Ainsi le xviiie siècle professe une philosophie de la nature qui offre ce double et étrange caractère, qu'elle ne s'adresse, comme les mathématiques, qu'aux esprits rares ou cultivés, et que si pourtant elle devient aristocratique, ce n'est qu'abritée par l'hypocrisie et fondée sur la bassesse. En effet ceux-là même qui défendent le plus bruyamment les idées de droit, de liberté, d'humanité, ne parlent plus, à propos de l'univers et de Dieu, que de matière, et à propos de l'homme, que de nerfs, de cerveau, de sécrétion, de besoins, de dissolution, de plaisir et de douleur, en même temps qu'ils reconnaissent que de leurs doctrines suit une morale généralement dangereuse et qui n'est bonne que pour les honnêtes gens, « le peuple ne devant pas être arrêté par un sentiment délicat d'amour-propre. »

De cruelles déceptions étaient réservées à cet injurieux dédain. Le peuple, « que n'arrêtait certes pas un sentiment délicat d'amour-propre », ne fut pas arrêté davantage par les maximes qu'on voulait lui imposer comme un frein, et que rejetaient, pour leur propre compte, ceux-là même qui prétendaient l'instruire et le diriger. Il se montra logiquement féroce, n'admettant d'autre raison que la raison du plus fort, et ivres d'égalité, plus avides encore de jouissances, les révolutionnaires vouèrent à l'échafaud, où bientôt eux-mêmes ils portaient leur tête, toute espèce d'aristocratie. L'état de nature niaisement célébré par Rousseau se réalisait dans l'état de nature que Thomas Hobbes avait décrit, *bellum omnium contra omnes, homo homini lupus*, et on put craindre un instant que la société française tout entière ne s'abîmât dans la brutalité et dans le sang. N'était-ce pas un peu, sans qu'ils l'eussent voulu ni prévu, l'œuvre des philosophes naturistes du xviii° siècle ?

Cependant, grâce au Ciel, cette épouvantable crise ne fut pour la France qu'une épreuve d'où elle sortit transformée, et peu à peu devait se produire, avec le relèvement de la philosophie, le relèvement même de la nation. Au spiritualisme idéaliste de l'âge précédent avait succédé le matérialisme effréné d'une seconde Renaissance, où la passion antichrétienne s'était donnée, cette fois, libre carrière. Le xix° siècle, à son aurore, allait voir reparaître, par delà les horizons toujours si bornés de l'idée de nature, les idées d'âme et de Dieu.

Et déjà, en 1785, parmi les sectes d'illuminés et les loges, au milieu des jongleries d'un Mesmer et d'un Cagliostro, Bernardin de Saint-Pierre avait essayé, en publiant ses *Études de la nature*, de rappeler aux doctrines spiritualistes ses contemporains. « O mon Dieu !

s'écriait-il, donnez à ces travaux d'un homme, je ne dis pas la durée et l'esprit de vie, mais la fraîcheur du moindre de vos ouvrages ; que leurs grâces divines passent dans mes écrits et ramènent mon siècle à vous comme ils m'y ont ramené moi-même. » La voix de Bernardin de Saint-Pierre s'était perdue dans le tumulte de la Révolution.

Ce fut un disciple du Juif portugais Martinez Pasqualis, le mystique Louis-Claude de Saint-Martin, qui, le premier, réfutant, dans les séances des Écoles normales, le verbiage Condillacien de Garat, sut affirmer de nouveau et dogmatiquement l'existence de l'esprit. A cet oncle du chanteur Garat, lui-même espèce de chanteur, qui déclarait s'occuper des facultés de l'âme, non de sa nature, se disant d'ailleurs indifférent au spiritualisme et au matérialisme, Saint-Martin fort pertinemment répondait : « Si vous ne voulez ni de la matière ni de l'esprit, je vous laisse le soin de nous apprendre à quoi vous attribuez le gouvernement de notre pensée ; car encore faut-il qu'il y en ait un. — Quoi ! vous n'êtes ni matérialiste ni spiritualiste ! c'est la manière indéterminée et mixte de beaucoup d'hommes sur terre ; mais un professeur ! Le matérialisme vous convient, mais vous en voulez le bénéfice sans les charges, et vous n'êtes pas non plus spiritualiste ; Bacon vous gêne, la statue de Condillac vous est une dérision de la nature et le système des sensations un vrai système musculaire. » Cependant il ajoutait : « La doctrine matérialiste n'a rien de vif ni de sensible pour s'étayer ; elle est réduite à crier partout : néant ! néant ! et ne peut porter aucun coup actif à ses adversaires ; en prise de tous côtés, elle n'a pas la moindre force défensive à opposer ; elle ressemble à ces Dieux de pierre et de bois, qui, selon Baruch, ne pouvaient se défendre ni des injures de l'air, ni des ordures des insectes, ni marcher, ni même se soutenir sur leurs pieds, sans être attachés avec des crampons comme des criminels. » Et en même temps qu'il traduisait les *Quarante questions de l'âme, La triple vie de l'homme, l'Aurore naissante*, par Bœhme; Saint-Martin publiait lui-même de nombreux ouvrages, tels que ceux qu'il a intitulés d'une façon parfois bizarre ; *Des erreurs et de la vérité; Dieu, l'homme et l'univers; le Crocodile; le Ministère de l'Homme-esprit; l'Homme de désir; le Nouvel Homme; Éclair sur l'association humaine*. A dix-huit ans, Saint-Martin s'était dit : « Il y a un Dieu, j'ai une âme, il ne faut rien de plus pour être sage. » C'est là l'idée-mère de tous ses écrits. Constamment il soutient, d'une part, que l'homme, loin d'être tout matière, est pensée et moralité, de sorte qu'au lieu que l'homme s'explique par les choses, ce sont les choses qui s'expliquent par l'homme ; et, d'un autre côté, qu'en tout, loin de pouvoir se passer de Dieu, l'homme, pensée de Dieu, a un besoin irrésistible de Dieu ; qu'en Dieu se trouve sa consommation, et qu'ainsi la vie future est la véritable vie sur laquelle la mort nous ouvre un plus libre accès.

On ne peut lire Saint-Martin, sans se sentir pénétré de spiritualité. Malheureusement, sa doctrine qui est telle quelle, une philosophie spiritualiste de la nature, dégénère en un faux mysticisme. L'observation y est remplacée par l'inspiration, et la science par les conjectures numérales et la théurgie. Finalement, c'est une théosophie, ce n'est plus une philosophie.

La philosophie ! comme elle a de la peine, enveloppée qu'elle se trouve avec la religion dans un commun discrédit, à reprendre son salutaire empire, en excitant de nouveau par les belles recherches qu'elle propose, la noble curiosité des esprits pensants ! Il semble que les mots nature et matière répondent à tout, et on dirait que le siècle de la philosophie ou des lumières a aboli toute philosophie. C'est ainsi que Laplace, dans sa *Mécanique céleste*, ne faisait point difficulté d'attribuer à la nature le merveilleux concert que si savamment lui-même il avait décrit. « Toutes les planètes se meuvent d'occident en orient et presque dans le même plan, concluait-il; il y a plus de quatre milliards à parier contre un que la disposition du système planétaire n'est pas l'effet du hasard; ce qui forme une probabilité bien supérieure à celle des événements les plus certains de l'histoire, sur lesquels nous ne nous permettons aucun doute. Nous devons croire au moins avec la même confiance, qu'une cause primitive a dirigé les mouvements planétaires. Quelle que soit la nature de cette cause, puisqu'elle a produit et dirigé le mouvement des planètes, il faut qu'elle ait embrassé tous ces corps, et vu la distance prodigieuse qui les sépare, elle ne peut avoir été qu'un fluide d'une immense étendue. — Il semble que la nature ait tout disposé dans le ciel, pour assurer la durée du système planétaire, par des vues semblables à celles qu'elle nous paraît suivre si admirablement pour la conservation des individus et la perpétuité des espèces. — Ces hautes connaissances, délices des êtres pensants, ont détruit les erreurs nées de l'ignorance de nos vrais rapports avec la nature, erreurs d'autant plus funestes que l'ordre social doit reposer uniquement sur ces rapports. Vérité, justice, humanité, voilà ses lois immuables. » De la sorte, dans l'esprit de l'illustre géomètre, tout se mêle et se confond: la nature et un fluide d'une immense étendue, la nature qui assure, en même temps que la durée du système planétaire, la conservation des individus et la perpétuité des espèces, et la nature qui a la vérité, la justice, l'humanité pour immuables lois!

Toutefois, insensiblement, la réflexion succède à la prévention et à la passion. « Je jure qu'il n'y a pas de Dieu! s'était, à l'Institut, écrié Cabanis répétant Diderot; je demande que son nom ne soit jamais prononcé dans cette enceinte. » Cabanis, d'un sens plus rassis, avouera dans sa *Lettre à Fauriel* « que si les causes premières sont comme dérobées pour toujours à nos moyens d'investigation, il est difficile à l'homme le plus réservé de n'avoir pas recours aux causes finales dans ses explications, » et il ne pourra s'empêcher de reconnaître « logée comme dans les méninges du monde, une intelligence qui veille et une volonté qui agit. » Plus explicitement encore, il ajoutait : « l'homme ne peut concevoir, sans intelligence et volonté dans leur cause, la production régulière d'ouvrages savants, coordonnés dans leurs parties et surtout d'autres ouvrages même de différents genres, qui, sans rapports mécaniques, produisent avec eux de nouveaux effets, empreints des mêmes caractères de combinaison. Quand donc nous raisonnons sur la cause ou les causes premières, toutes les règles de la probabilité nous forcent à les reconnaître finales. » C'était le même aveu que plus tard l'évidence des choses devait arracher à Broussais, lequel, dans quelques lignes testamentaires destinées à ses seuls amis, confessait « sentir, comme beaucoup d'autres, qu'une intelligence a tout ordonné. »

Faire une part, si petite qu'elle fût, à la finalité, rendre hommage à une intelligence ordonnatrice, c'était pour Cabanis singulièrement s'éloigner des maximes développées dans son livre des *Rapports du physique et du moral*, qu'il eût certainement mieux intitulé des *Rapports du physique et du physique*. Effectivement, à côté, au-dessus même du physique, sinon dans le physique même, c'était proclamer l'existence dominante de l'esprit.

Nul doute néanmoins qu'on n'eût fort étonné, indigné même le très médiocre médecin de Mirabeau, si on se fût avisé de lui parler de création. Aussi bien, avait-on comme perdu le sens et le goût des hauts problèmes que comporte une philosophie de la nature, et la philosophie renaissante se contentait timidement et se concentrait dans l'étude de l'homme ou plutôt des phénomènes dont l'homme est le théâtre. On en revenait à Condillac, mais à un Condillacisme imprégné de physiologie. « Les nerfs, voilà tout l'homme, » écrivait Destutt de Tracy, et dans ses *Éléments d'idéologie*, où il traite non seulement de *Grammaire générale* et de *Logique*, mais aussi de la *Volonté et de ses effets*, le même penseur affirmait tout d'abord et expressément, « que la philosophie n'est qu'une partie de la zoologie. » En signalant avec insistance chez l'homme le phénomène en effet capital de l'attention, l'ingénieux Laromiguière restituait du moins à la philosophie son caractère de science propre et sa véritable base qui est la psychologie. Mais c'était à l'Écosse et à l'Allemagne qu'était réservé l'honneur de restaurer la psychologie, comme aussi de remettre en crédit les spéculations métaphysiques.

Réveillé de ce qu'il appelle son sommeil dogmatique par le scepticisme de Hume, Thomas Reid, dont Hutcheson, Adam Smith, Oswald, Beattie, Dugald Stewart, allaient suivre, dans les voies les plus diverses, l'heureuse impulsion ; Thomas Reid s'efforça de ramener les intelligences diverties par d'illusoires systèmes, aux solides données et à la dictée pratique du sens commun. Comment admettre en effet que nous ne vivions que parmi des fantômes,

« *Simulacra modis pallentia miris* »

et sans entrer en rapport immédiat avec de vivantes et substantielles réalités ? C'est là une pure fiction, et qui ne devient possible que par la confusion surprenante de trois phénomènes connexes mais pourtant très distincts, qui se produisent en nous : l'impression, la sensation, la perception. Évidemment, à la suite de l'impression ou pression qu'un corps exerce sur notre corps et de la sensation plus ou moins prononcée que cette impression détermine, c'est en eux-mêmes et non point simplement dans leurs idées ou images, que nous percevons les objets. Nous ne commerçons point avec des ombres. Évidemment aussi, sans que le dehors en puisse rendre raison, en nous se découvrent, avec le sentiment d'une liberté qui nous permet de les appliquer soit au développement de notre connaissance, soit à la direction de nos actes, des notions premières ou premiers principes, qui portent en eux-mêmes une irréfragable autorité. Comment, d'autre part, l'ordre ou la finalité de l'univers ne nous révélerait-elle pas un ordonnateur? Voilà ce que Reid excelle à démontrer. Et, certes, une telle philosophie a un prix singulier. Combien néanmoins n'apparaît-elle pas insuffisante, alors qu'elle pousse la circonspection à ce point qu'elle n'ose se prononcer sur la nature et la destinée de l'âme, c'est-à-dire sur les problèmes qui nous importent le plus et auxquels toutes les autres questions restent comme suspendues? Surtout, il ne faut point chercher dans les sages mais timides analyses de Reid, dans ses observations toutes de détail et plus minutieuses que profondes ou même que précises, les éléments d'une philosophie de la nature. Ennemi de l'abstraction, mais d'un esprit qui se refuse aux hardiesses de la synthèse, le mot seul de philosophie de la nature eût suffi sans doute pour l'effrayer. C'est de ce mot, au contraire, que se sont comme étourdis les philosophes de l'Allemagne.

Emmanuel Kant est le promoteur de l'espèce de trilogie que déroulent, parmi les nuages d'hypothèses amoncelées, les écrits de Fichte, de Schelling, de Hegel.

Quoiqu'il ne soit pas étranger aux mathématiques et qu'il ait publié une *Théorie du ciel*, c'est en vain qu'on espèrerait rencontrer dans les ouvrages du philosophe de Kœnigsberg une philosophie proprement dite de la nature. Sa philosophie est essentiellement une philosophie critique, qui est d'abord une philosophie métaphysique, pour devenir ensuite une philosophie morale. Kant veut, comme Reid, se dégager du phénoménisme de Hume. Mais, pour sortir des illusions du subjectif, passer des phénomènes aux noumènes, et du milieu des apparences émerger aux réalités, il tente de tout autres voies. A l'exemple de Copernic, qui avait changé la face de l'astronomie en faisant tourner la terre autour du soleil, Kant s'imagine qu'il changera lui-même la face de la philosophie, en faisant tourner en quelque sorte autour de l'esprit de l'homme l'univers. Sera-ce donc en revenir au vieil adage que l'homme est la mesure de toutes choses? Nullement. Qui nous assure, en effet, que les choses sont comme l'esprit les voit, et qu'incapable de pénétrer jusqu'aux noumènes, il ne teint pas les phénomènes de ses propres couleurs? Sans doute, l'esprit a des éléments constitutifs : formes de la sensibilité, catégories de l'entendement, idéal de la raison pure, lesquels tiennent à son essence même et sont indépendants du dehors. Mais entre le sujet ainsi constitué et l'objet qu'il s'agit de connaître, qui garantit, à l'encontre des antinomies et des paralogismes, avec la réalité de l'idéal, l'exactitude de leurs rapports? Critiquée comme elle doit l'être, la raison pure spéculative nous laisse en nous-mêmes, c'est-à-dire dans une incertitude absolue, sinon sur ce que nous sommes, du moins sur ce qu'est le monde et sur ce qu'est Dieu. Il est nécessaire qu'une autre critique survienne, celle de la raison pure pratique, qui nous révèle une idée, que ne saurait plus atteindre la distinction sceptique du sujet et de l'objet. Telle est l'idée du devoir, que le sujet ne conçoit que parce que, dans son impératif catégorique, elle implique l'objet, et d'où immédiatement se déduisent les idées jusqu'alors, malgré tout, douteuses, de liberté, de Dieu, d'immortalité. De là, chez Kant, un enthousiasme qui s'élève jusqu'à l'éloquence. Car il proclame que deux choses le remplissent d'une admiration toujours croissante, le ciel étoilé au-dessus de lui, la loi morale au dedans ; et lorsqu'il cherche où est la racine qui supporte la noble tige du devoir, ce n'est ni dans les calculs de l'intérêt, ni dans les phénomènes de la sensibilité, qu'il la découvre, mais dans les régions supérieures et sereines, quoique glacées, de l'immuable raison. Et pourtant, quelque rigoureuse que semble l'analyse de Kant, combien n'est pas étroite, incomplète et fragile la synthèse à laquelle il l'a si didactiquement ramenée ! Comment, en effet, justifier cette distinction de deux raisons, dont l'une donne à l'autre une certitude que celle-ci ne possède pas ? Que devient, dans un tel système, la nature ? sinon une simple apparence. Dieu ? sinon un pur concept. Et l'homme lui-même, qui ne se sait libre que par voie de conséquence non par conscience, et parce qu'il se sait fait pour le devoir, qu'est-il, en définitive, autre chose qu'une manifestation éphémère au milieu d'un phénoménisme immense qu'intérieurement régit une inflexible loi ?

Kant ne s'est jamais préoccupé des notions de la substance et de la cause. Kant, c'est Hume assagi par Zénon. Surtout, et c'est ce qui lui est propre, déduisant au lieu d'observer, et, en dépit de ses efforts pour atteindre l'objet, restant comme enclos dans le sujet, c'est sur une seule idée qu'il édifie tout son système, vous diriez presque sur une pointe d'aiguille. Aussi n'a-t-on pas de peine à comprendre que de l'idéalisme critique transcendental de Kant soient successivement résultés, comme par des ressauts et des raffinements de logique, l'égoïsme transcendental de Fichte, l'idéalisme objectif et la philosophie idéale de la nature de Schelling, l'identité absolue de Hegel.

Pour Fichte, de l'idée du moi tout procède ; c'est le moi qui pose le non-moi ; c'est le moi qui crée le monde et qui crée Dieu. Et toute cette battologie se termine à transporter, pour les y absorber, dans le moi infini qui est Dieu, le moi humain et l'univers. C'est, au contraire, vers l'objet que d'un seul bond et par une sorte d'intuition qu'invoqueront, à leur tour, un Rosmini et un Gioberti ; c'est par une inspiration inexplicable que vers l'objet s'élance impétueusement Schelling ; objet qui, par une division semblable à celle que subit l'électricité en formant les deux courants qui correspondent aux deux pôles de la pile, produit le monde des esprits et le monde des corps ; mais objet qui ne se divise que pour revenir à l'un, alternant ainsi indéfiniment un double mouvement d'expansion et de concentration. C'est Bruno germanisé. « La nature, écrivait-il dans son poétique *Discours sur les arts,* n'est pas une masse inerte ; elle est pour celui qui sait se pénétrer de sa sublime grandeur, la force créatrice de l'univers, force sans cesse agissante, primitive, éternelle, qui fait naître dans son propre sein tout ce qui existe, périt et renaît tour à tour. » Telle est la thèse que soutient d'abord Schelling et qu'il développe notamment dans son ouvrage intitulé : *De l'âme du monde, hypothèse de haute physique, pour expliquer l'organisme universel.*

Schelling, dans sa seconde manière, ne fait que donner un tour mystique à son idéalisme objectif, sans y rien changer d'essentiel. Toutefois, et au fond, qu'est-ce que cet objet ? une idée. Malgré sa prétention à l'objectivité, la philosophie de Schelling aussi bien que celle de Kant et celle de Fichte, et ce n'est pas un des moindres mécomptes que l'École Allemande se soit infligés, demeure donc finalement une philosophie subjective. Il en est de même, et à plus forte raison, de la philosophie de Hegel. Le monde, suivant Hegel, est « une fleur qui procède éternellement d'un germe unique ; cette fleur est l'idée divine, absolue, universelle, produite par le mouvement de la pensée ; divin aussi est l'effort par lequel l'esprit tend à prendre conscience de lui-même ; l'idée est toute réalité ; en l'idée tout vit et revivra. » Moins poétiquement, après avoir tout identifié dans l'idée, l'auteur de la *Phénoménologie de l'esprit* s'applique et se borne à décrire le procès de l'idée qui, en suite d'une tricotomie monotone, étant en soi, ne sort de soi, que pour revenir à soi. De la sorte, une logique éternelle, que ne gouverne plus, d'ailleurs le principe de contradiction, engendre éternellement et tour à tour, par la transformation perpétuelle du non-être en être, une philosophie de la nature et une philosophie de l'esprit. Oui, de même que Schelling, dont il n'est, aussi bien, que le contrefacteur, Hegel ne doute pas que ce ne soit à sa métaphysique que toutes les sciences, non seulement les sciences morales et politiques, mais les sciences mathématiques, physiques, naturelles, doivent emprunter leurs explications. Et, chose singulière! on l'en croit sur parole. De là, chez ses disciples et en Allemagne, ce qu'Alexandre de Humboldt indigné n'hésitait point à qualifier de « Saturnales de la science ». « Mal compris, disait-il, les systèmes de philosophie de la nature, qui ont été proposés dans ces derniers temps par de profonds penseurs, ont menacé, dans notre pays, de détourner les esprits de l'étude si nécessaire des sciences physiques et mathématiques. » La philosophie de Hegel notamment se donne d'une manière expresse pour une *Encyclopédie de la Science*. C'est à ses formules bizarres que doivent, bon gré, mal gré, se plier tous les faits, et pour peu qu'ils s'y montrent réfractaires, Hegel n'hésitera point à les contester avec une intrépidité qui brave le ridicule. C'est ainsi que, des étoiles qui brillent au firmament, il dira dédaigneusement qu'elles ne sont qu'une lèpre étendue sur la surface du ciel. Mettons que ce ne soit là qu'une boutade. Nous voilà, en tous cas, bien loin de l'émotion religieuse de Kant!

C'est qu'effectivement, avec Hegel, le cycle romantique de l'idéalisme Allemand est accompli, et, comme tout idéalisme, par les excès même qui le discréditent, c'est au matérialisme que de nouveau cet idéalisme ouvre la scène. L'Hégélien Feuerbach proteste « qu'il faut que le flegme scolastique de la philosophie Allemande s'imprègne fortement des principes sanguins du matérialisme français ; » le matérialisme athée et français du xviiie siècle étant, à ses yeux, la philosophie de l'avenir. Après lui, on rédige des livres, où se répète sur tous les tons, que non seulement toute matière est force, mais que toute force est matière. Enfin, tandis que, en Allemagne, des penseurs plus modestes et de vrais savants travaillent à rétablir les saines traditions de l'érudition philosophique tout ensemble et de l'observation psychologique, quelques esprits chagrins ou faméliques de réputation, *bisognosi d'onore*, entreprennent d'étonner leurs contemporains, en leur parlant d'un Monde volonté-phénomène ou d'un Inconscient, qui ne laisserait à l'humanité fatalement vouée à une éternelle illusion, d'autre alternative qu'une misère sans remède ou l'anéantissement que Bouddha promettait à ses sectateurs. Étranges doctrines et où s'amalgament, au gré du caprice, l'idéalisme le plus effréné et un matérialisme rebutant; doctrines indignes de la science et qui ne sont sans doute pour leurs auteurs eux-mêmes qu'une mystification laborieuse et qu'un impertinent galimatias!

Il ne se pouvait pas que la philosophie Écossaise et la philosophie Allemande n'exerçassent influence sur la philosophie Française renaissante et que deux noms devaient particulièrement illustrer, celui de Biran et celui de Cousin.

Royer-Collard, le premier, avec une autorité magistrale et tout le sérieux d'un homme d'État, interprétant à sa manière les théories Écossaises, donna parmi nous le signal d'un retour à une philosophie, qui prît souci de s'accorder avec les nécessités de la pratique, et ne méconnût point les notions fondamentales du sens commun. « Il ne faut pas imaginer l'homme, observait-il, il faut le prendre tel qu'il est. » Simple et sage maxime, dont ne devrait, en aucun cas, se départir tout philosophe qui mérite ce nom ! Ce fut cette connaissance de la nature humaine que Jouffroy, suivant de plus près et avec plus d'insistance que Royer-Collard les traces des Écossais, entreprit de restituer par l'analyse patiente des faits complexes, dont l'homme, âme et corps, est simultanément le théâtre, l'acteur et le spectateur. Mais une sorte de découragement maladif et de mélancolie, où il semble se complaire, paralysant ses efforts, Jouffroy ne traça guère que des esquisses, et son esprit, plus délicat qu'étendu, s'arrêta timidement aux horizons de la psychologie, sans s'élever jamais jusqu'à la conception d'une philosophie de la nature.

Les œuvres de Maine de Biran n'offrent pas davantage une philosophie proprement dite de la nature. Mais, après être parti du Condillacisme, Biran désabusé du jeu facile d'une synthèse décevante, descend jusqu'aux dernières profondeurs de l'analyse psychologique, et par d'opiniâtres investigations, où Ampère est son collaborateur, et Leibniz son guide, parvient à distinguer pleinement au sein même des organes qui ont leur vie propre, ce qui fait vraiment l'homme et en constitue la vie supérieure, à savoir cette force substantielle, autonome, inviolable, qu'on appelle le *moi*. C'était du même coup placer l'homme au-dessus de la nature ou du monde des corps, et en supposant implicitement la création, mettre le libre arbitre humain sous la dépendance salutaire de Dieu. « Moi et Dieu, écrivait Biran, au terme et comme conclusion de son analyse, moi et Dieu, deux pôles de la science, deux foyers de la courbe indéfinie, dans laquelle l'intelligence humaine est destinée à circuler éternellement. » Et encore : « deux pôles de toute science humaine, la personne moi d'où tout part, la personne Dieu où tout aboutit. » Il serait, d'un autre côté, inexact de soutenir qu'après avoir si hautement affirmé la valeur de la personne humaine, Biran en soit venu peu à peu, en marchant sur les traces des faux mystiques, à faire consister notre bien suprême dans l'anéantissement du moi en Dieu. Seulement, plus l'âge et la méditation mûrissent sa pensée, plus il se sent frappé de l'instabilité désolante et du flux irrésistible des choses. « Il voudrait donc jeter l'ancre dans le courant rapide qui nous entraîne depuis la naissance jusqu'à la mort. » Plus aussi il éprouve le besoin d'assurer au moi, quand vont l'envelopper les grandes ombres, un point d'appui qu'en lui-même le moi ne trouve pas. *Væ Soli!* Mais le moi ne cesse pas pour cela de s'appartenir et n'en reste pas moins, à d'essentiels égards, un absolu. « Dieu, le moi, le devoir, trois absolus dont le sentiment ou la contemplation assidue nous élève au-dessus de tous les événements, de toutes les choses passagères. » Le moi demeure tout nôtre, car il est nous-mêmes. Aussi « l'unique chose que nous ayons à offrir à Dieu de qui nous tenons tout, la seule chose qui nous soit vraiment propre, c'est la volonté. » Mais offrir à Dieu ce qui nous est propre, ce n'est point l'abolir. Loin de là; s'unir à Dieu, c'est pour le moi vivre de la vie la plus haute. Biran distingue en effet dans l'homme trois vies : la vie animale, la vie de l'homme, la vie de l'esprit. Et déjà Pascal avait éloquemment constaté chez l'homme une triple vie, d'où suit comme une triple grandeur : grandeur de chair, grandeur de l'esprit, grandeur de la charité. En abrégeant, Biran distingue pour l'homme deux vies : une vie animale, une vie divine ; l'homme lui paraît occuper comme le milieu entre la nature et Dieu.

Tandis que Maine de Biran s'en tenait au point de vue d'ailleurs si lumineux de la conscience, ne s'inspirant guère en histoire que du dynamisme Leibnizien, Victor

Cousin, tout en avouant Biran pour son maître; Victor Cousin, d'une ardeur plus impétueuse et d'une curiosité plus active, entreprenait de démêler à travers tous les systèmes tant anciens que modernes ou même contemporains, les éléments d'une doctrine dont il nourrissait l'ambition d'établir l'empire incontesté. Par ses propres travaux autant et plus encore peut-être que par ceux qu'autour de lui il suscitait, il parvenait à tirer de l'oubli tout un passé glorieux, en même temps que sa parole de flamme rallumait pour les idées métaphysiques un enthousiasme que, depuis le xviii° siècle, on aurait pu croire à jamais éteint. Pénétré des doctrines Alexandrines, il commençait par célébrer un Dieu triple, « c'est-à-dire à la fois Dieu, nature et humanité ». Ou encore, subissant un instant, le prestige des philosophes de l'Allemagne, il n'hésitait point à déclarer, en parlant de l'identité absolue de Hegel, « que ce système était le vrai ». Mais, quand la réflexion et de plus longues études eurent plus complètement éclairé sa pensée et tempéré son langage, *postquam deferbuit ac pene incanuit oratio*, Cousin en revint nettement pour s'y tenir, aux principes de la philosophie Cartésienne et si Française, qui, d'un libre regard, sait apercevoir dans les dogmes Chrétiens une métaphysique supérieure, de même qu'elle n'a pas de peine à découvrir dans l'histoire du Christianisme des motifs de gratitude et de respect; non de mépris ou de haine. Le livre *du Vrai, du Beau et du Bien*, que Cousin considérait comme son testament philosophique, n'est qu'une démonstration passionnée, on dirait mieux n'est qu'une entraînante apologie des idées d'âme, de liberté, de devoir, de justice, de création, de providence, d'immortalité.

Certes, il y aurait injustice à ne voir dans cet ouvrage, avec quelques disciples oublieux ou ulcérés, qu'une pièce de politique habile ou d'élégante rhétorique. Toutefois, par des raisons faciles à démêler, le crédit de la philosophie de Cousin, à quoi n'avait pu faire échec, soit par elle-même, soit par ses représentants, la philosophie théocratique d'un de Maistre, d'un Bonald, d'un Lamennais, ce crédit devait promptement fléchir. N'était-ce point en effet, pour plusieurs, faire acte d'indépendance que de répudier une philosophie qui avait semblé vouloir s'ériger en une philosophie d'État ? D'autre part, cette philosophie, fondée sur l'histoire de la pensée humaine beaucoup plus que sur l'observation directe de la nature humaine, n'aboutissait-elle point à un éclectisme qu'on pouvait aisément accuser de syncrétisme ? Enfin, cette philosophie, s'isolant en elle-même, n'avait-elle pas rompu tout rapport non seulement avec les sciences mathématiques, mais encore et surtout avec les sciences physiques et naturelles ? « Je l'attends au *Timée*, » aurait dit Cuvier à propos de Cousin, alors que celui-ci traduisait, en les illustrant d'arguments explicatifs et critiques, les dialogues de Platon. Or, le *Timée* est resté sans argument et le traducteur n'a jamais osé s'aventurer à travers les périlleux problèmes d'une philosophie de la nature.

Aussi bien, Cousin, attentif à tous les mouvements du dehors, avait-il lui-même le clair sentiment que l'autorité de sa philosophie ne serait guère que viagère. « Après moi, répétait-il mélancoliquement, vous verrez ce qui adviendra » Et effectivement, il n'avait pas même encore disparu que déjà, comme émancipées de la tutelle d'un maître, d'actives et inventives intelligences se répandaient en toute sorte de fantaisies philosophiques. Au lieu de répéter : « Notre Père, qui êtes aux cieux », on trouvait piquant et savant d'invoquer « l'abîme, notre Père », ou encore, pour sortir des voies battues de l'analyse, on en appelait à « l'amour », auquel, en philosophie, on rapportait tout, même l'induction. Au lieu de parler d'un Dieu créateur, qui n'était plus qu'un Dieu puéril, il semblait neuf et profond de soutenir qu'il faut décidément renoncer à la personnalité de Dieu ; que le parfait n'est qu'un idéal et qu'à ce compte, si Dieu est l'idée du monde, c'est le monde qui est la réalité de Dieu, chacun des êtres de l'univers étant Dieu à un moment donné de son activité. On allait même jusqu'à écrire sans sourciller et comme si c'eût été une dictée d'oracle « qu'au plus haut de l'éther lumineux et inaccessible, se prononce l'axiome éternel, et que le retentissement prolongé de cette formule créatrice compose, par ses ondulations inépuisables, l'immensité de l'univers. »

Néanmoins, toutes ces imaginations et autres semblables n'étaient guère pour la philosophie spiritualiste telle que l'avait professée Cousin, qu'un divertissement des esprits et un dissolvant. C'était ailleurs qu'il fallait chercher la philosophie rivale, dont, même de son vivant, il aurait pu dire : *Hostis habet muros !* Elle s'appelait la philosophie positive ou positiviste.

Plus riche en barbarismes ou néologismes qu'en découvertes, l'École positiviste qui créait des mots nouveaux pour des idées qu'ingénument elle croyait nouvelles, s'était ainsi elle-même dénommée, afin de bien marquer sa prétention à ne rien admettre que de positif, c'est-à-dire de démontré et de certain. Cependant, comme objet de démonstration ou de certitude, elle ne reconnaissait que les faits qui tombent sous les sens et les lois qui régissent ces faits. C'était du même coup nier le monde de la conscience et repousser toute métaphysique. Comme si l'analyse seule de l'idée de fait, et, à plus forte raison, l'analyse de l'idée de loi, ne nous élevait pas irrésistiblement au-dessus du physique et du sensible ! Sans examen préalable et sans discussion, déclarant de prime abord inabordables ou chimériques toutes les questions d'origine et de fin, tous les problèmes relatifs à la substance et à la cause, c'était dans l'étude de la nature qui est matière, que les philosophes positivistes circonscrivaient ce qu'avec emphase ils proclamaient la Science. Toutefois, à cette manière de philosopher si inhumaine, ils avaient, au début, quoique d'une façon embarrassée et confuse, apporté quelques tempéraments.

D'un vif et chimérique esprit, tourmenté par une inquiète ambition de popularité bien plus que véritablement philosophe, avec le demi-savoir tout ensemble et la fatuité d'un grand seigneur, mais possédé d'une passion de réorganisation sociale et industrielle qui devait lui gagner des disciples en accréditant momentanément plus d'une folie, le comte de Saint-Simon commence par ramener toutes les sciences à deux : l'astronomie et la physiologie, et de telle sorte qu'à l'en croire, il n'y a, dans tout ordre de connaissances, qu'à étudier une seule loi, l'universelle loi de la pesanteur. La physiologie en effet n'est que l'étude de l'univers sur une petite échelle; car la manière la plus simple d'envisager les phénomènes de l'intelligence humaine consiste à considérer le cerveau comme une petite machine, qui exécute nécessairement tout ce qui se fait dans la grande. L'univers, par conséquent, peut être regardé comme une horloge, l'homme comme une montre; ce sont machines semblables, quoique de dimensions très différentes. D'autre part, à cette loi de la gravitation qui embrasse tout, il faut une cause et cette cause c'est Dieu. Il suit de là que si la religion est soumise à d'incessantes transformations, la religion n'en demeure pas moins la base nécessaire de l'établissement social.

Comme Saint-Simon, c'est un mécaniste déiste que Charles Fourier; comme lui, épris d'un idéal obscur de reconstitution sociale, sans grande instruction comme lui et n'ayant quitté la solitude d'un comptoir que pour se renfermer dans l'isolement de sa propre pensée. Toute sa doctrine est comprise dans la théorie bizarre des quatre mouvements, social, animal, organique, matériel, auxquels il ajoutera plus tard le mouvement aromal, le mouvement des impondérables et d'autres mouments encore. C'est au mouvement qu'il ramène non seulement la vie de l'homme mais celle de l'univers, l'homme s'expliquant, suivant lui, par la nature, la vie intellectuelle et morale par la vie sensible, la vie sensible enfin par un mécanisme, dont la première impulsion vient de Dieu. Ce mouvement que Fourier qualifie d'attraction passionnelle, lui semble comme un concert affectueux du créateur et de la créature.

Pourtant, si on avait demandé soit à Fourier soit à Saint-Simon, de définir ce qu'ils entendaient par leur Dieu moteur, ou, du moins, de dire nettement si, conformément à leur langage, leur Dieu moteur, créateur, se distinguait substantiellement de l'univers, on les eût sans doute fort interloqués. En toute vérité, leur Dieu n'est qu'une sorte d'âme du monde. Saint-Simon néanmoins, dans son *Catéchisme industriel*, ne laissait pas que de reprocher à Auguste Comte, son plus illustre disciple, d'abolir, au nom de la science, le sentiment et la religion, en inclinant de la sorte à un sec athéisme.

Esprit lourd, opaque, tout entraîné d'abord par une logique déductive sans regard vers l'observation, d'ailleurs d'une culture bornée, et médiocre en tout, même en mathématiques, où nulle découverte, nul important travail n'a signalé son nom, on ne saurait assez admirer qu'Auguste Comte, que rien ne distinguait qu'un incommensurable et morbide orgueil, soit parvenu à exercer sur nombre d'esprits qui assurément lui étaient supérieurs, une influence dominatrice. Comte réussit en effet à se faire considérer comme le fondateur et chef de l'École dite Positiviste.

Rien de moins compliqué et de plus logiquement suivi en apparence que la doctrine de cette École. C'était le physicisme excluant le sentiment, remplaçant le théologisme et le déisme, avec la mathématique pour base.

La matière, des figures et des nombres, d'où résultent les corps ; la physique et la chimie expliquées par la géométrie et l'arithmétique ; la physiologie et la biologie expliquées à leur tour par la physique et la chimie ; enfin la sociologie expliquée par la physiologie et la biologie ; voilà quelle fut la première philosophie de Comte, philosophie tout objective et dans laquelle tout objet se ramenait à la matière. Mais il en est une seconde et qu'il estimait, celle-là, définitive. Il s'avisa, au grand applaudissement d'admirateurs véritablement naïfs, il s'avisa que le supérieur ne pouvait s'expliquer par l'inférieur, qu'il fallait donc de l'objectif se reporter au subjectif, et que ce n'était pas aux mathématiques mais à la morale qu'appartenait l'universelle domination. Il en vint même à professer, mettant ses théories à l'unisson d'émotions personnelles qui ne laissaient peut-être pas entièrement intacte sa raison, que l'amour explique tout, que la religion termine tout, même la politique. Et par religion il entendait le culte systématique de l'humanité, ensemble continu d'êtres convergents y compris les races animales associées à l'homme ; de l'humanité qu'il faut connaître, aimer, embellir, enrichir, d'où l'éducation, la religion, les beaux-arts, l'industrie ; de l'humanité enfin à laquelle il est nécessaire de s'incorporer pour vivre, même d'une vie future, dans les autres. L'égoïsme se trouvait ainsi remplacé par l'altruisme. Comte subordonnant, en outre, hiérarchiquement, au pouvoir spirituel le pouvoir matériel, prétendait organiser une Église, dont il se sacrait lui-même grand-prêtre, en s'attribuant et exigeant de ses adeptes un salaire approprié.

Cette seconde manière de philosopher n'eut pas le don de plaire aux plus savants comme aux plus sérieux disciples de Comte. Ils furent choqués, sans trop oser le dire, de la conversion inattendue, où leur maître mêlait à une sorte d'érotique transport des exigences impérieuses. Ils se sentirent peu séduits par sa nouvelle

Trinité du Grand Milieu ou Espace, du Grand Fétiche ou Terre, du Grand Être ou Humanité. Surtout ils se refusaient à abandonner avec lui le point de vue objectif, unique vrai point de vue, selon eux, de la science, pour adopter un point de vue subjectif.

Et cependant, à y regarder de près et à les dégager de rêveries bizarres ou d'un pur verbiage, les idées de Comte, au fond, n'avaient pas changé. Dans la deuxième, comme dans la première phase de sa pensée, c'était la même philosophie de la nature qu'il maintenait, et qui, ramenée à ses termes les plus simples pouvait se traduire ainsi : le monde est constitué par la matière et les forces de la matière, la matière dont l'origine et l'essence nous sont impénétrables, les forces qui sont immanentes à la matière.

Manifestement il n'y avait dans de telles conceptions rien de fort original, ni qui appartînt en propre à Auguste Comte. Aussi, en dehors de quelque obscur cénacle d'initiés, sa mémoire a-t-elle été promptement comme mise en oubli, et si les théories positivistes sont restées en honneur ou jouissent même de la faveur présente, c'est sans qu'on se réclame du chef du positivisme, dont on a d'ailleurs rajeuni la synthèse et modifié profondément les formules. Le positivisme est redevenu naturalisme, mais sous une appellation nouvelle, dont Diderot, Maillet, Robinet avaient déjà, au XVIIIe siècle, préparé l'étonnante fortune, l'appellation d'évolutionnisme. Ainsi on ne nie pas toujours qu'au-dessus de la nature et du monde ne puisse se trouver un inconnu, que, du même coup, aussi bien, on déclare inconnaissable ; mais ce qu'invariablement on affirme, c'est que tous les êtres dont se compose l'univers, résultent de déterminations différentes et successives, que fatalement et aveuglément imprime à la matière le mouvement. Ce n'est pas en effet en dehors, au-dessus de la matière qu'il faut chercher le principe du mouvement de la matière, ce qui serait superstitieusement supposer un moteur extra-mondain et supra-mondain, par où bien vite on risquerait d'être reporté à la conception chimérique d'un Dieu créateur. L'idée de création est un « ferment putride ». Ce serait également s'abuser à plaisir que de loger en quelque sorte au sein de la matière un esprit ordonnateur. La matière et la force qui meut la matière ne sont pas deux ; elles ne sont qu'un ; car il n'y a pas une parcelle de matière qui ne soit aussi une force partielle. De là, comme un mélange indiscret de dynamisme et de mécanisme, lequel se résout en monisme. Conséquemment, tout est divers en même temps que tout est un, et c'est par sa vertu propre que cet un se diversifie, procédant par degrés et pourtant sans dessein, se développant d'une manière nécessaire et néanmoins sans objet, offrant enfin les manifestations les plus dissemblables, cohésion, affinité, vie, sensibilité, raison, et cependant ne faisant que se transformer, sans qu'on puisse prévoir un terme quelconque à ces transformations :

« *Omnia transformat sese in miracula rerum.* »

Il n'y a pas d'ailleurs de pourquoi à ces transformations et c'est à peine si on se préoccupe de leur assigner un comment. Encore est-ce à l'imagination plus qu'à l'observation, et à une imagination sans frein que l'on demande le secret de cette énigme. On croit avoir tout dit, si tant est qu'on ait même dit quelque chose, lorsque entreprenant, comme M. Spencer, par exemple, d'interpréter le détail des phénomènes de la vie, de l'esprit et de la société, par la matière, le mouvement et la force, on a posé à priori la prétendue loi universelle du passage de l'homogène à l'hétérogène. Quoi qu'il en soit, dans tout ordre de faits comme dans tout ordre de connaissances, le mot magique d'évolution, qui remplace le mot vieilli de création, devient: *le Sésame ouvre-toi* de la science.

Chose notable ! ce sont les progrès mêmes et les acquisitions certaines des sciences physiques et naturelles, auxquelles on tend à réduire toute science, qui, en produisant dans les esprits comme un éblouissement, ont amené cette sorte de perversion de la science. En physique, on s'est assuré de la permanence, de l'uniformité, de l'équivalence ou corrélation des forces, d'où suit leur transformation, si bien que la chaleur, la lumière, l'électricité, se trouvent ramenées au mouvement. La chimie, par ses théories des substitutions, de l'isomérie, de l'isomorphisme, a pénétré jusque dans l'intérieur de l'atome en même temps que par ses synthèses elle est parvenue à reconstituer des composés tels que l'urée, ne désespérant pas même de reproduire la cellule et s'efforçant de plus en plus d'abolir la limite, ce semble pourtant, infranchissable, qui sépare de l'inorganique l'organique. L'embryogénie comparée, l'anatomie comparée ont décuplé les ressources de la physiologie, qui, dans le système cérébro-spinal, a constaté la réflexivité, dans les nerfs des énergies spécifiques, tandis que l'histologie révélait comment s'intègrent et de désintègrent les tissus. En botanique et en histoire naturelle, se sont accumulés des faits aussi curieux qu'innombrables, qui ont servi de terrain de lutte aux hétérogénistes et aux panspermistes, aux partisans adverses de la fixité et de la variabilité des espèces, à ceux qui affirment et à ceux qui nient que la diversité actuelle ou future des êtres résulte uniquement des modifications indéfinies qu'ont subies ou subiront quelques types primitifs, sous l'influence de la concurrence vitale, de la sélection, de l'adaptation, de l'hérédité, de l'habitude. En astronomie, l'analyse spectrale a dévoilé, avec leur composition, la formation des cieux, nous apprenant ainsi de quelle façon les astres naissent et périssent. La géologie a montré comment, par l'incessante réaction de l'intérieur contre l'extérieur, se sont brusquement ou lentement soulevées les montagnes et s'accomplissent encore et sans cesse d'énormes mais insensibles changements. La paléontologie enfin a mis en lumière l'enchaînement continu et nuancé des êtres, de même que l'archéologie anthropologique, dans l'histoire de la civilisation humaine, la succession des âges de pierre, de bronze et de fer.

Or, pour beaucoup, quelle est la conclusion souveraine à laquelle aboutissent et conduisent de si ingénieuses théories ou tant d'intéressantes découvertes ? C'est que toutes ces forces qui agissent, s'agitent et se combinent, y compris l'esprit qui les contemple, ne sont que les expansions d'une force unique qui nécessairement et indéfiniment évolue, tout étant un, et ce tout qui est un étant soumis à un éternel devenir, si bien que tout est comme il est sans qu'on y doive chercher aucune explication de ce qu'il est, et que tout ordre se termine à une manière de concevoir et de s'exprimer.

De là, des négations, qu'on estime hardies, de l'existence de Dieu et de l'existence de l'âme, et auxquelles une terminologie nouvelle donne presque seule un air de nouveauté. Dieu, en effet, quand on consent à en retenir l'idée, Dieu n'est plus que la simple loi des forces dont l'action fait l'harmonie universelle, la loi suprême de la mécanique. L'homme, de son côté, qu'est-il ? une résultante, la transformation, par évolution et accumulation d'hérédité, de la monère ou de l'ascidie. L'âme devient, en conséquence, une fonction du cerveau dont le dernier ébranlement se transforme en pensée ; la vie cérébrale une danse d'atomes ; la volonté la réflexivité ; la conscience une série instable d'états sans unité, une collection sans collecteur ni sans autre permanence que la simultanéité ; le conscient l'épanouissement de l'inconscient ; le physique, le moral vu du dehors et le moral le physique vu dedans; l'esprit un polypier d'images; le génie une névrose ; l'enthousiasme un éréthisme mental ; la joie morale ou le remords une affection ganglionnaire ; le vice ou la vertu un produit comme le sucre ou le vitriol; la liberté un enchaînement fatal ; le droit l'expression de la force; l'histoire un mécanisme perpétuel et le progrès un développement de l'encéphale. Somme toute, l'homme composé d'oxygène, d'hydrogène, d'azote, de carbone, de soufre, de phosphore, de fluor, de chlore, de sodium, de potassium, de calcium, de magnésium, de silicium, de fer, est destiné à se résoudre en ammoniaque, en acide carbonique et en eau, pour servir, à son tour, de nourriture aux plantes et aux animaux d'où lui-même il procède. On tient, en définitive, que le spiritualisme n'est qu'une synthèse sans analyse, une illusion, un préjugé héréditaire, un obstacle au progrès et un instrument de despotisme, Dieu lui-même n'étant que le mal; tandis que le matérialisme, au contraire, affranchit de l'audelà, donne la liberté, assure l'avènement de la justice, et, aux individus comme aux peuples procure un bonheur croissant. On affirme donc fièrement qu'à titre de science le spiritualisme n'est pas et on avoue hautement l'espérance que Dieu et l'âme ou l'esprit, ces fictions qui masquent l'inconnu, après avoir été délogées de partout, finissant par disparaître, la psychologie de l'avenir sera certainement une psychologie sans âme. On va même jusqu'à articuler, sans redouter l'odieux ni craindre le ridicule, que ne point partager ces idées ne peut être le fait que d'un ignorant, d'un superstitieux et d'un mauvais citoyen. C'est ainsi qu'à une psychologie dite métaphysique on oppose une psychologie dite naturelle, et que par la raison on prétend remplacer l'imagination, par l'expérience le mysticisme, et le transcendantalisme par un naturalisme qui est évolutionnisme.

Encore une fois, on a fait de l'évolutionnisme le *Shi-*

boleth de la science. Rien n'échappe à ses prises, et toutes les sciences, venant comme d'elles-mêmes se ranger sous ses lois, ne semblent en être que des illustrations : cosmologie, géologie, minéralogie, botanique, zoologie, embryogénie, anatomie, paléontologie, psychologie, linguistique, morale, pédagogie, politique, ethnographie, histoire. C'est à quoi, manifestement, n'avaient pas songé les promoteurs les plus illustres de cette doctrine actuellement si populaire, en France de Lamarck, en Allemagne Gœthe, en Angleterre Darwin. Leurs visées étaient restées, malgré tout, plus modestes comme plus sensées, et s'ils avaient tenté d'expliquer par l'évolution la nature ou le monde des corps, ils n'avaient point de la nature résolument banni Dieu, non plus qu'ils ne s'étaient pas absolument persuadé que la genèse des esprits n'eût pas d'autre explication que la genèse même des corps. On dirait presque que leurs théories ont le mérite de l'indécision, et on y sent à tout le moins que les maximes extrêmes par lesquelles ils concluent démentent l'intention des principes d'où ils sont partis. C'est ce qui est particulièrement frappant chez de Lamarck.

D'un savoir original et étendu, d'une parfaite bonne foi ou même d'une rare candeur, Lamarck est vraiment, de nos jours, le père de l'évolutionnisme, et c'est dans ses publications que se rencontre le premier et peut-être le plus important essai de justification par les faits, des doctrines que Diderot avait produites comme par fantaisie. *Le Rêve de d'Alembert* appartient à la classe des romans cyniques. *La Philosophie zoologique, le Système analytique des connaissances positives de l'homme*, doivent être comptés parmi les monuments de la science.

Il y a, suivant Lamarck, trois termes auxquels se ramène la réalité : Dieu, la matière, la nature. La plus utile connaissance est celle de la nature considérée sous tous rapports. Aussi « comment qualifier notre insouciance envers cette mère commune, dont néanmoins, depuis un terme immémorial, nous avons eu le sentiment de l'existence, puisque nous avons consacré un mot particulier pour la désigner? Mais ce mot tient lieu de tout, et nous ne nous inquiétons nullement de savoir et de rechercher ce qu'il exprime. » C'est pourquoi si souvent on tombe dans l'une ou l'autre de ces deux erreurs : identifier la nature et l'univers, identifier la nature et son auteur. Qu'est-ce effectivement que la nature ? Ni univers ni Dieu, la nature est une sorte d'intermédiaire entre Dieu et les parties de l'univers physique, pour l'exécution du vouloir divin. C'est une puissance mécanique et excitatrice qui, avec le temps, modifiant, disposant la matière, détermine, par génération spontanée, l'organisation des masses en séries végétale, animale, depuis la monade-terme jusqu'à l'homme, mais non pas à l'indéfini. Puissance inaltérable mais limitée, assujettie, ne se proposant pas de fin, quoiqu'elle ne laisse pas de place au hasard, la nature ne peut produire ni ordre ni désordre, ni bien ni mal. Elle transporte la matière, divise le mouvement, remplit l'espace, emploie pour moyens l'attraction universelle et la répulsion par les fluides subtils, dont les circonstances modifient l'empire. Aveugle et nécessitée, la nature n'en est pas moins un ordre de choses qui n'a pu se donner l'existence. Elle a conséquemment un sublime auteur, dont la volonté se trouve partout exprimée par l'exécution des lois qui viennent de lui. Et cet auteur n'est ordonnateur que parce qu'il est créateur. Dieu crée directement la matière et la nature, indirectement tout ce que celle-ci a le pouvoir de produire.

Rien, en apparence, de plus clair qu'un pareil langage, et rien, au fond, de plus obscur ; rien, semble-t il, de mieux enchaîné que de telles conceptions, et, en définitive, rien de moins solide que ce système. Si

f

en effet la nature n'est ni la matière, ni Dieu, que Lamarck nous dise ce qu'est ce troisième être autre chose qu'un pur fantôme de son imagination ? Manifestement, sans s'en apercevoir, Lamarck est lui-même tombé tour à tour dans les deux erreurs qu'il signalait, et tantôt a nécessairement confondu la nature avec l'univers ou la matière qu'a organisée Dieu, tantôt avec Dieu qui par des lois organise la matière, laquelle devient ainsi l'univers. Lamarck aura-t-il du moins maintenu la distinction substantielle du monde et de Dieu ? Au premier abord, comment en douter, puisque expressément et avec insistance il affirme que Dieu n'est pas simplement ordonnateur mais créateur ? Toutefois Lamarck ne se contente point d'ajouter, ce qui serait fort plausible, que le mode de la création dépasse nos conceptions. Il va, qui le croirait ? il va jusqu'à se refuser à reconnaître que Dieu est esprit. Car il estime que l'idée d'esprit est une idée sans base, une opposition négative relativement à ce qui est matériel et qui rentre dans une catégorie, dont par observation nous ne pouvons rien connaître. Or, si Dieu n'est pas esprit, que Lamarck nous apprenne ce que peut être Dieu, sinon matière ? Aussi bien, Lamarck professe-t-il que chez l'homme, à leur source, le physique et le moral ne sont qu'un, et que chez l'homme, comme chez tout ce qui vit, la naissance qui est organisation a pour corrélatif inévitable la mort qui est destruction. De la sorte, dans la doctrine de Lamarck, après l'idée de nature s'évanouit l'idée d'esprit, et le Dieu créateur qu'il avait commencé par distinguer de la nature et de la matière, finit par s'identifier logiquement avec l'idée même de la matière. *Le Système analytique des connaissances positives de l'homme* aboutit, bon gré mal gré, aux mêmes conclusions que le *Système de la nature* par le baron d'Holbach.

Gœthe, de son côté, dans sa philosophie de la nature, se rapproche non pas seulement de Diderot, mais de

Lamettrie, dont il se trouve si loin pourtant par ses belles études et son poétique génie.

D'excellents poètes lyriques se sont rencontrés qui se sont crus nés pour la finance, alors qu'ils ne savaient pas même administrer leur fortune domestique. Une illusion du même genre, quoique appliquée à un tout autre objet, posséda l'auteur de *Werther,* de *Faust* et de tant de *lieds* enchanteurs. Encore, si Gœthe n'eût fait que rêver la composition d'un *Poème sur la nature,* « dont l'idée, disait-il, était au fond de son âme. » Mais de très bonne heure il se figura avoir pour les sciences physiques et naturelles des aptitudes particulières. C'est pourquoi il se délectait non pas seulement dans son livre ingénieux de la *Métamorphose des plantes,* mais encore dans son insipide roman des *Affinités électives* et sa *Théorie* savamment absurde *des couleurs.* Surtout, il s'extasiait sur sa propre découverte, lorsqu'ayant constaté qu'il y a chez l'homme comme chez les autres animaux un os intermaxillaire, il se persuadait avoir signalé dans ce fait une preuve aussi inattendue qu'irréfragable que c'est par voie de transformation que les êtres procèdent les uns des autres. A ce point de vue, les événements de la révolution française de 1830 lui paraissaient sans intérêt, au prix des débats qu'agitaient alors entre eux Cuvier et Geoffroy-Saint-Hilaire sur l'unité de composition. La théorie des analogues le transportait d'aise, et, répétant en quelque façon, quoique peut-être à son insu, Lamettrie, il comparait, à son tour, la nature « à un joueur, qui, jouant quitte ou double, a produit par d'heureux coups de dés, les pierres, les plantes, les animaux, de sorte qu'en suite d'une nouvelle mise au jeu, l'homme lui-même n'a été que la réussite d'un coup qui visait très haut. » Toutefois, chez Gœthe, qui est un grand esprit, une semblable doctrine éveillait plus d'un doute et lui arrachait d'instructifs aveux. « La nature vit dans ses enfants, observait-il; mais la mère où est-elle? Elle est l'unique artiste créant à la fois les êtres les plus simples et les plus complexes. Son œuvre s'accomplit sans efforts avec la plus stricte précision. Il y a en elle mouvement, puissance formatrice, vie éternelle, et cependant elle ne progresse pas; elle se modifie sans cesse, et partout éclate son instabilité; elle a jeté sa malédiction sur le repos. » Ailleurs : « La nature agit éternellement vivante, avec une prodigalité inépuisable, afin de réaliser sans cesse l'infini; rien ne peut durer, ni se fixer; par là je crois me rapprocher de Hegel qui m'attire à la fois et me repousse. » Et parce que en effet, pour Gœthe, en dernière analyse, la nature se résolvait en Idéal, c'était dans une suprême intelligence ou en Dieu qu'il plaçait la primordiale raison des choses. Ce n'est pas qu'il se sentît pénétré de la gravité des problèmes qui se rattachent pour l'homme à cette idée même de Dieu. Ainsi « s'occuper des idées d'immortalité ne lui semblait convenir qu'aux classes élégantes et surtout aux femmes qui n'ont rien à faire. » Mais ce dédain transcendant fléchissait aux magnificences qui s'étalaient à ses regards. « Quant à moi, écrivait-il à Jacobi, je ne puis me contenter d'une seule façon de penser. Comme artiste et poète, je suis polythéiste; comme naturaliste, au contraire, je suis panthéiste, et l'un aussi décidément que l'autre; les choses du ciel et de la terre forment un ensemble si vaste que, pour l'embrasser, ce n'est pas trop de tous les organes réunis. » Panthéiste à la manière de Spinoza son maître et auteur favori, Gœthe était convaincu qu'il n'y a qu'une substance, mais, à la différence de Spinoza et d'une curiosité plus exigeante, il se plaisait à scruter le secret des transformations de cette substance unique, encore qu'il ne se dissimulât point le péril de l'entreprise qu'il tentait. Car il laissait échapper ces paroles profondes et bien dignes d'être méditées : « L'idée de la métamorphose est un don sublime, mais dangereux. Elle mène à l'amorphe, elle détruit, elle dissout la science. »

C'est, au contraire, à fonder ou du moins à restaurer la science, que, de nos jours, Charles Darwin a pris à tâche de faire servir la doctrine de l'évolution, qu'à propos du problème très étroit, semble-t-il, de la variabilité ou de la fixité des espèces, il a bruyamment remise en crédit, jusqu'à en provoquer l'universelle application. L'éleveur crée des races ; pourquoi la nature ne créerait-elle pas des espèces ? D'un autre côté, ce principe de Malthus que la population se tient toujours au niveau des subsistances, paraît à Darwin exprimer clairement le mode de cette création, laquelle est d'abord destruction. La nature en effet établit, entre les espèces aussi bien qu'entre les individus, une lutte pour la vie ou concurrence vitale, par où fatalement s'accomplit une sélection. Car ce sont les faibles qui succombent et les forts qui subsistent. Ceux-ci voient, en outre, par l'hérédité s'accumuler leurs forces, en même temps que par l'adaptation aux milieux, par l'exercice, l'habitude et mille autres influences, s'accomplissent en eux des modifications qui les transforment et les portent en avant, plus haut et plus loin, par une indéfinie et inévitable évolution. Qu'il y ait, au commencement, génération spontanée, et que, d'autre part, existe un type primitif, et tout s'ensuit. Protistes, bryozoaires, mollusques, poissons, reptiles, oiseaux, mammifères, toutes ces espèces, par coopération, différenciation et perfectionnement des cellules, évoluent les unes des autres. Les vertébrés, par exemple, n'ont-ils pas origine commune, rudiments communs, mêmes phases et presque mêmes développements ? Au sein de l'embryon, et à un moment donné, l'homme, le singe et le chien ne sauraient se distinguer. L'homme, en tout cas, diffère moins du singe que le singe de la chauve-souris ; il n'est, à le bien prendre, et à un certain point de l'évolution, qu'un singe qui se tient debout. C'est de l'évolution que résulte la vie morale elle-même et c'est de l'inconscient que procède le conscient. Il n'y a donc en soi ni vice ni vertu, et l'idée de justice n'est que le produit d'impressions associées, d'instincts successivement acquis qui se sont transmis par hérédité. En définitive, dans l'animal se rencontre à l'état de rudiment tout ce qui se trouve chez l'homme à l'état de développement. Supposez une certaine continuité d'évolution, et de l'instinct égoïste naîtront, avec la conscience morale, les plus hautes facultés humaines.

Cependant, à l'honneur tout ensemble, et au détriment de Darwin, il y a lieu de l'observer. Comme Lamarck, comme Gœthe, l'auteur *de la Variabilité des espèces* et *de la Descendance de l'homme* ne laisse pas que de se montrer hésitant dans son dogmatisme même. Ainsi, ce n'est qu'en se ravisant qu'il a biffé Dieu de sa doctrine, où tout d'abord il le reconnaissait comme un premier et indispensable principe, et, s'il rejette toute finalité, il ne peut néanmoins s'empêcher d'admirer le constant artifice de la nature, qui, agissant toujours pour l'utile, guette les avantages afin de les retenir, les désavantages afin de les écarter. En somme, il incline au monisme et n'ose s'y engager à fond, persuadé qu'il demeure, en dépit des répugnances que lui inspire le divin, qu'une intelligence quoique sans conscience, circule répandue par tout l'univers. Sceptique, non indifférent, agnostique plutôt que sceptique, si d'étranges préoccupations de système ne permettent pas à Darwin de s'apercevoir qu'il ne réserve aucune place à la liberté, il n'ignore point qu'il n'aborde pas même les problèmes qui intéressent le plus la destinée humaine, ne fût-ce que le problème de l'immortalité. Mais il écarte comme insolubles ces problèmes, dissimulant d'ailleurs assez mal les embarras de sa théorie et les perplexités de sa pensée.

Telles ne sont plus les dispositions d'esprit que l'on

rencontre chez les disciples de Darwin. Oublieux des faits alors même qu'ils invoquent les faits, se détournant de la réalité pour s'attacher à de fragiles hypothèses, et tout confiants dans des démonstrations qui ne reposent que sur des postulats, rien ne les arrête. Ils poussent droit devant eux et ne prétendent pas moins qu'ériger l'évolutionnisme en un dogme indiscutable. Étrangers aux nobles hésitations de Darwin leur maître, c'est sans broncher qu'encore un coup, cosmologie, géologie, minéralogie, botanique, zoologie, embryogénie, anatomie, paléontologie, psychologie, linguistique, morale, politique, histoire, ethnographie, par l'évolution ils s'imaginent tout expliquer. Forces physiques, chimiques, physiologiques, biologiques, sociologiques, toutes les forces se résolvent effectivement pour eux en une force unique, qui, par attraction chimique, affinité végétale, instinct universel, s'élève jusqu'au sentiment et à l'intelligence; une évolution fatale, lente, indéfinie, progressive, produisant par le mouvement l'arrangement, par génération spontanée la vie, par concurrence et sélection perpétuelle transformation, sans finalité, ni création, ni liberté. C'est surtout lorsqu'il s'agit de combattre la finalité, « cette ennemie héréditaire des sciences de la nature », que les évolutionnistes ont recours aux plus surprenantes fantaisies. « Tout ce qui montre de l'ordre, écrivait magistralement Bossuet, tout ce qui montre des proportions bien prises et des moyens propres à faire certains effets, montre aussi une fin expresse, par conséquent un dessein formé, une intelligence réglée et un art parfait. » Or, écoutez M. Huxley ! S'il accorde que l'univers, dans sa belle ordonnance, soit comparable à une montre, il ne craint pas de soutenir « qu'il est possible de prouver que personne n'a fabriqué directement la montre, mais qu'elle résulte d'une autre montre qui marquait l'heure fort imparfaitement, que celle-ci procédait d'un appareil méritant à peine le nom de montre, c'est-à-dire que son cadran était sans chiffres, ses aiguilles rudimentaires, et qu'en remontant bien loin dans le cours du temps, on trouvait comme premier vestige reconnaissable de cet instrument un simple barillet tournant sur son axe. » Il veut qu'ensuite on se figure qu'on a pu démontrer « que tous ces changements proviennent, en premier lieu, d'une tendance à varier indéfiniment inhérente à l'appareil, et secondement d'une disposition que présenterait le milieu environnant à favoriser toutes les variations dans le sens de l'indication précise de l'heure et à entraver toutes celles qui se produiraient dans un autre sens. » A en croire M. Huxley, « c'est précisément ce que la théorie de Darwin établira pour le monde organique. » En vérité, ne serait-ce-pas le cas de dire : « De qui se moque-t-on ici ? » Quoi ! mécanique ou dynamique, l'évolution qui ramène tout à un double et alternatif mouvement d'intégration et de désintégration, exclut-elle donc les causes finales comme inintelligibles et inutiles, ou, au contraire, ne les réclame-t-elle pas comme nécessaires ? Qu'est-ce en effet qu'une évolution dont les lois sont constantes, les progrès gradués, les détails concordants, les parties faites pour un ensemble harmonieux, sinon la réalisation d'un plan ? Et n'y a-t-il pas un plan dans une cellule de même que dans une nébuleuse, dans un jaune d'œuf de même que dans le cosmos ?

« *Le plan, toujours le plan, l'inflexible unité !* »

Aussi bien, est-ce s'entendre que de traduire sélection par nécessité ou hasard, et si les mots qu'on emploie ne sont pas de purs sons, mais correspondent à des idées, parler de sélection n'est-ce point supposer au-dessus des forces brutes une intelligence qui détermine et une volonté qui dirige, c'est-à-dire littéralement et expressément un choix, lequel, quoique successivement manifesté, n'a pas besoin d'être en soi successif? Loin de là! Car, en réalité, « l'embryon qui deviendra Minerve n'est-il pas plus admirable que Minerve sortie toute armée du cerveau de Jupiter? »

Plus on y regarde de près, plus on est frappé des contradictions, des obscurités, des lacunes dont abonde l'évolutionnisme, plus on s'étonne de la facilité avec laquelle ses théoriciens se paient d'assertions que démentent l'expérience et la raison, tout en laissant d'ailleurs les plus simples et les plus pressantes questions sans réponses. Effectivement, n'y a-t-il qu'un sujet et quel est le sujet qui évolue? Comment évolue-t-il? Et si c'est par une force interne, qu'est-elle? Puisque à cette évolution il n'y a pas de pourquoi et qu'elle ne tend à aucun but, son *processus* n'est-il pas beaucoup moins un progrès qu'un déploiement stérile ou un absurde tournoiement? D'où viennent et à quoi tiennent les lois de l'évolution? Comment ont été constitués ou même comment assigner les types primitifs ou le type primitif de l'évolution? Si le sujet de l'évolution était homogène, comment s'est-il converti en hétérogène, et s'il était hétérogène, n'est-ce point hors de l'hétérogène qu'est la raison de cette hétérogénie? Comment de la quantité tirer la qualité, et surtout comment de la quantité la moralité?

« *Tes* COMMENT, *dit le Dieu, ne finiront jamais!* »

Non sans doute. Car il n'y a pas une seule des propositions sur lesquelles l'évolutionnisme se fonde, qui ne soit un insoutenable postulat.

L'évolution se résout en transformation, qui, par une sorte de *processus* linéaire, s'élève indéfiniment à des formes de plus en plus hautes. Or est-il que dès la première apparition des animaux sur la surface du globe, il y a eu simultanément des rayonnés, des mollusques, des articulés et même des vertébrés. Et, d'un autre côté, n'est-ce pas en *circulus*, non en *procesus*, que se supposent les uns les autres et se coordonnent les minéraux, les végétaux, les animaux; les animaux rendant aux végétaux et aux minéraux ce qu'ils leur ont emprunté, et les végétaux contribuant, de leur côté, à reconstituer les minéraux, qui leur ont servi de base?

L'évolution est censée produire, par concurrence vitale, sélection. Or est-il qu'il y a des types inférieurs qui subsistent d'une manière permanente et qu'ainsi, par exemple, depuis plus de trois mille ans, monades, conferves, vibrions, infusoires n'ont pas changé, des êtres faibles trouvant dans leur faiblesse même des conditions de longévité, tandis que des types supérieurs ont péri et que des êtres forts, à une certaine heure dominants, n'ont été que des rois de passage qui ont pour toujours disparu.

L'évolutionnisme imagine qu'il y a eu des types primitifs qu'ont modifiés et qu'incessamment modifient les circonstances. Or est-il que, d'une part, les évolutionnistes n'ont jamais pu proposer que des types secondaires, et que, d'autre part, il demeure avéré qu'en présence des mêmes circonstances extérieures on rencontre les types les plus différents et en présence de circonstances différentes des types identiques, les circonstances ne modifiant dans les êtres que ce qui ne leur est point essentiel.

L'évolutionnisme porte que de l'inorganique l'organique provient. Or est-il que des organes vivants exigeant une matière vivante et réciproquement une matière vivante exigeant des organes vivants, les conditions où spontanément un organisme aurait pu naître, auraient dû être identiques à celles dans lesquelles il peut vivre? Comment, d'ailleurs, entendre qu'un composé de carbone, d'hydrogène, d'oxygène, se traduise en un vivant? M. Hæckel avait cru constater ce miracle, et il s'est trouvé que son *Bathybius*, au lieu d'être une matière qui s'organise, n'était qu'un simple précipité gélatineux de sulfate de chaux. A la vérité, on a depuis cru découvrir, au plus profond des mers, d'autres monères protoplasmatiques, la *Protogenes*, par exemple, ou encore la *Monobia confluens*, le *Myxodictyum Sociale*. Mais alors même qu'on aurait effectivement mis la main sur la gelée primitive vivante, l'*urschleim* ou mucosité primitive, le sarcode, le protoplasme, base physique du végétal à la fois et de l'animal, rien ne prouve que ces substances se soient formées spontanément au sein des eaux. Admettra-t-on avec Descartes « que les lois de la nature étant causes que la matière doit prendre toutes les formes dont elle est capable », les lois de la mécanique suffisent à expliquer non seulement le développement, mais encore la formation des germes? Tout Cartésien qu'il fût, Malebranche avouait ne le pas comprendre. Au moins faut-il remarquer que toute la physique de Descartes repose sur ce principe de métaphysique « que c'est Dieu qui par sa toute-puissance a créé la matière avec le mouvement et le repos de ses parties. » Quoi qu'il en soit, actuellement et à considérer les choses créées, c'est toujours, aussi loin et aussi avant que pénètre l'observation humaine, c'est toujours d'un vivant que l'on voit procéder un vivant, *omne vivum ex vivo*. La chimie organique, réalisant des prodiges, a pu reconstituer des éléments qui entrent dans la composition des corps organisés ; elle ne parviendra sans doute jamais, par ses combinaisons les plus heureuses, à produire un organisme même élémentaire, tel qu'une cellule. Aussi M Wirchow croit-il devoir déclarer qu'il n'y a pas un seul fait positif qui établisse que jamais se soit produite une génération spontanée. Cependant, ajoute-t-il, « il faut qu'il y ait génération spontanée, ou création, *ter-*

tium non datur. » C'est ce que depuis longtemps, par une expérience très simple, avait constaté Malebranche. « Un jour, en été, écrivait-il dans ses *Entretiens sur la Métaphysique*, je pris gros comme une noix de viande que j'enfermai dans une bouteille, et je la couvris d'un morceau de crêpe. Je remarquai que diverses mouches vinrent pondre leurs œufs ou leurs vers sur ce crêpe, et que dès qu'ils étaient éclos, ils rongeaient le crêpe et se laissaient tomber sur la viande qu'ils dévoraient en peu de temps, mais comme cela sentait trop mauvais, je jetai tout... Voilà comment les mouches viennent de pourriture : elles font leurs œufs ou leurs vers sur la viande et s'envolent incontinent ; ces vers mangent et cette chair se pourrit. Après que ces vers ont bien mangé, ils s'enferment dans leurs coques et en sortent mouches, et le commun des hommes croit sur cela que les vers viennent de pourriture. Ce que je dis est sûr, car j'ai renfermé plusieurs fois de la chair, où les mouches n'avaient point été, dans une bouteille fermée hermétiquement, et je n'y ai jamais trouvé de vers. » Les récents travaux de M. Pasteur n'ont-ils point, d'une manière absolue et définitive, vérifié les observations de Malebranche ?

L'évolutionnisme affirme que les espèces sont indéfiniment variables ou mieux qu'il n'y a pas d'espèce, mais uniquement des individus. Or est-il que si on considère ce qui a été et ce qui est, non ce qui aurait pu ou pourrait être, l'expérience témoigne dans le présent comme dans le passé, que d'inviolables barrières séparent les espèces. Car l'hybridation amène infailliblement la stérilité. En vain invoquerait-on le temps, dont, éphémères que nous sommes, nous ne saurions sonder les profondeurs. Et ainsi, autres temps, dirait-on, autres combinaisons. Ou encore : « La création est-elle donc finie, parce que l'homme est arrivé ? » La science n'est point un roman. Elle a pour objet non les futurs contingents, mais les faits réalisés, et de ces faits il résulte qu'actuellement les espèces sont fixes, ce qui constitue un ordre déterminé. La disparition de certaines espèces n'infirme en rien la fixité des espèces, et on ne voit pas non plus pourquoi, si la face du monde venait à être changée, le monde n'exprimerait plus un dessein ou n'offrirait pas plutôt comme un nouvel acte d'un drame bien conduit ?

L'évolutionnisme veut que l'homme procède du singe et ne soit dès lors qu'un animal perfectionné. Or est-il qu'il ne se rencontre pas le moindre type fossile de l'homme qui offre un état inférieur du développement humain. Si l'homme tertiaire est encore un problème, l'homme quaternaire a été découvert, qui organiquement n'est pas moins éloigné du singe que l'homme tel qu'il existe aujourd'hui. Aussi bien, plus entre l'homme et le singe on efface les différences organiques, les rapprochant l'un de l'autre, os par os, muscle par muscle, plus entre le singe et l'homme se manifestent d'autres différences essentielles et qui sont spécifiques. Car ce qui est chez le singe imitation est chez l'homme invention ; ce qui est chez le singe un cri est chez l'homme un langage. Et enfin, comment du singe rapprocher l'homme qui connaît le juste, qui cherche le vrai, qui aime le beau, qui conçoit l'infini ?

Quoi plus ! les évolutionnistes prétendent qu'évolution signifie progrès. Or est-il que par la fatalité de son *processus*, l'évolution se trouve la contradiction directe de l'idée même de progrès. Car, évidemment, sans la liberté le progrès n'est pas et l'évolutionnisme qui se refuse à reconnaître au monde un libre auteur, n'admet pas davantage dans le monde d'être libre ou de personne. C'est pourquoi, ici plus qu'ailleurs peut-être, se dénonce comme d'elle-même l'équivoque, devenue banale, dont abusent et par où s'abusent les théoriciens de l'évolution, lesquels perpétuellement avec succession, génération, disposition, confondent évolution.

Telle est pourtant la philosophie de la nature dans laquelle on voudrait de nos jours renfermer les esprits. Les novateurs de la Renaissance et les philosophes du XVIII⁰ siècle qui est comme l'époque d'une seconde Renaissance, dans l'idée de nature abolissant l'idée d'âme et l'idée de Dieu, ramenaient finalement à l'idée de matière l'idée de nature. Les uns et les autres, en cela, cédaient notamment, pour des motifs différents et à des degrés divers, à une même passion antichrétienne. Parfois, en fait de religion, plus dédaigneux ou indifférents que passionnés, mais, parfois aussi, tout agités des ardeurs d'un athéisme sectaire, c'est également, en définitive, à l'idée de matière que les évolutionnistes du temps présent ramènent l'idée d'évolution. Effectivement, s'il y a évolution, ce qui évolue qu'est-il ? Chaque être, chaque forme de l'être n'est que le résultat passager, transitoire, d'une somme de phénomènes de mouvement, le fond de l'être restant identique, et ainsi les êtres ou individus, sans se disposer en une échelle qui soit fixe, sans se rattacher à une hiérarchie qui soit certaine, marquent, dans l'évolution, de simples et fugitifs moments de l'évolution. En conséquence, parlons net : ce qui évolue, c'est la matière. Tout compté et rabattu, l'évolutionnisme est donc monisme matérialiste en même temps que transformisme mécanique, ou transformation incessante de la matière par un mouvement aveugle et nécessité.

Magique et déplorable empire des mots ! Il n'y a pas de nature, mais des êtres qui sont nés. Il n'y a pas d'évolution, mais des êtres qui évoluent. Il n'y a pas davantage de matière, mais des corps. Nature, évolution, matière, ce sont là trois abstractions réalisées qui se masquent mal l'une l'autre et que vainement on s'efforce de substituer l'une à l'autre.

Non, qu'on y réfléchisse ! il n'y a pas plus de matière, qu'il n'y a de nature et d'évolution. *Sunt verba et voces.* Qu'on analyse l'idée de matière et l'on verra la matière se fondre en quelque sorte entre les mains. Ce n'était pas sans raison que d'illustres penseurs, un Aristote et, après lui, un Leibniz distinguaient une matière première et une matière seconde, celle-ci qui seule est réellement pour nous matière, parce que seule elle se produit sous des formes saisissables qu'elle reçoit mais que par elle-même elle ne se donne pas ; celle-là, en elle-même informe, ténébreuse, indéterminée, qui nous échappe par son indétermination même et qui ne fait qu'exprimer ce que nous offrent de commun, au milieu même des différences qui les distinguent, les êtres qu'on appelle les corps. En soi, et indépendamment des corps, il n'y a pas plus de matière qu'il n'y a d'humanité indépendamment des hommes, et indépendamment des arbres, de forêt. Nous sommes en rapports effectifs avec des corps; la matière n'est qu'une idée collective ou un concept. C'est ce qu'a très bien démêlé un des esprits les plus sagaces de ce temps. « La matière prise comme idée, écrivait M. Charles de Rémusat, est plus près d'exister que comme sensation. L'idée de la matière, c'est la matière. » Et non moins judicieusement il ajoutait : « la contemplation de la matière dépose que tout n'est pas matière ».

Supposons en effet que la matière existe et qu'elle soit cette masse chaotique, *rudis indigestaque moles,* qu'à la suite des poètes, imagine Descartes, quand il professe « que tous les corps sont faits d'une même matière et qu'il n'y a rien qui fasse de la diversité entre eux, sinon que les petites parties de cette matière qui composent les uns ont d'autres figures ou sont autrement arrangées que celles qui composent les autres » Supposons cela. N'y a-t-il donc que matière ? Et toute science se définissant par son objet, faudra-t-il donc, parce qu'elles n'auraient qu'un seul et même objet, ramener toutes les sciences, que d'ordinaire on divise en sciences mathématiques ou exactes, en sciences physiques et naturelles, en sciences morales et politiques, à une science unique, la science de la matière? Et, en réalité, c'est là ce que plusieurs appellent superbement la Science, comme si toute autre science que celle des corps n'était que chimère et divagation ! Mais quoi ! si les sciences physiques et naturelles ont effectivement pour objet la matière, les sciences physiques la matière inorganique, les sciences naturelles la matière organisée ; si même, en dehors de la matière inorganique, les sciences mathématiques n'ont guère de véritable application, s'ensuit-il, comme le soutenait Hobbes, que la mathématique se confonde avec la somatique ? Ce n'est point apparemment parce qu'il y a des corps ronds ou des corps triangulaires, que nous concevons la notion du cercle et du triangle ; mais c'est, au contraire, parce que nous avons les notions du cercle et du triangle que nous disons de certains corps, qu'ils sont ronds ou triangulaires. Il en est de même des nombres et des combinaisons des nombres, lesquels manifestement se conçoivent sans les corps qui peuvent être nombrés. Supprimons les corps, et la géométrie et l'arithmétique n'en resteront pas moins ce qu'elles sont. Appliquées aux corps, elles sont indépendantes des corps. Ni les rapports des corps ne réalisent jamais parfaitement les proportions des nombres, ni les dispositions des corps les figures de la géométrie. Une géométrie empirique, une arithmétique empirique ne seraient pas l'arithmétique et la géométrie. Les sciences mathématiques ne sont des sciences exactes que parce qu'elles sont des sciences abstraites Elles sont à elles-mêmes leur propre objet, et c'est dans la raison, non dans la matière, qu'il en faut chercher la raison.

Le Hobbisme devient plus absurde encore, lorsque

avec les sciences physiques et naturelles, il confond les sciences morales et politiques. Car le moyen que la morale qui traite du devoir, du droit, de la liberté, n'ait pourtant, en dépit de ces appellations, pour objet que la matière? Et n'est-ce pas ridiculement se jouer avec les mots, que d'attribuer pour objet à la politique la matière, sous prétexte que la société elle-même n'est rien qu'un grand corps organisé?

Oui, c'est violenter le langage, outrager le sens commun, se refuser aux notions les plus claires et tout confondre, que de vouloir réduire toutes les sciences en une et faire de la science de la matière l'unique science, ou, comme on parle, la Science!

Aussi bien, la science est connaissance; savoir c'est connaître. Est-ce donc la matière qui connaît la matière, et comprendrait-on comment la matière connaîtrait la matière? « De tous les corps ensemble, impossible de faire réussir une petite pensée, écrivait Pascal. Inconcevable que la matière se connaisse soi-même, impossible de connaître comment elle se connaîtrait. » Cependant, si, de toute évidence la connaissance est le propre de ce qu'on nomme l'esprit, est-ce l'esprit qui s'explique par la matière, ou n'est-ce pas plutôt la matière qui s'explique par l'esprit? On l'a fort justement observé: l'esprit se donne son maximum et dans la matière ne trouve que son minimum; la matière ne se donne que son minimum et trouve dans l'esprit son maximum.

De cela seul que la matière ne connaît ni ne se connaît, mais est connue, elle est subordonnée à ce qui connaît. Par conséquent, n'étant que connue, elle est moins être, si l'on peut s'exprimer ainsi, que n'est ce qui connaît. Car pour ce qui connaît, être c'est connaître *esse id est percipere*, et pour ce qui est connu, être c'est être connu *esse id est percipi*. De la sorte, l'être de la matière dépend de l'être de l'esprit. Ber keley a poussé cette démonstration à la rigueur et même à l'excès. Certes ce n'est pas l'être de notre esprit qui fait l'être de la matière, et, au lieu que la matière ne soit que parce que nous la connaissons, indubitablement nous ne connaissons la matière que par ce qu'elle est, et nous pourrions ne pas être sans que pour cela, quoique dès lors sans raisonnable raison d'être, la matière pourtant cessât d'être. Mais parlons de l'esprit, et non pas simplement de notre propre esprit. Que serait la matière, ou même la matière serait-elle, si, la matière ne se connaissant pas elle-même, il n'y avait pas d'esprit qui la connût? Qu'on y songe! et on se convaincra que l'être ne va pas sans le connaître et qu'ainsi l'existence de la matière invinciblement nous reporte à l'existence de l'esprit.

Il y a plus. Ce n'est pas seulement dans son être qu'en plus d'une façon la matière suppose nécessairement l'esprit, mais aussi dans ses manières d'être, manifestations, évolutions.

En effet, rien de plus simple au premier abord et de plus satisfaisant, mais quand on en vient à l'examen, rien de plus superficiel, on dirait presque de plus enfantin, que la théorie que proposent de la genèse des choses les positivistes et évolutionnistes de nos jours, et qu'à toute époque, sous des formules plus ou moins raffinées, les matérialistes n'ont cessé de reproduire. La matière, le mouvement, l'espace, le temps, voilà effectivement, pour le faire court, les quatre données que les évolutionnistes déclarent suffire à constituer l'univers. Et les évolutionnistes ne s'aperçoivent pas qu'ici encore ils se paient de mots et que derechef c'est par des abstractions réalisées qu'ils prétendent expliquer la réalité même. Car, répétons-le, il n'y a pas de matière; il y a des corps, qui se résolvent en molécules, lesquelles se résolvent en atomes. Il n'y a pas de mouvement, il y a des êtres qui se meuvent ou qui sont mûs. Il n'y a pas d'espace non plus qu'il n'y a pas de vide ; il y a des êtres spacieux ou étendus. Enfin, il n'y a pas de temps ; il y a des êtres qui sont temporaires ou qui durent. A la vérité, et bien avant les évolutionnistes, Descartes avait soutenu que tout dans le monde résulte de la matière et du mouvement. Sa philosophie de la nature n'est ainsi, à beaucoup d'égards, qu'un mécanisme universel. Aussi bien, pourrait-on se demander si Leibniz, par son dynamisme, n'a pas, en plus d'un point et d'une manière opportune, tempéré, corrigé le mécanisme Cartésien. Mais Descartes, il faut le rappeler, impose du moins à son mécanisme deux restrictions qui emportent tout. D'une part, si de la matière, par le mouvement, il croit pouvoir tirer même la vie, il prouve très pertinemment que jamais de la matière, par le mouvement, on ne pourra faire sortir la pensée. L'être qui pense ou l'esprit et l'être qui est étendu ou la matière lui semblent d'essence absolument contraire. D'un autre côté, il ne se contente certainement pas d'accorder à Dieu une chiquenaude pour mettre le monde en mouvement. Dieu qui est pour lui l'infini et le parfait, lui est expressément aussi un Dieu non seulement premier moteur, mais créateur.

Ce sont là, dans une doctrine de mécanisme universel, des réserves de la dernière conséquence et auxquelles les évolutionnistes n'ont garde de souscrire. Ils nient qu'il y ait un Dieu créateur. Ils nient que l'esprit soit autre chose que la plus haute transformation, jusqu'à présent connue, de la matière par le mouvement. Que valent, au demeurant, ces négations ?

Il est impossible de ne pas le remarquer avec étonnement : les évolutionnistes ne rejettent la création qu'en transférant à la matière tous les véritables attributs d'un Dieu créateur. Car ils proclament la matière éternelle, nécessaire, infinie, perpétuellement et essentiellement agissante. Cela est bientôt dit, mais de telles affirmations se trouvent-elles justifiées, ou plutôt ne sont-ce pas simplement des équivoques, que peut-être, après tout, il n'est pas trop malaisé de dissiper.

La matière éternelle! en physique, en chimie, on s'assure chaque jour davantage que rien ne se perd, mais que tout se transforme. Une même quantité de matière, ou, si l'on veut, une même quantité de force est déposée dans le monde et s'y maintient. Il y a permanence de la matière; on en conclut que la matière est éternelle. Quelle logique! L'éternel, en bonne définition, est ce qui n'a ni commencement ni fin, et il est clair que cela seul peut avoir une fin qui a eu un commencement. Il s'agit donc de savoir si le monde a eu ou n'a pas eu de commencement, et évidemment, dans un sens comme dans un autre, l'expérience est impuissante à résoudre un pareil problème. Par bonheur, le raisonnement supplée ici à l'observation. Si, en effet, la matière était éternelle, à l'éternité, dans la matière, s'ajouterait la nécessité. Nécessaire, la matière non seulement serait en soi et par soi, ce qui reviendrait à dire et ce qui, encore une fois, ne saurait directement se démontrer, que la matière n'ayant pas été produite, la matière n'a pas eu de commencement. Mais, en outre, si la matière était nécessaire, il impliquerait contradiction que la matière eût pu ne pas être ou qu'elle pût cesser d'être. En est-il ainsi, et la contingence n'est-elle pas, au contraire, un des caractères essentiels de la matière ou des corps? On entend parfaitement que tel corps, en particulier, ait pu ou puisse ne pas être. Pourquoi ne l'entendrait-on pas de tous les corps pris ensemble? Est-ce donc que, la matière abolie, on irait de la sorte au néant, dont l'idée en elle-même ne se soutient pas et ne se conçoit que par une opposition à l'être? Ce serait implicitement affirmer, ce qui précisément est en question, qu'il n'y a d'être que la matière. Répondons hardiment que si la matière n'existait pas, il resterait l'esprit qui seul est vraiment être. « Nous ne sommes point invinciblement portés à croire, observait très bien Malebranche, qu'il y ait autre chose que Dieu et notre esprit. »

La matière, à le bien prendre, est moins un être qu'un manque d'être ou une expression inférieure de l'être. C'est pourquoi on perd de vue la valeur des expressions qu'on emploie, lorsqu'après avoir proclamé la matière éternelle et nécessaire, on la déclare infinie. L'infini c'est le parfait ou l'être à qui rien ne manque ; c'est la bonté, la vérité, la beauté dans leur plénitude. En quoi de telles notions conviennent-elles avec la notion de la matière? La matière n'est-elle pas du moins l'infini en grandeur? Mais qui ne voit qu'infinité et grandeur de la matière sont deux termes qui impliquent? Quelque idée qu'on se fasse de la matière; qu'on place son essence dans la force ou dans l'étendue, la matière est quantité, et ainsi sa grandeur demeure susceptible d'augmentation ou de diminution. Par conséquent, qu'on ne puisse assigner de limites à la matière, parce que pour nous ces limites sont flottantes et reculent à mesure que nous les voulons saisir, il s'ensuit que la grandeur de la matière est indéfinie, mais ses bornes n'en subsistent pas moins et on ne saurait, sans une contradiction palpable, la qualifier, en aucun sens, d'infinie. L'imagination seule confond avec l'indéfini, qui, tout inconnues qu'elles soient, suppose des bornes, l'infini qui absolument les exclut.

Ce serait également une illusion de croire que la matière soit, en tout sens, perpétuellement et essentiellement agissante. Un des caractères essentiels de la matière n'est-il pas, au contraire, l'inertie ou capacité de recevoir le mouvement sans pouvoir commencer le mouvement ni arrêter le mouvement commencé, si bien qu'on a pu dire de la matière « qu'elle n'était qu'un coefficient d'inertie ? ».

Que la matière cesse d'être inerte, et l'univers entre

en dislocation, tellement l'inertie de la matière est indispensable, pour que s'établisse et dure la constitution de l'univers. Sans doute toute matière est force, et, à cet égard, il n'y a pas une molécule qui en elle-même ne se meuve et n'agisse. Mais il ne faut pas confondre ce mouvement ou cette action tout interne avec un mouvement ou une action de translation, dont par elle-même la matière ne possède pas le principe. L'esprit seul est véritablement une force soi-mouvante ; la matière doit être agie pour agir, *agitur ut agat.*

D'ailleurs, qu'on ne l'oublie point. Il n'y a pas de matière ; il y a des corps, qui se résolvent en molécules, lesquelles se résolvent en atomes. Il y a des atomes, et, en somme, il n'y a que des atomes. Et qu'on ne conteste pas l'existence des atomes ! Assurément, ce qui nous semble atome pourrait cesser de nous être atome, si nos instruments de division étaient moins imparfaits. Assurément aussi, nous pouvons toujours supposer que l'atome se subdivise en d'autres atomes. Car force ou étendue, ou mieux force à la fois et étendue, l'atome n'en reste pas moins une quantité, qui est susceptible de diminution ou d'augmentation. Et, de la sorte, l'atome ne serait appelé atome que par à peu près, ou mieux que par antiphrase. Néanmoins, qu'on y prenne garde ! De ce que nous ne sommes point sûrs d'atteindre à l'atome, sommes-nous autorisés à conclure qu'il n'y a pas d'atomes ? Et n'en est-il pas de la divisibilité de la matière à l'infini comme de l'infinité de la matière ? De nouveau c'est l'imagination qui nous leurre, et c'est de la division de la matière à l'indéfini, mais non pas à l'infini, qu'il conviendrait de parler. Idéalement, toute division admet à coup sûr une subdivision et celle-ci une autre division sans fin ni sans compte. Réellement, il faut bien, quoique ces limites nous échappent, que la division ait des limites ; car encore faut-il qu'il y ait quelque chose !

Irons-nous cependant jusqu'à dire, à la suite de certains évolutionnistes, « que l'atome est le Dieu auquel toute existence, la plus infime comme la plus élevée, est redevable de l'être? » L'atome Dieu! Ici encore : « O le plaisant Dieu que voilà ! »

D'abord l'atome n'est pas, non plus que la matière, et comme la matière, l'atome n'est qu'une abstraction réalisée. Il n'y a pas l'atome, il y a des atomes. Or, ni dans leur être ni dans leurs manières d'être, les atomes ne s'expliquent par les atomes. Si les atomes étaient par eux-mêmes, ils seraient éternels, et ce qui vaut contre l'éternité de la matière ne vaut pas moins contre l'éternité des atomes. D'un autre côté, que ce soit par leur quantité, que ce soit par leur architecture intérieure, les atomes sont spécifiques, Ils sont tels et non pas tels autres : ils restent tels et ne deviennent pas tels autres? Or, pourquoi les atomes sont-ils tels et non pas tels autres? Pourquoi restent-ils tels et ne deviennent-ils pas tels autres? La raison de ce double pourquoi ne se trouve pas dans les atomes qui, quelles que fussent leurs déterminations, n'en seraient pas moins atomes. Mais ce double pourquoi est le pourquoi même de l'être des atomes. Car l'être de l'atome n'est rien sans les manières d'être de l'atome. Le fait de l'être ou de l'existence des atomes n'est donc pas un fait sans précédent ou condition, et, manifestement, le précédent de l'atome ne saurait être atome. Si en effet il était atome, la question reculerait et ne serait pas résolue. Aussi Leibniz était-il parfaitement fondé à remarquer que lorsqu'on en vient à la dernière analyse des corps, il est impossible de ne pas recourir à l'idée de Dieu, *in extrema corporum resolutione, auxilio Dei naturam carere non posse.*

Enfin, n'est-ce pas aussi en dehors des atomes qu'on est obligé de chercher le principe de direction qui préside aux combinaisons des atomes? « Il reste toujours à se demander, remarquait Cabanis lui-même dans sa *Lettre à Fauriel*, quelle puissance a imprimé leurs propriétés aux corps et surtout en a combiné l'action réciproque de manière à leur faire produire ces résultats si savants et si bien coordonnés entre eux. » Effectivement, en accordant même qu'on n'ait point à s'enquérir d'où les atomes ont reçu l'ébranlement qui a déterminé au mouvement leur inertie ; en admettant qu'ils se meuvent par ce qu'on nomme attraction et non pas aussi et tout d'abord par impulsion, il reste toujours à expliquer le secret de leur arrangement. L'attraction requiert les positions. Or, étant donné un certain système de positions et de mouvements primitifs pour tous les atomes, à chaque série de positions et de mouvements primitifs devrait nécessairement correspondre une série différente de révolutions. Mais l'ordre actuel ne présente rien de pareil. Il n'y a pas d'ordre qui expressément résulte des qualités primitives des atomes. Loin de là, ces qualités se prêtent également à un nombre indéfini d'ordres divers. Cependant, parmi tous les arrangements possibles, qui a décidé et qui maintient un arrangement particulier? De toute évidence, ce principe ne peut être atome. Comme donc il y a un créateur, il y a aussi un moteur, un ordonnateur des atomes, moteur et ordonnateur étant du reste compris dans créateur, et ici encore Leibniz parlait un langage irréfragable, quand il affirmait que les causes efficientes dépendent des causes finales et des causes spirituelles les causes matérielles *Mecanismi fons est vis primitiva, sed leges motus secundum quas ex ea nascuntur impetus seu vires derivativæ, profluunt ex perceptione boni et mali, seu ex eo quod est convenientissimum. Ita fit ut causæ efficientes pendeant a finalibus et spiritualia sint natura priora materialibus.*

Faudrait-il donc, pour se dégager de l'idée d'un Dieu créateur comme de l'obsession d'un importun fantôme, en revenir, amalgamant la matière et l'esprit, à la conception surannée et si justement décriée d'une âme du monde? En effet, panthéisme ou création, qu'on veuille bien y penser! et l'on reconnaîtra qu'il n'y a pas de milieu. Mais les évolutionnistes ne peuvent même pas s'échapper par cette issue misérable d'une théorie de l'âme du monde. Car le mot d'âme ne leur est qu'un vocable sous lequel ils désignent l'ensemble de certains phénomènes physiques, et par esprit ils n'entendent que la matière arrivée à un certain point de son évolution. En somme, ils ne nient Dieu et Dieu créateur, que parce qu'ils nient l'esprit humain.

Ce n'est pas que parfois cette négation de l'esprit humain ne semble aux évolutionnistes eux-mêmes inintelligible ou du moins hasardée. « Quoi! s'écrie Diderot, s'adressant à Helvétius, l'homme qui dit *moi* n'est-il donc qu'une portion de la matière éternelle et nécessaire? » Et encore : « L'organisation ou coordination des parties internes, observe-t-il, ne mène point du tout à la sensibilité, et la sensibilité générale des molécules de la matière n'est qu'une supposition qui tire toute sa force des difficultés dont elle nous débarrasse, ce qui ne suffit pas en philosophie. »

En général, pourtant, les évolutionnistes se persuadent que cela suffit. Aidé de toutes les découvertes merveilleuses de la physique et de la chimie contemporaines, leur mécanisme transformiste est demeuré impuissant à expliquer, à produire cet atome, cette molécule qu'on appelle un germe et d'où éclate la vie. Et néanmoins ils n'hésitent point à considérer la sensation qui implique, dans son unité, la conscience, ou même la pensée qui s'élève jusqu'à l'infini, comme le résultat pur et simple de la transformation mécanique des forces qui agissent dans les organes. Parce que la pensée humaine est inséparable du cerveau et parce qu'à l'exercice de cette pensée correspond le mouvement moléculaire de l'encéphale, l'activité mentale ne leur est plus que l'équivalent exact de l'oxydation du cerveau! Penser, c'est-à-dire être attentif, se souvenir, prévoir, imaginer, poser des lois, passer de l'analyse à la synthèse et de la synthèse revenir à l'analyse, classer, abstraire, généraliser, juger, induire, déduire et démontrer, tout cela, suivant eux, se ramène à des fonctions du cerveau ! Sans entamer ici une discussion en règle, contentons-nous de renvoyer les évolutionnistes à une des pages les plus substantielles d'un des représentants les plus illustres de la physiologie contemporaine. Certes, Claude Bernard n'était pas sans se défier, et beaucoup trop, de la métaphysique, où il affectait de ne voir relativement à la science de la vie, qu'une illusion contre laquelle il fallait se prémunir, qu'une obstruction qu'il fallait, autant que possible, surmonter, et, en définitive, qu'une pure nécessité dans notre manière de concevoir et de parler, qu'il fallait subir mais constater. Persuadé à tort que le déterminisme ou science des conditions et des rapports est la seule philosophie scientifique possible, il estimait que la science ainsi entendue nous interdit la recherche du pourquoi et que, dès lors, « comme ces religieux qui mortifient leur corps par les privations, nous sommes réduits, pour perfectionner notre esprit, à le mortifier par la privation de certaines questions et par l'aveu de notre impuissance. » Il ne craignait même point d'avancer « qu'on ne peut être spiritualiste ou matérialiste que par sentiment, tandis qu'on est physiologiste par démonstration scientifique. » Toutefois cédant, avec l'honnêteté du génie, à l'évidence des choses, et après avoir établi que la sensibilité est l'unité fonctionnelle des vivants, il n'en reconnaissait pas moins « que la sensibilité consciente ou la conscience est un phénomène sans analogue hors de l'homme. » Il écrivait aussi les lignes suivantes : « La science démontre que ni la matière organisée, ni la matière brute, n'engendrent les phénomènes, mais qu'elles servent uniquement à les manifester par leurs propriétés dans des conditions déterminées. Il répugne d'admettre qu'un phénomène de mouvement quelconque, qu'il soit produit dans une machine brute ou dans une machine vivante, ne soit pas mécaniquement explicable. Mais, d'un autre côté, la matière, quelle qu'elle soit, est toujours, par elle-même, dénuée de spontanéité et n'engendre rien ; elle ne fait qu'exprimer par ses propriétés l'*idée* de celui qui a créé la machine qui fonctionne. De sorte que la matière organisée du cerveau qui manifeste des phénomènes de sensibilité et d'intelligence propres à l'être vivant n'a pas plus conscience de la pensée et des phénomènes qu'elle manifeste, que la matière brute d'une machine inerte, d'une horloge, par exemple, n'a conscience des mouvements qu'elle manifeste, ou de l'heure qu'elle indique ; pas plus que les caractères d'imprimerie et le papier n'ont la conscience des idées qu'ils retracent, etc. Dire que le cerveau secrète la pensée, cela équivaudrait à dire que l'horloge secrète l'heure ou l'idée du temps. Le cerveau et l'horloge sont deux mécanismes, l'un vivant et l'autre inerte, voilà toute la différence. »

Incontestablement, il est déjà fort étrange de vouloir faire sortir du mouvement d'une machine l'idée même que ce mécanisme sert à manifester. Autant presque vaudrait vouloir tirer de la machine arithmétique inventée par Pascal, le génie même de son inventeur. Mais ce qui passerait toute créance, ce serait qu'on prétendît, par voie d'évolution mécanique, obtenir de la matière l'amour et la liberté. Aussi les évolutionnistes n'y songent-ils pas, et, ici, prudents à se taire plus qu'heureux à dissimuler les conséquences d'un déterminisme qui dans leur doctrine est fatalisme, se contentent-ils de répéter, plagiant Spinoza, que non seulement il n'y a ni finalité ni ordre, ni bien ni mal, ni beauté, ni laideur, mais que tout dépend chez l'homme, de la disposition du cerveau, *pro dispositione cerebri.* Or cela, c'est nier ce qui fait le fond même de l'homme. « Les philosophes qui ont dompté leurs passions, observait Pascal, quelle matière l'a pu faire? » Si en effet l'homme est esprit parce qu'il pense, il l'est aussi et plus encore peut être parce qu'il est libre, car c'est parce qu'il est libre que, réfléchissant, il se sait une personne capable de mérite et de démérite et qu'il se possède. Dès lors, il peut dire ce moi, qui le distinguant tout ensemble des animaux et de Dieu, lui assigne une destinée autre que celle des bêtes auxquelles le moi est étranger, en même temps que par le moi se pose substantiellement son être en dualisme même avec l'être de Dieu. Conséquemment, par le moi s'éclaircit, dans une mesure qui suffit à l'homme, le mystère de la création. Sans doute le moi n'est point à lui-même sa cause non plus qu'il n'est à lui-même sa fin, et c'est en Dieu qu'il doit chercher l'une et l'autre, puisque, aussi bien, imparfait et fini c'est après l'infini et le parfait que sans cesse il aspire. Mais tandis que, d'un côté, l'affirmation seule du moi est une réfutation immédiate, péremptoire et effective de toute espèce de panthéisme, le moi qui seul nous donne l'idée d'une cause vraiment cause ou d'une cause qui commence parce qu'elle aime et qui ne se confond pas avec ses effets; le moi seul aussi nous rend concevable l'idée d'un Dieu, qui, parce qu'il est bon, est créateur. Ainsi se montrent indissolublement liées entre elles l'idée d'un Dieu créateur et l'idée du moi. On ne nie un Dieu créateur que parce que on nie le moi et on n'en vient à nier le moi que parce qu'on nie un Dieu créateur. Un Dieu qui ne serait pas créateur ne serait vraiment pas Dieu, et l'âme humaine qui ne se connaîtrait pas en tant que moi, ne serait vraiment pas l'âme humaine. Nier Dieu et l'âme humaine c'est d'ailleurs manifestement, pour y substituer l'idée par elle-même fantastique de matière, abolir l'idée réelle d'esprit. C'est ce qu'ont tenté de nos jours les évolutionnistes, et c'est par là aussi que, malgré les vérités de détail qu'ils ont laborieusement accumulées, leur entreprise reste vaine, de même que demeurera caduque toute philosophie de la nature qui ne se fondera pas, avant tout et expressément, sur les idées d'âme et de Dieu, c'est-à-dire sur l'idée d'esprit.

On trouvera dans les études qui suivent la confirmation et comme un essai d'illustration de ces vues.

PHILOSOPHIES
DE LA NATURE

DES
IDÉES D'ESPRIT ET DE MATIÈRE
DANS LA PHILOSOPHIE DE BACON

Comme tous les grands hommes et comme tous les novateurs, Francis Bacon (1560-1626) a eu des panégyristes enthousiastes jusqu'à l'hyperbole, en même temps qu'il rencontrait des détracteurs passionnés et violents.

Les uns en ont fait un génie créateur, les autres lui ont refusé toute espèce de compétence philosophique et d'autorité. Suivant Herschell, « Bacon resplendit dans l'obscurité de la nature et de l'âme, comme l'étoile matinale qui annonce l'aurore, » et Horace Walpole déclare « que Bacon fut le prophète des vérités que Newton est venu annoncer au monde ». A en croire Gœthe, au contraire, Bacon « non seulement ne produisit aucune action utile sur son siècle et les sciences, mais encore exerça une influence plutôt préjudiciable qu'utile ». De son côté, Humboldt, qui ne peut oublier que Bacon a traité Copernic de charlatan et qu'il n'a vu dans l'algèbre qu'une arithmétique pythagoricienne et mystérieuse, qu'une aberration de la théorie; Humboldt n'hésite point à affirmer « qu'en mathématiques, en astronomie, en physique, Bacon fut inférieur à son siècle ». Notre Claude Bernard lui-même se montrait peut-être encore plus sévère. « Ceux qui ont fait le plus de découvertes dans la science, écrivait-il, sont ceux qui ont le moins connu Bacon; ceux qu l'ont lu et médité n'ont guère réussi. Les règles sont plutôt une gêne qu'un secours pour les esprits originaux; aucun savant du dix-septième siècle n'a eu souci des règles de Bacon. » Il n'y a guère d'ailleurs à s'arrêter aux diatribes de M. de Liebig, qui traite les ouvrages de Bacon « de fatras d'érudition ou de plagiat », non plus qu'au pamphlet bien connu du comte de Maistre contre le philosophe anglais. Et assurément Bacon s'est exagéré la puissance de ses procédés d'investigation, lorsqu'il se persuade qu'ils suppléent au génie. « *Nostra via inveniendi scientias exæquat fere ingenia, et non multum excellentiæ eorum relinquit, cum omnia per certissimas regulas et demonstrationes transigat.* » Mais la vérité est que, si par lui-même, malgré des vues ingénieuses ou profondes, Bacon n'a finalement dans le domaine de la science rien découvert, son éloquence entraînante n'en a pas moins été une excitation aux découvertes. Philosophe du seizième siècle, il n'est point resté étranger aux magnifiques déploiements du dix-septième, et s'il est impossible d'admettre qu'il ait inventé une méthode nouvelle, *novum organum*, on ne peut nier cependant qu'il n'ait puissamment contribué à faire comprendre quel merveilleux instrument de recherche est l'induction. Sans doute, il n'y a point à saluer en lui le maître de ceux qui savent, *il maestro di color che sanno;* mais il n'est pas permis de méconnaître qu'il a rempli le rôle modeste qu'il s'était lui-même assigné. Il a bien été effectivement « le sonneur qui fait retentir au loin la cloche afin d'éveiller les autres », « le clairon qui donne le signal de l'attaque sans prendre part, de sa personne, au combat ». C'est ce dont témoigne d'une manière irréfragable l'histoire des sciences.

Au seizième siècle en effet, et avant Bacon, quelle succession prodigieuse de travaux! C'est Copernic qui détermine le vrai système du monde, Kepler les lois auxquelles est attaché son nom; c'est Viète qui applique l'algèbre à la géométrie; de Dominis qui ébauche la théorie de l'arc-en-ciel; Vésale qui crée l'anatomie; Servet qui découvre la circulation pulmonaire, Harvey la circulation générale, Aselli les vaisseaux chilifères; c'est Galilée qui observe la chute des corps, perfectionne le télescope et, scrutant le secret des cieux, démontre par des faits irréfragables que la terre est en mouvement. Et d'autre part, comment ne pas admirer, à l'égal des découvertes qui ont illustré cette époque, l'esprit dont y sont animés les savants? Certes, ils ont devancé Bacon dans leur amour pour l'expérience. Ainsi Galilée proclame que « la philosophie est écrite dans la nature, et que ce grand livre est écrit en caractères mathématiques ». De son côté, le prodigieux Léonard de Vinci n'avait-il pas déclaré « que l'expérience est seule interprète de la nature ; qu'il faut donc la consulter toujours et de mille façons jusqu'à ce qu'on en ait tiré des lois universelles, et qu'elle seule peut nous donner de telles lois » ? Aussi bien, c'était répéter ce que déjà, au treizième siècle, enseignait, dans son *Opus majus*, le franciscain Roger Bacon, à savoir « que sans l'expérience on ne peut acquérir aucune connaissance suffisante ; que l'expérience est maîtresse des connaissances spéculatives ». Cependant, au dix-septième siècle, les merveilles continuent. Halley soumet la marche des planètes à la théorie ; Bradley réduit l'aberration des fixes ; Newton conçoit la gravitation ; Torricelli annonce la pesanteur de l'air ; Huygens applique le pendule aux horloges ; Boyle fonde en quelque sorte la chimie ; Hooke dote la physique d'instruments nouveaux ; Malpighi enrichit l'anatomie. Or, la plupart de ces inventeurs invoquent l'autorité de Bacon.

Quoi qu'il en soit, on ne se propose point ici de reprendre un sujet depuis longtemps épuisé, en exposant à nouveau, dans ses origines et la complexité de ses applications, pour en apprécier ensuite les résultats, la méthode que Bacon a préconisée. On voudrait, non pas d'après des textes choisis, mais en suivant le contexte même des œuvres de Bacon, rechercher : 1° si Bacon, pour avoir invité à l'étude de la nature ou des corps et tracé les règles qui conviennent à cette étude, a, par l'idée de matière, compromis l'idée d'esprit ; 2° si, à côté ou même au-dessus des sciences qui ont pour objet la matière, il a reconnu et jusqu'à quel point il a pratiqué d'autres sciences qui ont pour objet l'esprit ; 3° s'il se trouve qu'il ait professé une doctrine spiritualiste de la nature, et, telle quelle, une doctrine avouée de l'esprit, comment il se fait qu'il ait pu et doive être pourtant, dans une certaine mesure, réputé le promoteur des philosophes modernes qui, dans l'idée de matière, ont plus ou moins tenté d'abolir l'idée d'esprit.

I

Adversaire ardent de la Scolastique, contempteur résolu, quoique parfois disciple involontaire et subjugué des anciens, Bacon, pour qui « la vérité est fille du temps, non de l'autorité », et « l'antiquité des âges la jeunesse du monde », Bacon conçut de très bonne heure le plus gigantesque dessein. Les pensées qui devaient occuper le chancelier d'Angleterre, obsédaient déjà chez lui le jeune écolier de Cambridge ; et ces pensées n'allaient à rien moins qu'à restaurer les sciences jusque dans leurs fondements, *instauratio facienda ab imis fundamentis*. A vingt-cinq ans, il publiait le livre qu'il osait bien appeler le mâle enfantement, le plus grand enfantement de son siècle, *temporis partus masculus, maximus.*

Ce n'est pas que Bacon rêvât un projet de science universelle. Il a beau, par moment, disserter sur les principes et les origines des choses, ne craignant pas de se faire, dans une synthèse hardie, l'historien de la génération des corps célestes, des météores, de la terre et de la mer, des éléments, des espèces : au demeurant, ses visées sont beaucoup moins hautes, de même qu'elles sont beaucoup plus précises. Ce qu'il veut expressément, c'est mettre l'homme en possession de la terre qui le porte, soulager et ennoblir sa condition, le délivrer des entraves où il gémit, le doter d'inventions nouvelles qui assurent son empire sur l'univers, *humani generis potentiam et imperium in rerum universitatem instaurare et amplificare.* Ainsi, ce n'est point de spéculation pure que pour lui il s'agit, ni de la félicité que procure la contemplation du vrai ; ce qu'il poursuit, c'est le bien et la fortune de l'humanité, *non felicitas contemplativa, sed res et fortuna humana.* La philosophie, telle qu'il l'entend, est assurément une philosophie de lumière, *philosophia lucifera ;* mais, avant tout, elle doit être une philosophie de fruits, *philosophia fructifera*, et ces fruits sont l'utilité, et, par la puissance, la domination.

On a cent fois exposé et discuté la méthode que Bacon recommande d'employer pour atteindre ce résultat. La nature est un Protée qui ne livre ses secrets qu'autant qu'on le presse d'instances multipliées ; ou encore on ne parvient à lui commander qu'en lui obéissant, on ne comprend ses leçons qu'autant qu'on écoute attentivement sa voix. Le regard de l'intelligence est comme noyé, *luminis sicci non est intellectus.* Dégager notre esprit des préjugés qui l'obstruent, chasser les fantômes ou idoles qui l'assiégent, idoles de la tribu, idoles de la caverne, idoles du forum, idoles du théâtre, c'est la première partie de la philosophie, œuvre de destruction, *pars destruens*, laquelle est simultanément œuvre de préparation, *pars præparans*. L'œuvre d'édification s'accomplit ensuite, *pars ædificans*, et c'est sur la base des faits qu'il faut l'asseoir tout entière. Plus les faits observés seront nombreux, et — l'observation doit être variée en mille manières pour devenir expérimentation, — plus la connaissance obtenue sera solidement établie et demeurera inébranlable. Il y a d'ailleurs des faits dont chacun vaut à lui seul toute une série de faits ; ce sont les faits privilégiés, ou prérogatives d'instances. On les peut comparer à des tours élevées, du haut desquelles le spectateur embrasse un vaste horizon. Il ne suffirait pas néanmoins d'affirmer de la totalité des faits ce qu'on aurait d'abord affirmé de chaque fait en particulier. Ce ne serait là qu'une fausse et puérile induction. Ce ne serait même qu'une induction très insuffisante que celle qui nous conduirait de certains faits connus à d'autres faits ignorés. L'induction proprement dite, *ars clavis, ars indicii*, produit de bien autres enseignements. De la comparaison des faits, soigneusement classés sur des tables ou listes de présence, d'absence, de degrés, par des énumérations et des éliminations convenables, *per enumerationes et rejectiones debitas*, elle tire les lois qui régissent et qui partout, toujours, régiront ces faits et les faits de même espèce. Ainsi, l'induction ne se déploie pas en surface, elle monte et elle descend : elle monte des faits aux lois pour descendre des lois aux faits, embrassant dans son entier la nature, qu'elle nous livre comme à discrétion. *Neque in plano via est, sed ascendendo et descendendo, ascendendo ad axiomata, descendendo dein ad opera.*

S'être ainsi proposé pour but la possession de la nature, avoir assigné, comme moyen de parvenir à ce but, l'induction, est-ce donc avoir proclamé qu'il n'y a de réalité que les corps, et prétendu, à aucun degré, matérialiser l'esprit ?

Plus on envisage le dessein qu'a conçu Bacon et plus on considère la méthode qu'il conseille d'employer, plus on s'étonne que l'auteur de l'*Instauratio magna* ait pu être, de près ou de loin, rangé au nombre des philosophes, qui, dans l'idée de matière, se sont imaginé avoir aboli l'idée d'esprit. Que poursuit, en effet, Bacon, sinon le triomphe même de l'esprit sur la matière, et comment espère-t-il l'assurer, sinon par les forces bien dirigées de l'esprit ? Dans le commerce qu'il veut instituer entre l'esprit et les choses, *commercium mentis et rerum;* entre l'esprit et l'univers, *commercium mentis et universi*, évidemment c'est l'esprit seul qui agit. *Hominis imperium in res, in solis artibus et scientiis ponitur.* Savoir, c'est pouvoir ; l'action demeure subordonnée à la science, et la science elle-même n'est que l'acquisition accumulée d'intelligences qui se succèdent, *multi pertransibunt et augebitur scientia.* Comme portés sur leurs épaules, nous voyons plus loin que nos devanciers. Nos pas sont lents, mais qui pourrait les arrêter ? *Non arctabuntur gressus tui.* Quelque laborieux que soient ses progrès, rien n'égale pourtant la pénétration de l'esprit. La terre ne recèle rien de si caché que l'esprit ne le découvre ; ce qui échappe absolument aux yeux, l'esprit le saisit, et si les profondeurs du ciel offrent le plus souvent des apparences qui trompent les yeux, l'esprit les corrige, *æque ad profunda terræ, et quæ oculis non cernuntur omnino, sicut ad alta cœli quæ plerumque fallaciter cernuntur, penetrat.* C'est qu'effectivement, entre le monde et l'esprit, entre le globe matériel et le globe intellectuel, règne une sorte d'accord. L'entendement humain éprouve même un tel besoin d'ordre que facilement il suppose dans les choses plus d'harmonie et de régularité qu'il n'y en trouve, *intellectus humanus ex proprietate sua facile supponit majorem ordinem et æquali-*

tatem in rebus quam invenit. Bacon ajoute même que, repliée sur soi et recueillie, l'âme, en vertu de son essence, possède quelque notion anticipée des choses futures : *anima in se reducta atque collecta ex vi propria essentiæ suæ aliquam prænotionem rerum futurarum possidet.*

Aussi bien, afin de pénétrer les secrets de la nature, n'est-ce point assez que d'accumuler des observations. Ce serait accomplir le travail inintelligent de la fourmi, qui fait aveuglément des amas, lesquels ne lui servent plus tard de rien. Sans doute les dogmatistes qui construisent en imagination l'univers sont comparables à l'araignée qui tire de son propre sein des toiles fragiles et sans cesse recommencées, quoique d'un tissu merveilleux ; mais le véritable philosophe ressemble à l'abeille, qui va butinant le suc des fleurs, qu'elle convertit ensuite, par une force qui lui est propre, en une substance toute nouvelle : *materiam subactam ac mutatam reponit, propria vi vertit ac digerit.* Ainsi se forme la science par l'étroite et sainte alliance de l'expérience et de la raison, *experimentalis et rationalis scientiæ arctiore et sanctiore fœdere.* Or, cette force de transmutation, qu'est-elle, sinon la force même de l'esprit ?

Il y a plus : la pénétration de la nature par l'esprit peut être immédiate. Car l'esprit a quelquefois d'irrésistibles élans, *impetus philosophici*. Ou d'autres fois encore, par un heureux hasard, dans un fait unique et qui vaut à lui seul toute une série de faits, l'esprit a l'intuition de lois qui se manifestent à lui avec une évidence irrésistible. C'est de la sorte que ces faits, que Bacon appelle faits privilégiés ou prérogatives d'instances, ont conduit les savants aux découvertes les plus inattendues. Galilée, en voyant osciller la lampe d'une église, conçoit la notion du mouvement isochrone ; une pomme qui tombe suggère à Newton la théorie de la gravitation ; à l'aspect d'une goutte d'eau détachée d'un glaçon, Blacke a l'idée de la chaleur latente ; Haüy, dans les débris d'un morceau de spath échappé de ses mains et qui se brise, démêle la géométrie qui préside à la formation des cristaux ; Haller dans un jaune d'œuf aperçoit tout un monde ; Galvani enfin vient-il à considérer les tressaillements d'une grenouille écorchée qu'il a par un fil de fer suspendue à son balcon? une nouvelle branche de la physique est créée. Ne sont-ce pas là autant d'irrécusables témoignages de la puissance divinatrice de l'esprit ?

Mais jamais peut-être Bacon n'a affirmé d'une manière plus éclatante la vertu propre de l'esprit, qu'en insistant sur les avantages et la portée de son procédé favori, qui est l'induction. Effectivement, qu'on y songe ! Si c'est déjà une merveille que nous trouvions en nous-mêmes comme un principe d'infaillibilité qui, par l'impossibilité où il nous met d'accepter les contradictions, rend certaines les sciences de déduction, combien plus miraculeux encore sans doute est le principe, qui, nous affranchissant des bornes de l'espace comme des limites du temps, nous autorise à affirmer l'universalité et la permanence des lois des êtres ! Cette affirmation n'est guère, si l'on veut, qu'une croyance ; mais enfin cette croyance transcendante demeure irrésistible et préside à toutes nos démarches, de même qu'elle inspire tous nos discours. Nos expériences ont beau être circonscrites ; par quelques cas, nous nous prononçons hardiment sur tous les cas ; de ce qui se produit en quelque lieu, nous inférons avec une entière sécurité ce qui se produira en tous les lieux. En un mot, éphémères atomes, mais atomes pensant, nous osons dire : partout et toujours !

L'esprit n'est donc point pour Bacon une capacité vide ; il le définira bien plutôt, en reprenant une expression scolastique, la forme des choses, et toutes ses dissertations éloquentes, étincelantes, poétiques, relativement aux sciences physiques et naturelles, ne seront, en définitive, qu'une longue et perpétuelle apothéose de l'esprit.

II

On ne l'a peut-être point assez remarqué : Bacon, il le déclare expressément lui-même, Bacon n'a jamais entendu établir la physique sur les ruines de la philosophie morale. Celle-ci, il est vrai, se rapporte au ciel, et celle-là regarde la terre. Mais de même que le ciel et la terre conspirent à la conservation de la vie de l'homme, de même aussi l'une et l'autre science doivent avoir pour but d'y contribuer. Ce qui importe, c'est de rejeter les spéculations vaines pour ne s'attacher qu'à ce qui est substantiel et fructueux.

Comment, en effet, le méconnaître? N'est-ce point à la science de l'esprit et à la considération de l'universel que toutes les professions et tous les arts empruntent le suc qui les nourrit et la force qui les soutient? Oui, il est impossible de le contester : les sciences rationnelles sont, à tous égards, les clefs des autres sciences : *rationales scientiæ, reliquarum omnino claves sunt*. Ou si l'on veut, qu'on assimile l'ensemble des sciences à une pyramide, et cette pyramide aura l'histoire et l'expérience pour base, mais qu'on sache que c'est la métaphysique qui en est le sommet.

Aussi bien, dans la classification des sciences, classification qu'il fonde tout entière sur la division même des facultés de l'esprit, Bacon, après avoir rapporté à la mémoire l'histoire, à l'imagination la poésie, et à la raison la philosophie, assigne-t-il à la philosophie même un triple objet : la nature, l'homme et Dieu ; *partitio philosophiæ in doctrinas tres de numine, de natura, de homine*. Manifestement, ce n'est pas là exclure l'esprit ; car, en même temps qu'il est connu, c'est l'esprit qui connaît. Pareil à un miroir enchanté, *speculum quoddam incantatum,* plein de spectres et de visions, *plenum spectris et visionibus*, prestiges qu'il est nécessaire de dissiper, ou encore pareil à un miroir difforme et qu'il faut rendre plan, l'esprit nous donne la nature par un rayon réfléchi, Dieu, par un rayon réfracté.

Il ne suffit pas même à Bacon d'affirmer que la science est créée par l'esprit et qu'il y a une science de l'esprit. Il voudrait qu'on admît une science supérieure qui comprît les axiomes qui ne sont propres à aucune science en particulier, mais qui conviennent en commun à la pluralité des sciences : *Volumus ut designetur aliqua scientia quæ sit receptaculum axiomatum quæ particularium scientiarum non sint propria, sed pluribus earum in commune competant.* De cette façon, se constituerait une philosophie première, qui serait la mère commune de toutes les sciences, *constitutio philosophiæ primæ, ut matris communis omnium scientiarum.* C'est à cette philosophie première que se rattacheraient et la philosophie proprement dite et la physique.

Qu'on ne croie pas effectivement que pour Bacon la physique même aille sans métaphysique. Bacon ne se contente point de diviser la physique en opérative et en spéculative ; la physique spéculative se subdivise, à son tour, suivant lui, en physique spéciale et en physique métaphysiquc, l'une se proposant pour objet de ses recherches la cause efficiente et la matière, l'autre la cause finale et la forme : *physica specialis causam efficientem et materiam, metaphysica finalem et formam inquirit.* C'est d'ailleurs à la philosophie proprement dite que nous devons de nous élever complètement au-dessus du monde des corps. Car seule elle traite de Dieu, de l'homme, de la raison, du langage, de la morale, de la société et de ses lois. Elle est excellemment la science de nous-mêmes, et c'est de son fond, comme d'un trésor, que sont tirées toutes les autres sciences, *scientia nostri, doctrina de anima humana, cujus thesauris omnes cæteræ doctrinæ depromptæ sunt.* Aussi Bacon professe-t-il que sa méthode, ou l'induction, est applicable, de même que la logique vulgaire, non point uniquement aux sciences naturelles, mais à toutes les sciences : *quemadmodum vulgaris logica, non tantum ad naturales, sed ad omnes scientias pertinet, ita et nostra quæ procedit per inductionem, omnia complectitur.* Et on voit, en conséquence, Bacon dresser des tables relativement à la crainte, à la colère, à la pudeur, aux affaires civiles, comme il en dresse à propos du chaud, du froid, de la lumière, de la végétation.

Cependant Bacon a-t-il donc une doctrine de l'âme et une doctrine de Dieu ? Et dès lors, répétons-le, il s'agit d'expliquer comment Bacon, avec une philosophie spiritualiste de la nature, et, telle quelle, une philosophie avouée de l'esprit, comment Bacon a pu et doit être, jusqu'à un certain point, réputé le promoteur des philosophes modernes, qui, dans l'idée de la matière, se sont plus ou moins efforcés d'anéantir l'idée d'esprit ?

Que l'idée de Dieu ait été pour Bacon une idée primordiale, c'est ce qu'on ne saurait contester, et ce n'est même pas sans fondement que l'abbé Émery a publié un livre sur le Christianisme de Bacon. Il n'y a pas en effet une ligne dans les ouvrages du chancelier anglais, où ne soit hautement affirmée cette croyance en Dieu. Ainsi, c'est par une prière que se termine le *De dignitate et augmentis scientiarum*, prière que Bacon répète ailleurs d'une manière solennelle, en même temps qu'il y ajoute une profession de foi : *Precatio sive psalmus, Confessio fidei*. « Je crois, y écrit l'auteur, je crois que Dieu est éternel ; la nature, la matière, les esprits, les essences, tout a commencé, excepté Dieu. » Et les Méditations de Bacon, *Meditationes sacræ*, deviennent le commentaire ému de ces paroles. Chose notable ! ce philosophe de la nature n'a garde de diviniser la nature ; car, de son propre aveu, la nature n'est rien que l'ensemble même des lois établies de Dieu. On connaît, d'autre part, les objurgations véhémentes dont il ne cesse de poursuivre les athées. « Personne ne nie l'existence des Dieux, excepté celui à qui il importe que les Dieux n'existent pas. — Nier Dieu, c'est détruire la noblesse du genre humain. — Il est moins dur de croire aux plus monstrueuses fables de l'Alcoran, du Talmud, de la Légende, que d'admettre qu'un esprit n'est pas présent dans l'organisation de l'univers. » Qu'on ne s'imagine point en effet que l'idée de Dieu ne soit qu'une superstition que dissipe la science. « Si un peu de science nous incline à l'athéisme, une science plus abondante nous reporte irrésistiblement à la notion de Dieu. » — « La religion est un aromate qui empêche les sciences de se corrompre. »

Mais quoi! en rejetant les causes finales, Bacon n'a-t-il pas chassé Dieu de la science? On pourrait répondre que si Bacon déclare les causes finales stériles, il les compare du moins aux vierges consacrées aux autels, lesquelles n'enfantent point. C'est renvoyer les causes finales à la théologie. Et, sans doute, Bacon a pensé ici comme Descartes, non comme Leibnitz, et soutenu fort à tort que la considération des causes finales ne doit jamais intervenir dans la physique. Toutefois, il importe de le remarquer, c'est l'abus des causes finales qui le conduit à en proscrire l'usage. « On prête aux choses des intentions chimériques; on court après la cause première, tandis que l'ignorance des causes secondes n'est certainement pas nécessaire pour adorer la cause première. » Voilà l'abus. Ce n'est donc point parce que les causes finales ne sont pas vraies que Bacon les repousse, mais parce qu'elles ne sont point contenues dans leurs justes limites: *Non quod non veræ sint, sed quod non intra terminos suos coercitæ.* La métaphysique de la physique les a pour objet, ainsi que les causes formelles; surtout elles appartiennent en propre à la métaphysique. Effectivement, « sur le seuil de la philosophie, écrit Bacon, quand les causes secondes, objets immédiats des sens, viennent assaillir l'esprit humain et que l'âme s'y arrête, il se peut que l'oubli de la cause première se glisse à la suite des causes secondes ; mais si l'esprit plus ouvert considère leur dépendance entre elles, leur succession, leur enchaînement et les œuvres qui montrent une providence, on croira facilement avec les poètes que l'anneau suprême de la chaîne de la nature est attaché au pied du trône de Jupiter. » Et ailleurs : « Qu'il y ait un Dieu, qu'il tienne les rênes de tout, qu'il soit souverainement puissant, sage avec prescience, bon, rémunérateur, vengeur, qu'il doive être adoré, tout cela, conclut Bacon, peut être démontré par ses ouvrages, et nombre de merveilleux secrets touchant ses attributs et plus encore touchant le gouvernement et la dispensation universelle, peuvent être sûrement inférés de là et mis en lumière. »

Assurément un tel langage ne laisse place à aucun doute, et, de toute évidence, celui qui le parle ne saurait être accusé d'avoir méconnu que toutes choses conspirent pour une fin que s'est proposée la puissance créatrice. Conséquemment, la physique reste incontestablement, aux yeux de Bacon, une manifestation éclatante de la Divinité.

Néanmoins si la théologie naturelle suffit contre l'athéisme, c'est à la théologie inspirée ou révélée que Bacon estime nécessaire qu'on demande une complète notion de Dieu. Il exige qu'aux données de la raison s'ajoutent les enseignements de la foi, tout en maintenant soigneusement les limites qui de la foi séparent la raison. Un des ouvrages même dont il avait conçu le projet et qu'il intitulait *Sophron,* devait traiter du légitime usage de la raison dans les matières de la foi, *tractatus de legitimo usu humanæ rationis in divinis.*

C'est avec le même sens spiritualiste, mais ici encore avec des restrictions, qui conviendraient mieux, ce semble, à un théologien qu'à un philosophe, que l'auteur de l'*Instauratio magna* envisage la connaissance de l'âme et toutes les connaissances qui s'y rapportent.

D'après lui, « la science de nous-mêmes est

pour l'homme la fin de toutes les sciences. » De la psychologie, la logique, l'éthique ou la morale, la politique, tout dérive. Il n'y a pas lieu de revenir sur la logique de Bacon. Quant à la politique, c'est à peine s'il y a touché, et il paraît le plus souvent bien près de la ramener à une sorte de prudence civile. Cependant, parfois aussi, il prend un ton plus relevé. « La religion, la justice, le conseil, les finances, observera-t-il, sont les quatre colonnes du gouvernement; renversez ou ébranlez l'une, tout tombe dans le trouble et la confusion. » Il blâme Machiavel de n'avoir considéré que ce que les hommes ont coutume de faire et non ce qu'ils doivent faire, *quid homines soleant, non quid debeant*. Au-dessus du bien personnel ou privé, *bonum suitatis*, il n'hésite point à placer le bien public ou le bien de la communauté, *bonum communionis*. Enfin, comment oublier ses *Aphorismes du droit,* ou encore les pages si prisées des jurisconsultes et qu'admirait Leibnitz, où il célèbre cette justice universelle qui dicte les lois des lois ? En somme, et au moins par l'intention, Bacon rattache la politique à la morale.

Ce que Montaigne est à la France, Bacon, en tant que moraliste, l'est à l'Angleterre; et si les *Essais* lui ont servi de modèle, on serait tenté de croire que, sous plusieurs rapports, il les égale dans ces savants Discours, *Sermones fideles, sive interiora rerum,* où Shakespeare a trouvé peut-être quelques-unes des meilleures inspirations de son théâtre, qu'on a pu avec tant de raison appeler la *Bible des Mondains*. C'est bien, en effet, d'une certaine manière, l'intérieur des choses qu'y a décrit Bacon, et avec une pénétration qui atteste en lui le plus fin, le plus délicat, sinon le plus profond des observateurs. Joseph de Maistre lui-même ne pouvait, en lisant ces Discours, s'empêcher de se sentir sous le charme et avouait « que Bacon comme philosophe moraliste et comme écrivain, en un certain sens, aurait toujours des droits à l'admiration des connaisseurs ». Ce n'est pas que la morale de Bacon repose sur de très solides principes ou ne comprenne que de très pures maximes. Il a beau articuler que l'utilité ou le succès n'est point la mesure de toutes choses, et que les actes sont plus estimables par leur conformité au vrai que par le profit qu'on en tire : *non omnia ex utilitate metienda aut successu, opera ipsa pluris facienda quatenus sunt veritatis pignora quam propter vitæ commoda;* au fond, il est un maître d'ambition, et ce qu'il excelle à enseigner, c'est l'art de parvenir, *de ambitu vitæ, faber fortunæ.* Ne lui demandez, par conséquent, ni une théorie des devoirs, ni même une discipline ou ce qu'il appelle une géorgique de l'âme ; sur ces points essentiels, il renvoie à la religion.

C'est qu'en effet la morale de Bacon vaut précisément ce que vaut sa psychologie. Or sa psychologie est en quelque façon simplement descriptive. Observer les phénomènes de l'âme, démêler ses mouvements, pénétrer les détours où les passions se jouent, en déterminer le siège, c'est là, suivant lui, ce que doit se proposer, avant tout, quiconque ne veut pas se repaître de fantômes et se leurrer de prestiges : *Qui primum et ante alia omnia animi motus non explorabit ibique scientiæ meatus et eorum sedes accuratissime descriptas non habuerit, is omnia larvata et velut incantata reperiet.* Une telle observation est la condition, comme aussi elle est le terme de la connaissance d'autrui et de soi-même, et le problème même des rapports du physique et du moral, *doctrina de fœdere,* ne comporte d'autre solution qu'une analyse plus ou moins complète de faits bien constatés.

Évidemment, à ce compte, toute la psychologie de Bacon se réduit à cette psychologie importante certainement, mais insuffisante, qu'on nomme psychologie expérimentale, pour la distinguer, à tort ou à raison, de la psychologie dite rationnelle, c'est-à-dire de la psychologie qui donne, avec le sujet des phénomènes, leur première cause ou principe. Et en effet rien de plus pauvre que la doctrine de Bacon concernant la nature de l'âme. Il distingue, il est vrai, une âme rationnelle, *spiraculum,* souffle émané de Dieu, et une âme irrationnelle, *spiritus,* souffle sorti des matrices élémentaires. Il estime, dès lors, que l'homme diffère des bêtes en essence, non simplement en degré ; car tandis que les bêtes n'ont qu'une âme sensible, *anima,* agent psychique commun à tous les êtres animés, c'est une âme raisonnable ou intellect, *mens rationalis,* qui est le propre de l'homme. Mais que sont en elles-mêmes, et chacune prise à part, ces deux âmes ? Comment expliquer en nous leur dualité ? Qu'est-ce notamment que l'âme raisonnable ? Quelle est son origine ? Et si on aime à se persuader que cette âme est immortelle, comment se prouve son immortalité ? Sur toutes ces questions, Bacon reste muet, ou de nouveau renvoie à la religion.

Ainsi, soit qu'il s'agisse de l'homme, soit qu'il s'agisse de Dieu, Bacon omet ou pose, sans les résoudre, les problèmes qui nous importent le plus. Abondantes en vives images, ses théories superficielles n'atteignent guère que les apparences. Défiant des forces de la raison, il ne cesse d'en appeler à la foi, et se montre, en définitive, plutôt croyant que philosophe. L'étude même de la nature, telle qu'il la comprend, n'embrasse que les phénomènes et leurs rapports, et nullement les causes ou les substances. L'utilité que cette étude présente en fait d'ailleurs, à son sens, tout le prix, et pour tout dire, c'est moins en savant, comme le remarquait Harvey, c'est moins en savant qu'en lord grand chancelier, que Bacon a traité de la science.

Entendue dans un sens aussi étroit, pleine de pareilles lacunes et entachée de semblables défauts, la philosophie de Bacon est à coup sûr incapable de satisfaire les moins exigeants. Aussi bien, Bacon paraît-il avoir eu le sentiment douloureux de son impuissance comme restaurateur de la connaissance humaine, autant que de ses défaillances comme homme d'État. « Heureux ceux, s'écriait-il, en faisant un retour douloureux sur lui-même, heureux ceux dont le caractère s'accorde avec le genre de vie ! autrement, ils peuvent dire : *multum incola fuit anima mea*. Mon âme n'a été pour moi qu'une étrangère. » C'est également avec un accent de mélancolie inattendue et touchante, que finalement il déclare : « Qu'il est plus digne de croire, que de savoir comme nous savons sur la terre. »

III

Quelque incomplète et imparfaite que soit la philosophie de Bacon, on y découvre aisément, à la prendre dans son ensemble, quel fut le véritable génie de son auteur. Interprète spiritualiste de la nature, philosophe religieux, et religieux jusqu'à abdiquer, par faux et paresseux mysticisme, la raison ; voilà, en réalité, ce que fut Bacon. Voici ce qu'en ont fait les philosophes du dix-huitième siècle : un fauteur, un apôtre d'empirisme pur et simple, et par l'empirisme, de matérialisme et d'athéisme.

Ne parlons que pour mémoire, du décret par lequel, sur le rapport de Lakanal, la Convention autorisait, le 25 brumaire an III, son comité d'instruction publique à faire imprimer, aux frais de la nation, une traduction de Bacon, « si ledit comité estimait que cette traduction pouvait hâter le progrès de la philosophie et de la raison ». « Bacon, écrivait Lakanal dans son rapport, Bacon pauvre, négligé dans sa patrie, léguait en mourant son nom et ses écrits aux nations étrangères ; c'est à nous, c'est aux hommes de la liberté, à recueillir la succession des martyrs de la philosophie. »

Il est difficile de ne pas amèrement sourire à voir ranger parmi les martyrs de la philosophie le lord grand chancelier, baron de Vérulam, vicomte de Saint-Alban, le maître fastueux de l'opulent domaine de Gorhambury, l'ami complaisant de Buckingham, le favori concussionnaire de Jacques Ier, le philosophe enfin qui, en toute circonstance, se montra si tristement fidèle à sa triste devise : *gloria in obsequio !*

Une chose toutefois est à retenir du rapport emphatique et surprenant de Lakanal, lequel ne paraît pas d'ailleurs avoir été suivi d'effet : c'est qu'il juge les théories baconiennes favorables au progrès de la liberté et de la raison. Or, quelles sont, pour la plupart des écrivains ou des politiques de l'époque à laquelle appartient Lakanal ou qui ont préparé cette époque, les conditions de ce progrès ? On ne saurait le nier : ce sont le matérialisme et l'athéisme, et ainsi c'est un matérialiste et un athée qu'implicitement se plaisent à exalter dans Bacon les contemporains de Lakanal.

Telle est en effet la réputation que peu à peu avaient créée à Bacon les philosophes du dix-huitième siècle. D'Alembert commence par le représenter, d'une manière détournée, comme un déiste. « On serait tenté, observe-t-il, de regarder Bacon comme le plus grand, le plus universel et le plus éloquent des philosophes ; mais ce grand homme, après avoir brisé tant de fers, était encore retenu par quelque chaîne qu'il ne pouvait ou n'osait rompre. » C'est aux *Cogitata et visa de interpretatione naturæ* de Bacon que Diderot emprunte le titre et « pour ainsi dire le premier jet » de ses *Pensées sur l'interprétation de la Nature*, insinuant presque de la sorte que c'est au chancelier qu'il doit, avec les expressions dont il se sert, les maximes d'athéisme qu'il étale dans cet écrit. Après Deleyre et d'après son analyse de la philosophie de Bacon, publiée en 1755, Naigeon va plus loin ; il déclare que « Bacon est un vieil enfant qu'il ne faut pas écouter quand il parle de Christianisme », mais seulement « dans des instants lucides où, sorti de cet état d'orgasme, et maître de lui-même, *sui compos,* il pouvait faire usage de toutes les forces de son entendement ».

Plus tard, en l'an VIII (1800), le premier traducteur français de Bacon, Antoine Lasalle, décidera tout. « Chargé par le vœu général et en quelque manière par le Gouvernement (du moins il se le persuade) d'interpréter les ouvrages de ce grand homme, » Lasalle, qui les arrange à sa guise, croira rendre service au lecteur en supprimant, dans les écrits du chancelier, ce qu'il appelle de ridicules *Oremus,* et cherchera à faire franchement de l'auteur un athée.

C'est, à n'en pas douter, c'est ce Bacon matérialiste et athée qui a excité la colère croissante du comte de Maistre. Dans les *Soirées de Saint-Pétersbourg,* de Maistre, sous le sarcasme même, gardait encore envers Bacon quelque mesure.

« Bacon, y disait-il, fut un baromètre qui annonça le beau temps, et parce qu'il l'annonçait, on crut qu'il l'avait fait. Walpole, son contemporain, l'a nommé le prophète de la science ; c'est tout ce qu'on peut lui accorder. » Dans l'*Examen de la philosophie de Bacon*, c'est une condamnation absolue que porte de Maistre contre le philosophe anglais, et, au lieu de s'en prendre au dix-huitième siècle pour avoir défiguré Bacon, c'est, au contraire, à Bacon qu'il s'en prend pour avoir corrompu le dix-huitième siècle. « Bacon, écrit-il, Bacon, qui est sans exception le père de toutes les erreurs, n'a pas émis une seule parole damnable qui n'ait été doublée par quelque écho du dix-huitième siècle. — Si les philosophes de cette époque, si flétrissante pour l'esprit humain, ont tant aimé et célébré Bacon, c'est qu'ils n'ont pas soutenu une erreur (et ils les ont toutes soutenues), dont il ne leur ait présenté le germe déjà plus qu'à demi développé. » Tout excessive qu'elle soit, cette âpre critique ne s'en trouve pas moins, en partie, justifiée. Il est facile, en effet, de noter dans la philosophie de Bacon les manques et les équivoques, d'où ont pu prendre naissance, chez les philosophes du siècle dernier, les plus regrettables erreurs.

En physique comme en métaphysique, l'unique objet que Bacon reconnaisse à la science, c'est l'observation des faits, et, par les faits observés, la détermination des lois. Il n'est pour lui, en réalité, question ni de substances ni de causes. C'est ainsi qu'il se borne, à peu près, à affirmer l'existence de l'âme et l'existence de Dieu, ne produisant presque à l'appui de ses affirmations d'autre preuve que le témoignage des Écritures et l'autorité de la théologie. Après lui, on ramènera à l'idée de succession l'idée de cause, à l'idée de collection l'idée de substance, et les idées de l'âme et de Dieu ne seront plus guère considérées que comme des abstractions ou de gratuits postulats.

Cependant, quand on parle de collection et de succession, sans remarquer que ce sont là des idées disparates ou qui même s'excluent, sans s'inquiéter davantage d'assurer à cette collection un lien qui la maintienne après lui avoir assigné un collecteur qui l'ait formée, il faut bien en venir à se demander de quels faits ou phénomènes il y a succession et collection. Or, en dépit de son rare talent d'observateur psychologue, l'observation de Bacon est en quelque sorte entièrement tournée vers le dehors, et c'est du dehors, ou du moins de la sensation, qu'il semble tirer toutes choses, *sensus a quo omnia in naturalibus petenda sunt, nisi forte libeat insanire.* Mais si tout procède du dehors et nous arrive par les sens, il n'y a plus rien d'*a priori.* Et, en effet, les prétendus axiomes de Bacon se réduisent à des propositions générales que lui suggère la considération de cas particuliers. Conséquemment, toute innéité devient chimérique et la table rase prévaut. D'autre part, s'il y a table rase, où trouver la base de la morale, et comment fonder la justice? Aussi bien Bacon, qui compte au nombre des moralistes les plus pénétrants, n'a-t-il pourtant jamais pris souci de critiquer ni même d'assigner les idées primordiales sur lesquelles la morale repose. Par là, évidemment, la notion du juste est mise en péril et la vie humaine demeure livrée à l'empire de la force ou aux calculs de l'intérêt. Ajoutons-le: s'il y a table rase et que nous n'obtenions d'idée que par les sens, comme la sensation a pour cause immédiate et nécessaire l'impression, c'est à l'impression que tout se ramène. Dès lors, tout n'est-il pas fatal? Et comment admettre la liberté? Bacon n'en traite effectivement jamais. Enfin ce n'est sans doute pas calomnier Bacon que d'observer qu'il n'a pas peu contribué, quoiqu'à son insu, à perpétuer, en l'accréditant, l'équivoque qui tend à identifier avec Dieu la nature ou plutôt à ériger la nature elle-même en divinité. De conséquences en conséquences, on en vient donc très aisément et très vite à conclure que, d'après Bacon, tout se réduit logiquement au physique ou au corps, seul milieu concevable des mouvements et des impressions. C'est ainsi que non seulement les Encyclopédistes, mais encore les philosophes matérialistes ou sensualistes qui les ont précédés, un Thomas Hobbes, le disciple chéri de Bacon, un Collins, un Dodwell ont pu, d'une manière plausible, abriter du nom de Bacon leurs avilissantes et désespérantes théories.

Certes, ces théories, Bacon les aurait complètement désavouées, et il semble même qu'il eût pris à tâche de les prévenir. Car s'agit-il de l'âme?

loin de la nier, il professe que c'est de la science de l'âme que découle toute science. S'agit-il de Dieu? le sentiment et la finalité lui en démontrent surabondamment l'existence. Au lieu de rapporter tout à la sensation, il tient que nous n'en obtenons rien, si la pensée ne l'interprète. Tant s'en faut qu'il méconnaisse qu'il y a des principes, qu'il en fait l'objet d'une philosophie première et va jusqu'à introduire dans la physique une métaphysique. D'autre part, qu'est-ce pour lui que la justice? la loi universelle; la morale? la conformité au vrai, indépendamment de l'utilité ou du succès; l'homme; le ministre et interprète de la nature, afin d'en devenir le dominateur: *Homo naturæ minister et interpres, tantum facit et intelligit, quantum naturæ ordine observaverit.*

A beaucoup d'égards, on ne saurait assurément mieux dire. Mais le malheur est que ce ne sont là que des vues éparses, de simples assertions jetées comme au hasard, et qui ne se coordonnent point en un système approfondi et fortement organisé. Bacon, qui, malgré des recherches curieuses, ne s'est fait qu'une idée assez vague de la matière, Bacon n'a conçu également qu'une idée au moins aussi incomplète de l'esprit, quoiqu'il en ait constaté et célébré la puissance créatrice. Cédant aux instincts de sa race, dont Hegel remarque, après beaucoup d'autres, « que la réalité matérielle seule l'intéresse et que les Anglais sont parmi les nations ce que les artisans et les marchands sont dans les états » ; cédant aux influences de son temps, aux inspirations de son propre génie, Bacon s'est uniquement préoccupé de rendre l'homme maître de l'univers ; il n'a point songé, ce qui pourtant importe bien davantage, à mettre l'homme, par la science, en possession de lui-même. C'est pourquoi, sans le vouloir, il a suscité ou autorisé les philosophes qui, de toutes façons, ont pris à tâche de ramener à l'idée de matière l'idée d'esprit, et ce légiste illustre, ce moraliste délicat est devenu, contre ses intentions manifestes, le fauteur de ceux qui ne jurent que par leurs yeux et par leurs mains, assurés qu'ils croient être que ce qui ne se voit pas et ne se touche pas n'existe pas.

C'est Descartes, qui, tout en soumettant l'idée de matière à une analyse nouvelle, car Descartes ne prétendra rien moins qu'expliquer l'universalité des choses; c'est Descartes qui, dans les temps modernes, sera le théoricien de l'idée d'esprit, théoricien incomparable, mais reprochable à son tour; parce qu'il inclinera la philosophie à ramener, par un excès opposé, l'idée de matière à l'idée d'esprit.

ROBERT BOYLE ET L'IDÉE DE NATURE

Il n'y a peut-être pas de mot plus familier à la fois et plus solennel, plus compréhensif quand on le prononce et plus vague lorsqu'on l'analyse, de plus de clarté apparente et néanmoins d'une plus grande obscurité que le mot « nature ». Sans qu'on se préoccupe d'attacher à ce mot une idée nettement définie, il se trouve, à chaque instant et sur tout sujet, employé dans tous nos discours. Il devient la clef de tous les problèmes qui se présentent spontanément à tous les esprits, et la plupart des hommes s'imaginent avoir atteint la dernière raison des choses, quand ils ont dit d'un phénomène quelconque qu'il est naturel ou qu'il a pour cause la nature. Les philosophes eux-mêmes trop souvent sont peuple en cela.

Ce serait effectivement tracer, en quelque manière, un complet tableau des vicissitudes de la pensée humaine, que de rappeler, en les discutant, les sens divers qu'à travers les âges le mot « nature » a successivement revêtus dans les doctrines de la philosophie. Cette revue critique offrirait d'ailleurs, de toute évidence, avec un véritable attrait une incontestable utilité ; car ne serait-ce point remonter à la source première des équivoques les plus pernicieuses et ainsi se mettre à même de dissiper les plus regrettables erreurs ? Ouvrez, pour ne parler ici que de ce qui nous touche de plus près, ouvrez les publications du siècle dernier : quel facile usage, ou plutôt quel abus inqualifiable n'y font pas, à tout moment, du mot « nature », comme du mot « vertu », les écrivains les plus autorisés ou les plus populaires ! Toute l'histoire philosophique, religieuse, politique du dix-huitième siècle se réfléchit, pour ainsi dire, dans l'histoire même de l'emploi que le dix-huitième siècle s'est permis de ces deux mots. Et, si du dix-huitième siècle. qui va jusqu'à proclamer, dans ses excès d'extravagance révolutionnaire, « qu'il n'y a pas d'autre Dieu que la nature », nous nous reportons au temps présent, comment ne pas constater que nombre de théories et des plus bruyamment prônées ne sont, à cette heure, autre chose que d'arbitraires hypothèses où le mot « nature » joue un rôle prédominant?

Définir l'idée de nature, la dégager des ténèbres qui l'enveloppent, découvrir tous les sophismes et dissiper tous les malentendus que ces ténèbres mêmes ont permis d'accumuler, substituer enfin à des abstractions vaines ou à de trompeuses images une claire et solide notion de la nature, ce serait donc rendre à la science un service d'une haute portée. Or, c'est précisément un semblable travail que présente, réalisé dans ses traits les plus essentiels et exécuté de main de maître, un opuscule demeuré jusqu'à présent fort négligé et qui est dû à un penseur plus célèbre lui-même qu'il n'est connu. Je ne sache, en effet, de nos jours, que Chaufepié[1],

---

[1] *Nouveau Dictionnaire historique et critique pour servir de supplément ou de continuation au Dictionnaire historique et critique de M. Pierre Bayle.* — ARTICLES BOYLE. Ces articles comprennent les détails les plus intéressants et les plus étendus sur toute la famille des Boyle et sur Robert Boyle en particulier. Tou-

Hallam[1] et Dugald Stewart[2], qui, après Leibnitz[3], aient mentionné cet écrit. Et cependant l'ouvrage et l'auteur méritent, à coup sûr, qu'on s'y arrête ; car, tandis que l'ouvrage s'impose à l'attention par son sujet même, l'auteur compte au nombre des savants, toujours si rares, qui ont honoré l'espèce humaine par leur caractère autant que par leur génie ; je veux parler de Robert Boyle.

---

tefois, c'est à peine si quelques lignes y sont consacrées à l'ouvrage qui nous occupe.

[1] *Histoire de la Littérature de l'Europe pendant les* xv°, xvi° *et* xvii° *siècles* (trad. Borghers, Paris, 1840, 4 v. in-8), t. IV, p. 398.

[2] *Histoire abrégée des Sciences métaphysiques, morales et politiques, depuis la renaissance des lettres* (trad. Buchon. Paris, 1823, 3 v. in-8), t. III, p. 152, en note : « Je me contenterai de rappeler le nom de Boyle, à qui le monde est redevable, non seulement de remarques très fines et d'éclaircissements aussi neufs qu'ingénieux sur des questions métaphysiques du plus haut intérêt, mais encore de ces arguments philosophiques en défense de la religion qui ont ajouté tant d'éclat à la réputation de MM. Derham et Bentley, et surtout d'un homme bien au-dessus d'eux, à celle de Clarke. On trouve les remarques et éclaircissements dont je veux parler dans son *Examen des notions vulgaires sur la nature*, et dans son *Essai pour déterminer si un naturaliste doit considérer les causes finales, et comment il doit les considérer*. Dans ces deux ouvrages, Boyle déploie un talent qui aurait pu l'élever au rang de Descartes et de Locke, si son goût et son inclination ne l'eussent point entraîné fortement vers des recherches d'un autre genre. *Il me semble que ces deux ouvrages ne sont pas aussi connus qu'ils le mériteraient.* »

[3] *Opera philosophica omnia* (Erdmann, Berolini, 1840, in-4), p. 154. *De ipsa natura sive de vi insita creaturarum.*

I

Robert Boyle était le septième fils de Richard Boyle, comte de Cork, que l'on désignait de son temps sous le titre de *Richard le Grand*, et qui fut un des personnages les plus considérables du règne d'Élisabeth. Il naquit en Irlande, à Lismore, en 1626, c'est-à-dire l'année même où mourait Bacon, qui devait être son maître préféré et dont les écrits éveillèrent son génie. Sollicité d'entrer dans l'Église anglicane, dont il eût été une des lumières, la haute idée qu'il se faisait des obligations du ministère sacré l'empêcha, entre autres raisons, d'embrasser une carrière où l'appelaient les sentiments de la piété la plus tendre et la plus vive. Il devait appartenir tout entier à la science.

Après avoir visité la Hollande, la France, la Suisse et l'Italie, Boyle, rendu, par la mort de son père, possesseur d'une fortune immense, revint en Angleterre pour n'en plus sortir. Il se fixa d'abord à Oxford, puis habita tour à tour sa terre de Stalbridge et Londres, où il passa les quarante dernières années de sa vie chez sa sœur Catherine, comtesse de Ranelaugh, femme supérieure et digne en tout d'un tel frère. Ce fut au retour de ses voyages, vers 1647, que Boyle devint l'âme d'une société de savants qui s'assemblaient à Oxford, tantôt chez lui, tantôt chez le docteur Wilkins, principal de Wadham College. De ces réunions naissait bientôt (1660) la Société Royale, finalement transportée à Londres, qui reçut en 1662 sa charte d'incorporation, et dont Boyle déclina la présidence, après en avoir été, en grande partie, le promoteur.

Les agitations sanglantes qui, à cette époque, bouleversèrent l'Angleterre, troublèrent sans doute, mais ne purent interrompre le cours des nobles travaux de Boyle, non plus qu'elles ne changèrent rien à ses habitudes de munificence et de charité. En tout temps sa maison resta ouverte à tous; ses laboratoires, ses bibliothèques étaient devenus des lieux d'étude pour ses nombreux amis ; tous les étrangers de marque, un Leibnitz, par exemple (et Leibnitz lui doit peut-être beaucoup plus qu'à Glisson), recherchaient son commerce [1] ; quiconque s'était voué à la science acquérait des droits immédiats à sa protection. C'est ainsi que, sur la recommandation de Christian Huygens, il accueillit notre savant et infortuné compatriote Denis Papin, qui, de 1676 à 1679, dirigea son cabinet de physique, et auquel, en 1680, il ouvrait l'entrée de la Société Royale de Londres [2].

Cependant Boyle, qui avait appris le grec et les langues orientales, uniquement afin de pouvoir lire les Écritures dans les textes originaux,

---

[1] Cf. Dutens, *Leibnitii Opera omnia*, etc. (Genevæ, 1768, 6 v. in-4, t. III, p 446). Lettre à Mme la Comtesse de Kilmansegg, 1716 : « Je fis un tour à Londres, et m'y trouvant au commencement de l'année 1673. quoique je n'y fisse point un long séjour, je ne laissai pas de faire connaissance avec M. Oldenbourg, secrétaire de la Société des Sciences, que le roi Charles II avait érigée ; et comme j'aimais un peu la chimie, je pratiquai M. Boyle. » — Qu'il me soit permis de renvoyer à mon livre sur la *Philosophie de Leibnitz* (Paris, 1860, in-8).

[2] Cf. *La vie et les ouvrages de Denis Papin*, par L. de la Saussaye et A. Péan, de la Société académique de Blois (Paris, 1869, in-8).

Boyle faisait traduire à ses frais le Nouveau Testament en langue malaise, et en arabe le traité de Grotius, *de la Vérité de la Religion chrétienne;* il contribuait largement à l'impression d'éditions de la Bible en gallois et en irlandais; il secondait l'établissement de missionnaires aux Indes ; et enfin, préparant, par son initiative, les fondations de lord Bridgewater, il instituait, pour la défense du Christianisme, des lectures annuelles encore désignées par son nom, d'où devaient résulter, avec les savants sermons d'un Derham, d'un Bentley, d'un Burnet, les beaux discours de Samuel Clarke sur l'existence de Dieu. Sectateur de Bacon et même de Descartes, Boyle, comme Descartes et comme Bacon, estimait qu'expliquer l'univers c'était, en effet, y rechercher avant tout les causes efficientes. Il déclarait « qu'un naturaliste, qui veut mériter ce titre, ne doit pas souffrir que la recherche ou la connaissance des causes finales lui fasse négliger la recherche industrieuse des causes efficientes ». Mais, à la différence de ses illustres devanciers, Boyle ne séparait jamais de la recherche des causes efficientes la considération de la finalité, déclarant noblement « vouloir travailler à la gloire de Dieu en même temps qu'au bonheur du genre humain [1] ». C'était se montrer fidèle à la devise qu'il avait adoptée :

Ex rerum causis supremam cognoscere causam.

Tant de vertu uni à tant de savoir ne pouvait manquer d'inspirer la sympathie et commandait le respect. Aussi, ignoré ou volontairement oublié sous Cromwell [2], Boyle continua-t-il à jouir auprès de Jacques II et de Guillaume III de la faveur que déjà lui avait témoignée Charles II, qui lui offrit la pairie qu'il refusa. Il mourait à

---

[1] Cf. CHAUFEPIÉ, *Article* ROBERT BOYLE. « Il était toujours constant dans ses élévations secrètes à Dieu... Ce sentiment était si profondément gravé dans son cœur, qu'il finit l'article de son testament qui regarde les membres de la Société Royale par ces paroles : « Je leur souhaite un heureux succès dans les louables « efforts qu'ils font pour connaître la véritable nature des ouvrages « de Dieu ; et je prie ce même Dieu, qu'eux et tous ceux qui s'ap- « pliquent aux recherches naturelles puissent rapporter de tout « leur cœur toutes leurs découvertes à sa gloire et au bonheur du « genre humain. »

[2] Cf. CHAUFEPIÉ, *Article* ROGER BOYLE. « Ce troisième fils de Richard Boyle, baron de Broghill et premier comte d'Orrery, qui devait plus tard assurer l'Irlande à Charles II, commença par s'engager à servir sous Cromwell contre les rebelles de cette même Irlande, ce qu'il fit avec beaucoup de courage et de succès. On s'explique donc fort bien l'indulgence calculée du Protecteur pour la famille des Boyle, d'ailleurs foncièrement royaliste. »

Londres en 1691, à l'âge de soixante-cinq ans, et ses cendres recevaient le suprême hommage que l'Angleterre, jalouse de sa gloire, décerne à tous ceux de ses enfants qui ont agrandi son nom, poètes ou savants, orateurs ou capitaines, hommes d'État ou explorateurs héroïques ; hommage que naguère encore elle accordait comme dernière récompense à Livingstone. Boyle était enterré à Westminster.

II

D'Alembert ne craignait point d'appeler Boyle « le père de la physique expérimentale ». Le nom de Boyle ne semble guère pourtant connu de nos jours que par sa découverte du sulfure d'ammoniaque hydrogéné, qui, en souvenir de son inventeur, a retenu l'appellation de *liqueur fumante de Boyle*.

Quoiqu'il le déclare « plus physicien que chimiste », un de nos contemporains qui honore singulièrement la science française, M. Chevreul, a rendu à Boyle meilleure justice [1]. Non seule-

---

[1] *Journal des Savants* 1850, p. 284, article E. *Chevreul* sur *l'Histoire de la chimie depuis les temps les plus reculés jusqu'à notre époque*, par le Dr Hoëfer, t II, 1843.

ment, en effet, grâce à son goût pour la méthode expérimentale autant qu'à sa grande fortune, Boyle donna l'exemple de se servir de machines et d'instruments de précision, perfectionnant lui-même la machine pneumatique d'Otto de Guérick; mais, sur les sujets les plus divers, ses investigations furent des plus heureuses. Après avoir étudié l'eau au double point de vue de la physique et de la chimie, s'il ignora la nature chimique de l'air, il en connut la nécessité dans la combustion, la fermentation du moût, la nitrification aussi bien que dans la respiration. On lui doit, avec l'emploi d'un certain nombre de réactifs, la distinction fondamentale des combinaisons et des mélanges. D'un autre côté, un des premiers, le premier peut-être, envisageant les actions moléculaires sous un aspect tout nouveau, il affirma scientifiquement la doctrine des atomes. Ses études portèrent même sur plusieurs parties de l'histoire des corps vivants. C'est ainsi qu'il écrivit d'excellentes pages sur l'utilité et le bon usage des médicaments simples, ou encore se livra avec Wren à des expériences de toxicologie sur les animaux. Enfin, sans parler de tant d'autres recherches [1], qui, malgré ses explications surtout mécaniques des phénomènes de la chimie, le peuvent justement faire considérer comme le fondateur en chimie de l'analyse, son *Chimiste sceptique,* publié en 1661, contribua puissamment, par une critique pénétrante des théories chimiques, à ruiner la doctrine de l'école de Van-Helmont, et, sans Robert Boyle, il est possible que nous n'eussions pas eu Lavoisier. « Boyle surtout, écrit W. Herschell dans son *Discours sur l'étude de l'Histoire naturelle,* Boyle surtout parut animé d'une ardeur qui le poussa d'expérience en expérience, sans lui laisser un moment de repos [2]. » — « J'ai envisagé la chimie en philosophe, écrivait Boyle lui-même, et non en médecin et en alchimiste. Partant de là, j'ai tracé le plan d'une philosophie chimique que je serais heureux de voir complétée par l'expérience [3]. » C'est pourquoi,

[1] Cf. Thomson, *Hist. of Royal Society*; Hoëfer, *la Chimie enseignée par la biographie de ses fondateurs* (Paris, 1865, in-12, p. 53 et suiv.). — Voyez aussi la très maigre notice que Condorcet a consacrée à Robert Boyle. Condorcet, *Œuvres complètes* (Paris, 1847, 12 v. in-8, t. II, p. 104 et suiv.).
[2] Trad. de l'anglais (Paris, 1834, in-12, p. 107-227).
[3] *Discours préliminaire.*

nul doute que les œuvres de Boyle, qui ne comptent pas moins de cinq volumes in-folio dans l'édition de 1744 (Londres), et de six volumes in-quarto dans celle de 1772 (*ibid.*), ne contiennent nombre d'informations ou de données intéressantes encore à cette heure pour les chimistes et les physiciens. De ce recueil étendu où sont compris d'autres et importants ouvrages de métaphysique et de théologie [1], je ne me propose d'ailleurs d'examiner que le traité où Boyle s'est appliqué à définir l'idée de nature. « Boyle, observait Sterne, avait étudié les Écritures comme commentateur et comme prêtre; ses facultés étaient grandes, son sentiment religieux exalté [2]. »

[1] Consultez dans CHAUFEPIÉ, *article* ROBERT BOYLE, le catalogue raisonné des œuvres volumineuses du savant anglais. Voyez notamment : *Dissertation sur les causes finales des choses naturelles; Discours sur les choses qui sont au-dessus de la raison; Considérations sur les moyens de concilier la raison avec la religion; le Virtuose chrétien; Traité sur l'excellence de la théologie; Considérations sur le style des Écritures; Discours sur la vénération profonde que l'entendement humain doit à Dieu.*

[2] *Œuvres posthumes, le Koran*, Partie III, trad. Alf. Hédouin (Paris, 1855, p. 268).

III

Rédigé d'abord en anglais, puis traduit en latin par un admirateur de Boyle, tout semble fait dans le traité *De ipsa natura* pour attirer l'attention : son titre, l'épigraphe que Boyle a choisie et jusqu'à l'histoire de cette composition ; car cet opuscule a eu son histoire. Terminé en 1666, les feuillets épars en étaient restés entre les mains d'un secrétaire auquel Boyle l'avait dicté, et qui subitement, à l'insu de tous, s'embarqua un beau matin pour les Indes, sans que jamais depuis on entendît parler de cet étrange personnage [1]. Il s'ensuivit que ce ne fut

---

[1] *De ipsa natura*, etc. (Londini, 1687, in-18), *Præfatio Authoris.*

qu'en 1682 que, cédant aux sollicitations de quelques-uns de ses disciples, Boyle se décida à rappeler et à mettre en ordre des souvenirs déjà vieux. De là une publication intitulée : *De la nature en elle-même, ou libre recherche touchant la notion communément reçue de nature. De ipsa natura, sive libera in receptam naturæ notionem disquisitio, ad amicum.* Or, si le titre de cette dissertation en indique clairement l'objet, l'épigraphe qu'y ajoute Boyle en accuse encore plus expressément l'esprit. Elle consiste dans cette virile maxime de Galien : « *Il faut oser et rechercher la vérité, parce qu'alors même que nous ne l'atteindrions pas, nous nous en rapprocherons néanmoins davantage.* » — « *Audendum est et veritas investiganda ; quam etiamsi non assequamur, omnino tamen propius quam nunc sumus, ad eam perveniemus.* »

Suivant Boyle, il s'agit de savoir si la nature est un être, ou si, en définitive, la nature ne se réduit pas à un pur concept. Est-ce un être divin, *res divina,* ou ne serait-ce point plutôt une abstraction réalisée, *res mere notionalis,* comme la fortune, le destin, le hasard, la mort, la cécité ?... Importante question ! Ce n'est pas, en effet, uniquement le vulgaire ; ce ne sont pas uniquement tous ceux qu'il conviendrait mieux de nommer *naturistes* que *naturalistes, naturistæ magis quam naturalistæ*, à savoir les érudits, les logiciens, les orateurs, les avocats, les arithméticiens, *eruditi, logici, oratores, causidici, arithmetici ;* ce ne sont pas là uniquement ceux qui font de la nature une demi-divinité, *semideitas,* et comme une sorte d'anti-pape, *antipapa.* Les naturalistes, de leur côté, se laissent d'ordinaire emporter à cette apothéose. Il en résulte que, divinisant la nature, qui n'est pas même l'auxiliaire de Dieu, *natura non vicarius Dei,* ils oblitèrent, obscurcissent dans les esprits l'idée de Dieu, en même temps qu'ils se détournent eux-mêmes de la recherche des causes. C'est contre cette erreur et ses funestes conséquences que Boyle entreprend de réagir.

Vainement lui opposerait-on l'opinion commune, *recepta naturæ notio*. L'opinion lui est comparable à la monnaie ; ce n'est pas à l'inscription qu'elle porte, ni à l'effigie dont elle est empreinte, c'est à la qualité du métal qu'il faut principalement regarder. Ne craignez point, d'autre part, que Boyle se prononce ici comme théologien, ni même, quoique chrétien convaincu, comme chrétien. C'est en physiologiste, en naturaliste, qu'il essayera modestement, mais hardiment, de résoudre la question qu'il a soulevée [1]. Or, un naturaliste s'enquiert, non de ce qui est cru, mais de ce qui doit être cru, *non quid creditur, sed quid credendum* ; il lui faut oser, *audendum est*; il discute librement, *libera disquisitio* ; il est libre penseur.

Généreuses et fécondes paroles, bien dignes d'un contemporain de Descartes, de Galilée, de Torricelli, de Pascal ; paroles souverainement raisonnables, qui, en n'assignant aux libres recherches du savant d'autre limite que la réalité même qu'il poursuit, mais en lui assignant comme infranchissable cette limite même, coupent court à tant de déclamations impertinentes et creuses sur la libre philosophie et sur la libre pensée, lesquelles, si fréquemment, se résolvent en une absolue liberté de caprice ou d'intolérance !

---

[1] *De ipsa natura*, p. 176 : « *Dubitans potius veritatis indagator, quam instar hominis ejusdem inventæ fiducia intumescentis.* »

Boyle croit du reste devoir s'enquérir, avant tout, d'où sont nées et comment se sont accréditées les équivoques dont abonde le mot « nature ». A son avis c'est Aristote, qui, plus que tout autre, a contribué à pervertir, à fausser le sens de cette expression. Car non seulement Aristote a professé l'éternité du monde, mais c'est lui qui dogmatiquement a remplacé par la nature la providence. De là les innombrables théories de l'âme du monde et de la divinité de la nature ou du monde que le stoïcisme notamment a mises en honneur et dont on lit chez Pline l'Ancien, ou chez Sénèque, les formules tant d'autres fois reprises et péniblement rajeunies. « Le monde, dit Pline l'Ancien, et ce que, sous une autre dénomination, il a plû d'appeler le Ciel, dont la courbure recouvre toutes choses, le monde doit être tenu pour la Divinité éternelle, immense, ni engendrée, ni périssable. Le monde est sacré, éternel, immense, tout en tout, ou plutôt le tout lui-même, fini et semblable à l'infini, au dehors, au dedans, embrassant tout en lui, ouvrage de la nature et la nature même des choses[1]. » D'une manière plus brève et

[1] *Natural. Hist.*, l. II, ch I. « *Mundum et hoc quod alio*

aussi plus expressive : « La nature, écrit Sénèque, n'est rien sans Dieu, ni Dieu sans la nature ; c'est un même être que l'un et l'autre. » — « *Natura nihil sine Deo est, nec Deus sine natura; sed idem est uterque* [1]. »

Tel est précisément le langage que Boyle regrette de retrouver chez quelques-uns de ses contemporains, qui, à la faveur d'appellations nouvelles, se mettent à restaurer les erreurs des païens : « *Non ita pridem novorum nominum tegmine errores ethnicorum renovati.* » A leurs yeux, la nature est la nature naturante, *natura naturans*, c'est-à-dire Dieu lui-même [2]. C'est une

---

nomine Cœlum appellare libuit, cujus circumflexu leguntur omnia, Numen esse credi par est, æternum, immensum, neque genitum neque interiturum unquam. Sacer est, æternus, immensus, totus in toto, imo vero ipse totum, finitus et infinito similis, extra, intra, cuncta complexus in se, idemque Naturæ opus, et rerum ipsa Natura. »

[1] *De Benef.*, l. 4, ch. VII.

[2] Cette expression est toute scolastique. Cf. Digeste, édit. de Lyon, 1558, avec gloses. — En note de la loi 38, *de reb. cred.*, etc. (lib. XII, tit. I), à propos de ces mots « : *Respiciendum est, an quantum in natura hominum sit, possit sciri*, etc., » la glose s'exprime ainsi : « Respiciendum. Hominum. — *Est ergo natura naturans, id est Deus : et ille omnia scit, nam mille anni ante oculos ejus tanquam dies hesterna quæ præteriit. Alia est natura naturata, scilicet hominis, quæ præterita et præsentia tantum scit.* » Je dois cette citation à mon savant et regretté confrère, M. Valette.

secte qui parle beaucoup de Dieu, *quædam secta multum de Deo loquitur ;* mais autant que Boyle a pu comprendre leur pensée, *quantum de eorum doctrina rescire potui,* les partisans de cette secte veulent que par Dieu on entende le monde animé et intelligent : *Sed intelligi volunt animatum intelligentemque mundum* [1]. »

Et ici se pose incidemment comme de lui-même un problème qui paraît également se résoudre comme de lui-même. Comment, en effet, ne point se demander quelle est la secte et quel est le chef de secte auxquels Boyle fait allusion et dont les doctrines compromettantes éveillent ses légitimes susceptibilités ? ou comment, à l'instant même, ne pas répondre que c'est évidemment aux Spinozistes et à Spinoza que Boyle a songé ?

[1] *De ipsa natura*, etc.

IV

C'était en 1666 que Boyle avait dicté sa dissertation ; mais ce ne fut qu'en 1682 qu'il en fit une rédaction définitive et la mit au jour. Cependant, dans l'intervalle, en 1670, Spinoza publiait lui-même son *Tractatus theologico-politicus,* non sans un certain éclat ; et en 1677 les amis du philosophe de la Haye éditaient avec un soin religieux le traité posthume de *l'Éthique.*

On est, ce semble, d'autant plus fondé à croire que c'était le spinozisme et Spinoza que Boyle avait en vue, lorsqu'il déplorait et s'efforçait d'arrêter les progrès du naturalisme ; qu'au nombre de ses amis, on dirait bien de ses clients, se rencontre le Brêmois Henri Oldenbourg, mort en 1678, ministre résident de la Basse-Saxe en Angleterre, en même temps que secrétaire de la Société Royale de Londres, et dont les rapports personnels avec Spinoza étaient étroits. Nul plus qu'Oldenbourg n'avait pressé Spinoza de donner au public le *Tractatus theologico-politicus ;* mais peu satisfait des maximes qui remplissent cet ouvrage, nul ensuite n'avait plus instamment détourné l'auteur de *l'Éthique* d'imprimer ce livre trop fameux, « aujourd'hui principalement, lui écrivait-il en 1675, aujourd'hui principalement qu'un siècle dégénéré et avili ne recherche rien avec plus d'avidité que les doctrines dont les conclusions semblent autoriser les vices qui le déshonorent[1]. »

Ce n'est pas tout. S'il y a un point incontestable dans l'histoire des origines du spinozisme, c'est que les conceptions de Spinoza dérivent, au moins en partie, des enseignements juifs, mal interprétés ou corrompus. Or, ces théories ne sont point inconnues à Boyle, non plus qu'il n'ignore

[1] Cf. BRUDER, DE SPINOZA *Opera quæ supersunt omnia* (Lipsiæ 1843, 3 v. in-12, t. II, p. 167, 175, 192). — Je me permets de renvoyer aussi à mon livre intitulé : *Spinoza et le naturalisme contemporain* (Paris, 1866; in-12, p, 38 et suiv.).

pas ce qu'elles recèlent de naturalisme. C'est ainsi qu'il s'étonne d'avoir trouvé, chez le très célèbre et très savant rabbin Maïmonide, cette proposition, « que le soleil, les étoiles sont des êtres animés, doués d'une intelligence et de volonté[1]. » Il rappelle même combien il a été frappé de voir cette assertion reproduite dans un livre sur la création du monde par un autre très illustre rabbin, Ben Israël, qu'il a, dit-il, beaucoup pratiqué à Amsterdam, «. *cum quo Amstelodami familiariter egi*[2]. » Comment dès lors supposer que Boyle, qui connaît si bien quelques-uns des plus immédiats antécédents du spinozisme, n'ait pas connu le spinozisme lui-même ? Ou plutôt, comment, de prime abord, ne pas se persuader que lorsqu'il entreprend de repousser les envahissements du naturalisme, c'est à Spinoza directement qu'il s'attaque, à Spinoza dont Oldenbourg a dû certainement l'entretenir, à Spinoza enfin dont les écrits sont nécessairement parvenus jusqu'à lui ?

Néanmoins le texte de Boyle dément complète-

---

[1] *De ipsa natura*, etc., p. 47.
[2] *Ibid., ibid.*

ment cette conjecture; car le nom de Spinoza n'y
est pas prononcé une seule fois, ni le titre d'aucun de ses ouvrages une seule fois mentionné.
Serait-ce donc que le spinozisme offrirait, après
tout, infiniment moins d'originalité qu'on ne se
complaît d'ordinaire à lui en attribuer, et que
Boyle aurait pu condamner le spinozisme sans se
douter même un seul instant qu'il y eût eu un Spinoza ? Il n'y a rien à cela d'invraisemblable. En
tout cas, s'il est un contemporain dont Boyle ait
pris à tâche de réfuter expressément les opinions,
ce n'est pas Spinoza qu'il désigne, c'est un philosophe anglais, son compatriote, qu'il combat nommément, c'est Thomas Hobbes [1], dont aussi bien
les doctrines, malgré les protestations contraires
du méditatif de la Haye [2], diffèrent assez peu,
quant au fond et particulièrement quant aux conséquences pratiques, des principes développés

[1] *De ipsa natura*, etc., p. 47.
[2] Cf. BRUDER, *Oper. cit.* t. II, p. 298, Epistola L, 1674 : « *Quantum ad politicam spectat, discrimen inter me et Hobbesium, de quo interrogas, in hoc consistit, quod ego naturale jus semper sartum tectum conservo, quodque supremo magistratui in qualibet urbe non plus in subditos juris, quam juxta mensuram potestatis, qua subditum superat, competere statuo, quod in statu naturali semper locum habet.* »

dans *l'Éthique.* Il semble même que cette lutte de Boyle contre Hobbes n'ait pas été exempte d'une certaine acrimonie. « Hobbes, écrit Diderot, méprisa Boyle et en fut méprisé ; il acheva de renverser l'idole de l'École que Bacon avait ébranlée[1]. » En réalité, un pareil éloge eût été beaucoup plus justement décerné par Diderot à Robert Boyle qu'à Thomas Hobbes ; car, à vrai dire, ce fut Hobbes qui restaura l'idole de la nature, et ce fut Boyle qui s'efforça de la détruire.

[1] DIDEROT, *Œuvres complètes,* Paris, an VII, 15 v. in-12, t. V, p. 467, *article* HOBBISME.

V

Qu'est-ce donc que la nature? Et que faut-il penser du rôle qu'on lui assigne et de la puissance qu'on lui attribue.

Les adages surabondent, qui, personnifiant la nature, la représentent douée, non seulement d'une efficacité souveraine, mais d'une prévoyance infaillible et d'une sagesse à toute épreuve. Et ces adages ont cours dans le langage de la science non moins que dans les discours familiers du vulgaire. Boyle, pour en sonder le sens, énumère les principaux :

La nature est très sage, et ainsi tout ouvrage le la nature est un ouvrage d'intelligence ;

La nature ne fait rien en vain ;

La nature n'excède jamais sa fin ;

La nature fait toujours ce qui est le meilleur ;

La nature agit toujours par les voies les plus courtes ;

La nature ne se montre point redondante dans le superflu, non plus que dénuée dans le nécessaire ;

La nature est conservatrice d'elle-même ;

La nature guérit les maux ;

La nature veille toujours à la conservation de l'univers ;

La nature a horreur du vide[1].

Il ne serait assurément pas malaisé d'ajouter à cette liste ; mais, de toute évidence, il serait plus facile encore de la réduire. Manifestement, en effet, des expressions qui diffèrent y recouvrent des pensées qui sont les mêmes. Ce n'est pas assez dire. Manifestement aussi, il y a tel ou tel de ces adages qui se résout, quand on le presse, en une palpable absurdité. C'est ainsi, par exemple, que Boyle n'a pas de peine à établir que c'est se payer d'une phrase inintelligible, lorsqu'il s'agit d'expliquer l'ascension de l'eau dans un corps

---

[1] *De ipsa natura*, p. 29.

de pompe, que d'affirmer que la nature a horreur du vide[1]. Cependant, qu'est-ce, encore un coup, que la nature ? Est-ce un mot, est-ce une chose ? Est-ce un être ou une abstraction réalisée ? La nature est-elle une substance ou un accident ? Si elle est un accident, à quel genre d'accidents la faut-il rapporter ? Si elle est une substance, quelle substance est-elle ? corporelle ou incorporelle ? créée ou incréée ? Et si on la tient pour corporelle, est-elle ou n'est-elle pas douée d'intelligence ? Ou bien enfin la nature serait-elle une force plastique qui imprime aux êtres leur forme, d'où suit qu'on parle des ouvrages de la nature et des phénomènes de la nature ?

A ces diverses questions qu'il discute longuement, Boyle fait, en définitive, une réponse qui comprend tout. A part Dieu, répond-il, à côté de Dieu il n'y a point d'être architectonique : « *Nullum ens architectonicum, si a Deo discesseris*[2]. » Il convient d'ailleurs de distinguer une nature universelle et une nature particulière des choses.

---

[1] *De ipsa natura*, p. 143. Voyez, sur la question du plein et du vide, mon volume intitulé PASCAL PHYSICIEN ET PHILOSOPHE (Paris, 1885, in-12, p. 55 et suiv., *Pascal et Descartes*).
[2] *De ipsa natura*, p. 37.

Que chaque chose ait sa nature propre, c'est ce qui s'entend de soi-même. Universelle, la nature est l'agrégat des corps qui constituent la forme du monde, agrégat qui est considéré comme le principe en vertu duquel les corps agissent et pâtissent conformément aux lois du mouvement que l'auteur de la nature a prescrites[1]. En outre, qu'on ne s'y méprenne pas, la nature ne produit point le mouvement, elle ne fait que le transmettre; et une même quantité de mouvement se trouve déposée dans le monde. Bref, la nature universelle des choses est le mécanisme universel des choses, *cosmicum mechanismum*. Quant à la nature particulière de chaque chose, c'est encore précisément le mécanisme qui est propre à chaque chose, *individuum corporis mechanismum*. Boyle reprend donc les affirmations que déjà Descartes avait posées. La nature, à ses yeux, n'est, en dernière analyse, qu'une appellation qui s'applique à la matière et aux modifications qu'imprime à la matière le mouve-

---

[1] *De ipsa natura*, p 35. « *Natura est aggregatum quodpiam e corporibus mundi formam constituentibus, consideratum ut principium cujus vi agunt patiunturque, conformiter legibus motus ab auctore naturæ præscriptis.* »

ment. Mais il importe de le remarquer : Boyle complète le mécanisme cartésien, ou pour mieux dire, il le corrige doublement. D'un côté, en effet, tandis qu'un simple mouvement initial venu de Dieu, ce que Pascal nommait ironiquement « la chiquenaude [1] », semble suffire à Descartes, pour que de cette impulsion première, procèdent toutes les transformations de la matière que manifeste la variété même des êtres ; c'est d'une façon platonicienne que Boyle, tout en admettant que Dieu, ses dispositions une fois prises et le branle une fois donné, n'ait pas besoin de retoucher son ouvrage [2], lequel doit être comparé

[1] *Pensées de Pascal*, édit. Havet (Paris, 1866, 2 v. in-8, t. II, p. 148). « Descartes n'a pu s'empêcher de lui faire (à Dieu) donner une chiquenaude pour mettre le monde en mouvement. »
[2] *De ipsa natura, etc.*, p. 7. « Equidem reor discrimen inter peripateticorum opinionem circa Dei in mundo activitatem, eamque quam proponere ipse vellem, nonnihil adumbrari posse, si dixero videri eos concipere mundum Pupi instar, qui ut magno forte artificio fabricatus fuerit, ejusmodi tamen est, ut ad quemvis peculiarem motum artifex, attracto nunc hoc filo aeneo, nunc illo, debeat eum regere, ac sæpe actiones machinæ aliter ac alio quam res ipsa exigeret, dirigere : cum nostræ conformiter opinioni mundus instar horologii sit ex arte facti, ARGENTINENSIS puta, ubi eo omnia ingenio fabricata sunt, ut mota semel machina, singula, juxta primum artificis scopum, procedant; parvarum enim statuarum certis horis motus, quæ statis temporibus hæc aut illa præstant, non requirunt, PUPORUM instar, peculiarem artificis concursum,

non pas à une marionnette qu'il faut, si artistement fabriquée qu'elle soit, sans cesse remuer à l'aide de fils, mais plutôt à l'horloge de Strasbourg, par exemple, dont le mécanisme compliqué est assujetti à une régularité imperturbable ; c'est d'une façon platonicienne que Boyle entend la création de l'univers. « Dieu, écrit-il, a librement fait le monde conforme aux idées divines : *Deus mundum divinis conformem ideis fecit[1].* » D'autre part, si Boyle déclare que la nature n'est rien, à le bien prendre, que la machine même du monde, peut-être ne laisse-t-il pas que d'introduire dans ce mécanisme un dynamisme puissant. Car s'il assimile le monde à un automate, c'est du moins, quelque bizarre que cette locution paraisse, c'est du moins à un automate fécond. « Le monde, écrit-il, est un grand automate, un automate gros de l'avenir, qui, à l'instar d'une femme dont le sein contient deux jumeaux, renferme en soi une variété d'autres moindres machines : *Magnum mundi prægnansque automatum, instar*

aliudve agens ratione præditum; sed sua obeunt munia certis temporibus, vi primitivi impetus toti machinæ impressi. »

[1] *De ipsa natura*, etc., p. 39.

mulieris in utero geminos habentis, minores alias mechanicas complectitur in se varias[1]. » De la sorte, comme Glisson[2], son contemporain et probablement son disciple, Boyle semble avoir entrevu, sinon entièrement compris, l'importance, ne fût-ce qu'en physique, de l'idée de force ou de l'énergie. De la sorte encore, comme Leibniiz et avant Leibnitz, il est bien près de soutenir, la machine du monde comprenant d'autres machines, « que les machines de la nature sont machines partout[3] ». Quoi qu'il en soit, rien certainement n'est moins fait pour surprendre, mais aussi rien ne demeure plus inattaquable et rien n'est plus précis que l'idée que Boyle a conçue de la nature. Pour lui, la nature c'est le monde des corps créés par Dieu et mûs en vertu des lois établies de Dieu. C'est cela, et ce n'est que cela.

Rien de plus obscur, au contraire, ou de plus arbitraire, que les acceptions diverses dans les-

---

[1] *De ipsa natura*, p. 40.
[2] Cf. *Tractatus de natura substantiæ energetica, seu vita naturæ ejusque tribus facultatibus, perceptiva, appetitiva, motiva;* (Lond., 1672).
[3] Cf. ERDMANN, *Oper. cit.*, p. 126. *Système nouveau de la nature*, etc.

quelles a été si fréquemment employé et continue à l'être le mot nature. Boyle n'a pas craint de s'arrêter à les rappeler. C'est ainsi qu'il observe que par nature on entend : 1° l'auteur de la nature, que les scolastiques désignent sous la dénominaion barbare de nature naturante; 2° la nature d'une chose, son essence, sa qualité; 3° la naissance, l'origine, comme lorsqu'on dit d'un homme que la nature l'a fait noble ; 4° le principe interne d'un mouvement, comme lorsqu'on dit qu'une pierre tombe naturellement ; 5° l'ordre stable des choses, comme lorsqu'on dit qu'il y a succession naturelle de la nuit et du jour ; 6° l'agrégat des forces d'où résulte la vie du corps, comme lorsqu'on dit : une nature robuste ; 7° le système universel des ouvrages corporels de Dieu, comme lorsqu'on dit qu'il n'y a point de phénix dans la nature ; 8° une espèce de demi-divinité, *quædam semi-deitas* [1]. — A ce compte, que d'équivoques inextricables, et que d'éternelles logomachies ! Assurément, si on considère les inconvénients du mot nature, il serait désirable qu'on pût se passer d'une telle expres-

---

[1] *De ipsa natura*, etc., p. 18 et suiv.

sion. Mais le pourrait-on ? Boyle n'hésite pas à l'affirmer, et à l'appui de son assertion, il avance une preuve historique, qui serait fort curieuse et même décisive, mais qu'il appartient aux seuls hébraïsants de vérifier. Le mot nature, s'il faut s'en rapporter au témoignage du savant anglais, le mot nature ne se rencontre nulle part dans aucun texte de l'Ancien Testament, et jamais, à l'en croire, les Israélites ne s'en seraient servis jusqu'au moment où ils ont été corrompus par les idolâtres, *donec ab idololatris corrumperentur*[1]. Conséquemment, pourquoi, dans tous les cas qu'il a cités, pourquoi, suivant Boyle, ne pas substituer au mot nature les mots mêmes qui en traduisent les différentes acceptions? Au lieu de nature, n'est-il pas très aisé de dire Dieu ? au

---

[1] *De ipsa natura*, p. 25-27, « Neque memini me legere in Vetere Testamento vocem ullam quæ proprie Naturam, eo saltem, quo eam accepimus sensu, sonet: neque anglicani Bibliorum traductores ullam hujus vocis mentionem faciunt; cum enim hac super re recentem haud ita pridem Concordantiam consuluissem, hanc vocem Naturam in nullo Veteris Testamenti textu offendi... cum apud Israelitas, donec ab idololatris corrumperentur, altum per multa secula de Natura silentium foret. » Sterne, *Œuvres posthumes*, le *Koran*, Partie, p. 251, ne faisait peut-être que répéter l'assertion de Boyle, lorsqu'à son tour il écrivait : « Le Dictionnaire hébraïque ne possède pas les mots *nature* et *philosophie*. »

lieu de nature, essence ou qualité? Vous dites que la nature a fait un homme tel ou tel et qu'une pierre tombe naturellement. Que ne dites-vous qu'un homme a eu telle ou telle naissance et que le mouvement d'une pierre reçoit telle ou telle détermination? Ne dites point qu'il y a une succession naturelle de la nuit et du jour, mais un ordre stable des choses; ne parlez pas de nature robuste, mais de constitution, de tempérament. Qu'il ne soit plus question de nature pour désigner le monde ou l'univers, mais dites simplement le monde, l'univers. Surtout, que la nature ne soit jamais prise pour une divinité, ou une demi-divinité!

VI

Il est vrai, et Boyle l'avoue, il est vrai que le mot « nature » se trouve presque consacré par l'habitude et qu'en plus d'une circonstance même ce mot, nous épargnant des circonlocutions ou périphrases, devient ainsi une utile abréviation du discours, *compendium orationis* [1]. C'est pourquoi Boyle n'a garde d'en proscrire absolument l'usage. Toutefois il veut qu'on n'emploie pas ce mot sans une absolue nécessité, et que l'employant on ait sans cesse présent à l'esprit le sens exact qu'il comporte. Les progrès de la science et l'intégrité de l'idée de Dieu sont à ce prix. Aucune erreur, en effet, aucun préjugé n'a

[1] *De ipsa natura*, etc., p. 17.

plus nui que l'indiscret emploi du mot nature, aux développements, aux progrès de la physique ou de la physiologie, de même qu'aucune erreur, aucun préjugé n'a contribué davantage à obscurcir dans les âmes la croyance en un Dieu souverainement libre et intelligent, qui, par les voies les plus simples, produisant toujours le meilleur, *quod optimum*, réalise des fins que plus d'une fois nous parvenons à découvrir, mais qui n'en sont pas moins certaines, alors même qu'elles nous restent impénétrables[1]. En lui-même, le mot « nature » est vide de sens.

« Robert Boyle, écrivait Leibnitz, dissertant à son tour sur la nature, Robert Boyle, homme remarquable et profondément versé dans l'observation des choses naturelles, a composé un petit traité sur la nature, dont le sens revient à dire, si je m'en souviens bien, que nous devons con-

[1] *De ipsa natura*, etc., p. 187. « *Cum deus intelligendi vi humanum intellectum infinite superaret, latitudine, claritate, aliisque dotibus, non immerito quis sibi persuaserit magnum et mirabile mundi automaton, subordinatasque ejusdem machinas varias eum in scopos condidisse, quorum quidam spectarent præcipue ad corporeas, aliique ad rationales creaturas, quorum quidem quosdam rationi nostræ pervios reliquit, alii vero probabiliter penetrari ab ea nequeunt, utpote qui profundissimo infinitæ ejusdem sapientiæ abysso contineantur.* »

sidérer la nature comme le mécanisme même des corps, ce qui peut se prouver *de plano*, ὡς ἐν πλάτει; mais à examiner ce sujet plus attentivement, *majore* ἀκρίβεια, il y avait à distinguer dans le mécanisme même les principes, de ce qui est dérivé... Et déjà en plus d'une rencontre, ce que j'estime devoir servir à empêcher qu'on abuse, au détriment de la piété, des explications mécaniques des choses naturelles, comme si la matière pouvait subsister par elle-même et que le mécanisme n'eût besoin d'aucune intelligence ou substance spirituelle; déjà, en plus d'une rencontre, j'ai professé que ce n'est pas seulement dans un principe matériel et des raisons mathématiques qu'il faut chercher l'origine du mécanisme même, mais qu'il convient de le rapporter à une source plus haute et, pour ainsi dire, métaphysique [1]. »

Je l'ose affirmer : mieux servi par sa mémoire, Leibnitz se fût rappelé que le traité de Boyle renferme précisément ce qu'il se plaint de n'y avoir pas vu. Sa dissertation sur la nature n'est, en

---

[1] ERDMANN, *Oper. cit.*, p. 455. *De ipsa natura, sive de vi insita actionibusque creaturarum.*

plus d'un point essentiel, qu'un commentaire du petit traité de Boyle sur l'idée de nature, et si Leibnitz n'a point directement emprunté à Boyle la théologie qui remplit ses ouvrages en même temps que l'optimisme qu'il défend dans sa Théodicée, on ne saurait nier cependant que Boyle ne lui ait largement tracé la route ou qu'il ne l'ait du moins précédé dans cette voie. Car l'idée de Dieu est l'idée maîtresse qui domine tous les écrits du savant de Lismore, et qui sans cesse éclaire son esprit comme sans cesse elle fait battre son cœur. D'un autre côté, en substituant à l'empire de la nature l'empire de Dieu, non pas seulement dans des scolies sublimes, comme lorsqu'il écrit : « Que Dieu sans souveraineté, sans providence et sans causes finales, n'est rien autre chose que le destin et la nature, » mais à toutes les pages de son livre immortel, l'auteur des *Principes de Philosophie naturelle*, Newton, ne fera guère que reproduire le langage de Boyle ; et il semble qu'on en retrouve encore comme un écho, quoique lointain et très affaibli, lorsqu'on entend Voltaire déclarer, avec ses affectations de dogmatisme frivole, que « plus il y songe et plus il voit qu'on a donné à la nature un nom qui ne lui convient pas ; qu'elle est tout art, qu'elle est l'art d'il ne sait quel grand être bien puissant et bien industrieux, qui se cache et qui la fait paraître [1] ».

L'opuscule de Boyle sur l'idée de nature n'est, au reste, qu'un échantillon de sa manière excellente de philosopher et qu'un spécimen de ses publications philosophiques qui sont nombreuses. Aussi, à étudier de près ce judicieux et sympathique penseur, se prend-on à s'étonner tout ensemble et à regretter qu'on lui ait assigné d'ordinaire une si humble place dans l'histoire de la philosophie, alors même qu'on a consenti à lui en assigner une. Brücker, qui n'omet rien, le cite à peine ; d'autres historiens de la philosophie ne l'ont pas même mentionné [2]. Robert Boyle, je n'excepte pas même Bacon, Robert Boyle est la plus grande illustration scientifique que compte l'Angleterre avant Newton ;

[1] DICTIONNAIRE PHILOSOPHIQUE, *article* NATURE, *Dialogue entre le philosophe et la nature*.
[2] Voyez cependant l'intéressante *Histoire de la Philosophie en Angleterre*, par M. Ch. de Rémusat (Paris, 2 v. in-8, 1865, t. II, p. 171 et suiv.). Il n'y est d'ailleurs, en ce qui concerne Boyle, fait aucune mention de son traité *De ipsa natura*.

ce ne serait donc pas sans doute dépasser la mesure que de mettre le nom de Robert Boyle, philosophe anglais, à côté, si ce n'est au-dessus du nom de Cudworth.

TOLAND

PANTHEISTICON

Si le panthéisme, en dépit de formules incessamment rajeunies, demeure, en somme, une fort vieille erreur, contre laquelle a toujours protesté la conscience humaine; erreur tellement invétérée et à ce point persistante que son histoire constitue, presque à toute époque, une partie essentielle de l'histoire même de la philosophie; le mot « panthéisme, » au contraire, est relativement tout moderne. Les Grecs n'employaient pas cette expression, et c'est en vain, peut-être, qu'on la chercherait soit dans la langue des Éléates, soit dans la terminologie des Stoïciens ou des philosophes de l'École d'Alexandrie. Les Latins, de leur côté, en ont ignoré l'usage, et elle n'a pas de place parmi les néologismes pourtant si nombreux que Cicéron, par exemple, a imaginés, afin de traduire des idées philosophiques, dont la conception purement grecque était pour ses compatriotes une nouveauté qui trouvait leur idiome au dépourvu.

Chose singulière! rien assurément de plus important à la fois et de plus familier que les notions de l'âme et de Dieu. De tout temps, les hommes qui pensent ont dû laborieusement soumettre ces deux idées à l'analyse. Et, en effet, de tout temps, les plus sublimes comme les plus pénétrants génies se sont efforcés d'établir une science de l'âme et une science de Dieu, de telle façon que des ruines mêmes des systèmes écroulés on a toujours vu surgir d'autres systèmes destinés eux-mêmes à périr, mais pour être, à leur tour, remplacés. Cependant, ce n'est qu'à une date relativement récente qu'a été introduit dans la langue philosophique courante le terme qui sert à désigner la science de l'âme ; car c'est à un philosophe du seizième siècle, à l'Allemand Goclénius, que l'on s'accorde à attribuer l'invention du mot « psychologie, » qui fait presque pour la première fois, ce semble, son apparition dans un de ses ouvrages intitulé ψυχολογία, *hoc est de hominis perfectione, anima, ortu*, etc. De même, c'est à Leibnitz qu'il faut rapporter la création du mot, d'ailleurs assez mal inventé, de *Théodicée* (*Essais sur la bonté de Dieu*, etc., on dirait mieux *sa justice*), mot par lequel on a, depuis lui, en élargissant le sens de cette expression, désigné la science de Dieu.

L'histoire du mot « panthéisme » n'est pas moins curieuse. Sauf méprise, ce mot n'est guère plus ancien que la composition latine de l'Irlandais Jean Toland, qu'assez bizarrement il a intitulée *Pantheisticon*. Encore est-ce le mot « panthéiste » plutôt que le mot « panthéisme, » dont Toland peut à bon droit réclamer la paternité. L'analogie aurait même exigé, comme il le remarque justement lui-même, qu'il dit *Panthei* et non *Pantheistæ* par opposition aux *Athei*. *Magis ad analogiam Panthei cum Atheis opponerentur*. Mais l'usage qui est l'arbitre suprême du langage, l'usage en avait décidé autrement. *Sed usus, qui linguarum cluit tyrannus, aliter voluit*. Déjà, aussi bien, dans quelques-unes de ses publications, antérieures au *Pantheisticon*, Toland s'était servi de l'expression *Pantheistæ* ou

Panthéistes[1]. De l'analogie et de l'usage combinés naissait ensuite le mot désormais si usité de « panthéisme.

Avant Toland, on appelait simplement athées les panthéistes, et athéisme le panthéisme. C'est ainsi que tous les adversaires immédiats de Spinoza, et ils sont nombreux, le qualifient invariablement d'athée, comme invariablement aussi ils appellent le spinozisme athéisme. Depuis Toland, et en s'appropriant son langage, on a pris l'habitude de nommer panthéistes les athées et panthéisme l'athéisme. Depuis Toland, par conséquent, on s'est accoutumé, en dissimulant sous le vide des mots le néant des choses, à donner aux autres le change, après se l'être d'abord donné à soi-même. Car on aura beau faire et se jouer en mille ingénieuses ou brillantes subtilités, une logique quelque peu sévère ne permet point d'opposer à l'athéisme le panthéisme, non plus que les panthéistes aux athées. Proclamer non pas que tout est divin, mais que tout est Dieu; non pas que toute substance, par création, procède de Dieu,

---

[1] Voyez notamment *Adeisidæmon et Origines judaïcæ*, Hogæ-Comitis, 1709, in-12, p. 155 et suiv.

mais que Dieu est toute substance, c'est, à la lettre, au lieu d'affirmer Dieu, nier Dieu, et le plus déterminé des êtres parce qu'il est excellemment l'être, s'évanouit d'une manière nécessaire dans l'indétermination même de l'être. Le panthéisme n'est, en définitive, que la géométrie tour à tour ou la poésie de l'athéisme.

Quoi qu'il en soit, le *Pantheisticon* de Toland offre un intérêt de plus d'une sorte. D'une part, on n'est pas médiocrement surpris de rencontrer dans cet ouvrage, à une époque où le panthéisme de Spinoza devait sembler dominant, une reproduction presque servile, un de ces pastiches du panthéisme de Bruno, que paraissent affectionner de nos jours quelques écrivains superbes mais naïfs, qui s'imaginent étonner le monde par la hardiesse de leurs conceptions, tandis qu'ils ne font que répéter sur le ton d'un pédantisme insupportable des lieux communs cent fois ressassés. D'un autre côté, ce livre comprend un essai d'organisation religieuse et de liturgie panthéistique vraiment unique. Toland, effectivement, ne s'est pas contenté, en accommodant ses réminiscences et ses lectures à la manière de penser et de dire qui lui est propre, d'exposer la théorie qui proclame l'identité de tout en un. Il a prétendu encore et surtout élever le panthéisme à la hauteur d'une religion, et, par suite, a bien osé entreprendre de former le plan d'une société de panthéistes, de tracer à cette société un règlement, de lui prescrire des rites, d'instituer, en un mot, une sorte de Franc-Maçonnerie philosophique, avec ses assemblées d'initiés, ses maximes occultes et ses pratiques secrètes. C'est même là le principal objet de cet écrit, un des derniers, sinon le dernier qui soit sorti de sa plume. Aussi le *Pantheisticon* a-t-il revêtu dans l'opinion je ne sais quel caractère d'impiété fabuleuse, qui l'a fait très souvent rapprocher du livre légendaire des *Trois imposteurs* [1].

Ce n'est pas tout : besogneux à la fois et vaniteux, Toland n'avait rien épargné pour envelopper de mystère son ouvrage et lui assurer ainsi comme l'attrait du fruit défendu. Moitié par calcul d'argent, moitié par calcul d'amour-propre, il

---

[1] Cf. Le Traité des Trois Imposteurs (*De Tribus Impostoribus*; MDIIC, traduit pour la première fois en français, etc., par Philomneste Junior (Paris, Bruxelles, 1867, petit in-8).

n'en avait imprimé que peu d'exemplaires qu'il colportait et vendait lui-même sous le manteau. De là l'extrême rareté du *Pantheisticon* et l'espèce de nouveauté inattendue qui s'attache encore aujourd'hui à un volume publié depuis plus de cent soixante ans et qui n'a eu, croyons-nous, qu'une seule édition. On ne saurait contester que Mosheim, qui, du vivant même de Toland, publia, sous forme de biographie [1], une réfutation des doctrines du philosophe irlandais, connût le *Pantheisticon*. Plus tard Naigeon, qui, au contraire, s'est appliqué à défendre Toland avec l'âpreté verbeuse et anti-chrétienne qui le caractérise, Naigeon donna du *Pantheisticon* une façon d'analyse qui peut laisser supposer qu'il a lui-même cité cette pièce d'original [2]. Mais il est douteux que Niceron, qui a rédigé sur Toland un article de ses *Mémoires pour servir à l'histoire des hommes illustres;* que Chaufepié, qui lui a con-

---

[1] Jo. LAURENTI MOSHEIM, *De vita, fatis et scriptis Jo. Tolandi commentatio* (Hamburg, 1732, in-8°). Le libraire Curl a aussi écrit en anglais une vie, mais fort inexacte, de Toland, dont il était l'ami.

[2] *Philosophie ancienne et moderne* (Paris, an II de la République, 3 vol. in-4°, t. III, art. Toland).

sacré un article de son *Dictionnaire;* que Tabaraud qui l'a combattu dans son *Histoire du philosophisme anglais,* aient eu, en mentionnant le *Pantheisticon,* le texte de cette composition sous les yeux. Brucker lui-même, le docte Brucker avoue n'en parler que par tradition : « Sous le titre suspect et étrange de *Pantheisticon,* écrit-il, Toland chercha à rendre célèbre un écrit plein d'impudence profane que ceux qui l'ont lu affirment contenir les semences de l'impiété spinozistique. Il eut soin, en effet, suivant son usage, de n'en laisser tirer qu'un petit nombre d'exemplaires, afin que ces niaiseries s'achetassent plus cher[1]. »

Il y a grande apparence que je m'en serais tenu moi-même à des informations de seconde main, si le hasard d'une vente ne m'avait rendu possesseur d'un exemplaire du *Pantheisticon.* Le volume avait appartenu au président de Brosses, dont il porte, avec les armoiries, l'ironique devise : *Homunculi quanti sunt.* Il se trouve, en outre, soigneusement interfolié ; ce qui, de toute évidence,

---

[1] *Historia critica philosophiæ,* 6 vol. in-4°, *Lipsiæ,* 1767, t. V, p. 702.

annonçait de la part du savant magistrat l'intention de le commenter. Et quel n'eût pas été le prix d'une critique de Toland par l'érudit éditeur de Salluste, par le spirituel auteur de la *Dissertation sur les dieux fétiches* et des *Lettres sur l'Italie,* par le ferme et honnête esprit chez qui le caractère allait si bien de pair avec l'intelligence ! Malheureusement les pages blanches n'ont pas été remplies. Sans prétendre aucunement remplacer, dans l'accomplissement de cette tâche, le président de Brosses, je voudrais donner une exacte idée du *Pantheisticon,* en déterminer les origines, en marquer la valeur. Mais pour bien comprendre l'ouvrage, il est nécessaire de savoir, avant tout, qui était l'auteur.

I

Contemporain de Spinoza, de Bayle, de Hobbes, de Locke, de Leibnitz, Jean Toland, dont l'existence tumultueuse devait s'écouler sous les règnes, à tant d'égards si différents, de Charles II et de Jacques II, de Guillaume III et de Marie II, d'Anne et de Georges Ier, Jean Toland, par les accidents de sa vie comme par le nombre et la diversité de ses ouvrages, semble avoir réfléchi toutes les agitations politiques, philosophiques, religieuses de son époque. La politique, la philosophie, la religion occupèrent en effet tour à tour son inépuisable ardeur, et nul ne prit de son temps une part plus active à toutes les luttes engagées soit au nom des intérêts de la conscience, soit au nom des intérêts des gouvernements. Les contradictions multipliées qu'il essuya ne parvinrent point à réduire chez lui une ambition démesurée, et s'il ne réussit pas, comme il se l'était promis, à devenir chef de secte, à s'arroger dans le domaine de la pensée une dictature analogue à celle que Cromwell avait naguère usurpée dans le domaine de l'État, il put du moins se flatter de compter au premier rang parmi les philosophes dont la race, depuis les sophistes, s'est constamment perpétuée, et que les Anglais ont nommés des *bruitists,* c'est-à-dire des faiseurs de bruit.

Toland naquit le 30 novembre 1669 à Redcastle, village voisin de Londonderry, dans la péninsule la plus septentrionale de l'Irlande, péninsule autrefois appelée Inis-Eogan, et présentement Inisoen ou Enis-Owen. Il reçut au baptême les prénoms de Janus Junius, et ce ne fut que pour faire cesser les plaisanteries dont le poursuivaient, à ce propos, ses camarades d'école, que son maître se décida à lui donner le prénom de Jean qu'il a toujours porté depuis. Toutefois, c'est précisément sous ses vrais prénoms, auxquels il ajouta le nom du lieu de sa naissance, qu'il prit fantaisie, paraissant ainsi se forger un pseudonyme, d'offrir son *Pantheisticon* au lecteur : *Lectori Philomuso et Philalethi Janus Junius Eoganesius.*

On veut qu'il ait été fils d'un prêtre catholique, et une autre tradition rapporte qu'à peine âgé de quatorze ans il s'engagea dans l'échauffourée du duc de Montmouth, d'où il ne parvint que malaisément à se tirer sain et sauf.

Toland, qui avait commencé ses études à Redcastle, les continua à Glasgow, puis à Édimbourg où il fut reçu maître ès arts et se convertit au protestantisme. Il passa ensuite à Leyde où il eut pour professeurs Spanheim et Trigland, et contracta, s'il fallait l'en croire, une étroite liaison avec Limborch et avec Leclerc. De retour en Angleterre, il se rendit à Oxford, qu'il ne devait quitter qu'en 1695, après un séjour de plusieurs années.

Ce fut au sein de cette aimable retraite que Toland composa sa première dissertation où déjà se révèlent toutes les dispositions de son esprit négatif et querelleur. Il s'efforce, en effet, d'y établir que le supplice subi par Attilius Régulus n'est qu'une fable. Mais tout son discours n'est en réalité qu'un prétexte pour arriver à conclure qu'il y a plusieurs autres histoires, telles par exemple que celles de l'Ancien et du Nouveau Testament, dont on doute aussi peu que de la légende de Régulus, et qui, assurément, ne sont, à beaucoup près, ni si bien prouvées, ni si vraisemblables.

De la part de Toland, c'était là, dans l'opposition systématique qu'il inaugurait contre l'Église catholique, contre l'Église anglicane, contre toute espèce d'Église, c'était là comme le premier feu d'emportements qui ne devaient prendre fin qu'avec sa vie. Cette dissertation sournoisement injurieuse fut bientôt suivie de la *Tribu de Lévi*, satire violente expressément dirigée contre les ecclésiastiques, et à laquelle ses adversaires opposèrent un poème anglais intitulé *Rabsache vapulans,* où l'esprit et les mœurs du jeune polémiste se trouvaient représentés sous les plus noires couleurs. Enfin, en 1696, il déclarait ouvertement tous ses sentiments par la publication de la *Religion chrétienne sans mystères*, ou

Traité dans lequel on fait voir qu'il n'y a rien dans l'Évangile de contraire à la raison, ni même qui surpasse ses lumières, et que les dogmes du Christianisme ne peuvent pas être proprement appelés des mystères. [1]

Nul doute que Toland n'eût fondé sur la publication de ce volume un espoir extraordinaire de popularité par le scandale. Effectivement, il se hâta de passer en Irlande, emportant avec lui, afin de les répandre, de nombreux exemplaires de son livre, et muni pour le mathématicien Molineux d'une recommandation de Locke. L'auteur du *Christianisme raisonnable* n'avait pu refuser à Toland cette marque d'approbation, et il est vraisemblable que celui-ci l'avait d'ailleurs obtenue grâce à l'intervention de son ami Collins, disciple préféré, quoique fort infidèle, de l'illustre philosophe anglais. De là, au sujet de Toland, entre Locke et Molineux, un échange de lettres qu'il faut citer. « Ce qui fait que je ne puis assez estimer l'auteur de la *Religion chrétienne sans mystères*, écrivait à Locke Molineux, c'est la liaison qu'il a avec vous et le respect

[1] Londres, in-8°, en anglais.

qu'il marque en toute occasion pour votre personne. Je me propose beaucoup de plaisir dans sa conversation ; je le regarde comme un *Free Thinker* (libre penseur) de bonne foi et comme un homme qui sait. Mais il règne ici une espèce de zèle violent qui commence déjà à éclater contre lui, et qui, je crois, prendra de jour en jour de nouvelles forces ; car je m'aperçois que le clergé est fort alarmé, et dimanche dernier il eut pour sa bienvenue le plaisir de s'entendre déchirer en chaire par un prélat de ces quartiers. » Locke répondait à Molineux en ces termes : « Quant à l'homme même, je lui souhaite du bien, et pourrais, s'il le fallait, vous donner des preuves de la sincérité de mes sentiments à cet égard. C'est pourquoi je vous prie d'avoir de la bonté pour lui ; mais je laisse à votre prudence la manière et le degré. Ce sera sa propre faute s'il ne devient pas homme de mérite et s'il ne vous acquiert pas pour ami. » — Réplique de Molineux : « Je regarde M. Toland comme un homme qui a du génie, et je serai charmé d'avoir occasion de lui rendre service, m'y croyant indispensablement obligé à votre recommandation. » Toutefois, l'estime admirative et la bienveillance de Molineux ne tardèrent pas à fléchir. « Pour parler sérieusement et sans réserve, écrivait-il bientôt à Locke, il me semble que depuis l'arrivée de M. Toland, sa conduite n'a pas été prudente. Il a excité contre lui les cris de tous les partis, non pas tant encore par la différence de ses sentiments, que par ses discours à contre-temps et par son affectation à les répandre et à les soutenir. Les cafés et la table ne sont pas des endroits propres à s'entretenir sérieusement sur les vérités les plus importantes. Et quand il se mêle une teinture de vanité dans la conversation d'un homme, cela dégoûte bien des gens qui estimeraient autrement ses talents et son érudition. » Une dernière lettre de Molineux confirmait toutes les appréhensions que les légéretés de Toland lui avaient inspirées. « M. Toland, écrivait-il à Locke, est enfin contraint d'abandonner ce royaume. Ce pauvre homme, par sa conduite imprudente, a excité contre lui un soulèvement si universel, qu'il était presque dangereux de lui avoir parlé une seule fois. Ceci a fait que toutes les personnes qui avaient quelque réputation à garder évitaient sa rencontre, de sorte que sur la fin il a manqué de pain, à ce qu'on m'a dit, et que personne ne voulait le recevoir à sa table. La petite bourse qu'il avait apportée ici étant épuisée, j'ai appris aussi qu'il s'était vu réduit à emprunter du tiers et du quart jusqu'à une pièce de trente sous, et qu'il n'a pu payer ni sa perruque, ni ses habits, ni sa chambre. Enfin, pour comble de malheur, le Parlement est tombé sur son livre, a ordonné qu'il serait brûlé par la main du bourreau, et que l'auteur serait mis sous la garde d'un sergent d'armes et poursuivi par le procureur général. Sur quoi il s'est sauvé d'ici, et personne ne sait quel côté il a pris. »

Force avait bien été à Toland de quitter précipitamment un pays où subsistait dans toute sa rigueur la loi édictée contre les Lollards, *de comburendo hæretico*. D'Irlande, il s'était d'ailleurs, paraît-il, tout simplement réfugié en Angleterre où il essaya vainement de se justifier en publiant une apologie de la *Religion chrétienne sans mystères*, apologie qu'il devait non moins inutilement renouveler plus tard dans un écrit intitulé : *Vindicius liberius,* et où il proteste de ses sentiments religieux et monarchiques. Réfuté en Irlande par le docteur Brown, son livre le fut en Angleterre par le docteur Payne, organe de l'archevêque de Cantorbéry, par le docteur Stillingfleet, évêque de Worcester, et de tous côtés, l'accusation de socinianisme s'éleva contre lui.

Battu ainsi par les théologiens, Toland, pour se relever du discrédit universel où il était sur le point de tomber, se tourna aussitôt vers la politique. Socinien, ou moins que Socinien, il se jeta dans le parti des Wighs les plus outrés qui passaient pour républicains, et sembla prendre désormais pour devise : ni Dieu ni roi.

Ses débuts dans cette nouvelle voie furent marqués par la publication d'une *Vie de Milton* et d'une édition des œuvres en prose du poète anglais. Toland y prenait occasion de soutenir deux assertions qui ne pouvaient manquer d'amasser encore contre lui bien des orages. D'un côté, en effet, il affirmait et cherchait à démontrer que le livre attribué à Charles 1er sous le titre d'*Eicon basilixé* n'était pas de ce monarque, mais du docteur Gauden, évêque d'Exeter. D'autre part, il ne craignait pas de conclure que si cette attribution, qu'il qualifiait « d'indigne imposture », avait pu se produire si récemment et dans un siècle éclairé, il n'y avait plus lieu de s'étonner qu'on eût publié et reçu tant d'écrits supposés sous le nom de Jésus-Christ et de ses apôtres. Contre de telles assertions, royalistes et théologiens élevèrent aussitôt à l'envi des protestations indignées, que Toland essaya, mais en vain, de calmer par un *factum* apologétique intitulé *Amyntor*.

Il n'en continua pas moins, avec une sorte de fièvre, le cours de ses publications. La même année (1698), il avait donné une brochure intitulée *la Milice réformée* ou *Projet pour avoir toujours en Angleterre un corps de forces de terre suffisant pour prévenir toute invasion et pour entretenir la paix dans le royaume, sans mettre la liberté publique en danger*. L'année suivante, il imprimait les *Mémoires* de lord Holles, depuis 1641 jusqu'à 1648, et en même temps que les ouvrages et une vie de Jacques Harrington, un poème de déisme ou plutôt d'athéisme, intitulé *Cliton* ou *de la force de l'éloquence*. En 1701, il faisait paraître *l'Art de gouverner par les factions*, et un *Plan pour réunir les deux Compagnies des Indes orientales*. Puis, un acte du Parlement ayant attribué la couronne d'Angleterre, après la mort du roi Guillaume III, à défaut d'héritiers directs, à la princesse Sophie, électrice et duchesse douairière de Hanovre et à ses héritiers protestants, il publiait son *Anglia libera,* dont il faut rapprocher la réimpression due plus tard (1707) à ses soins et à sa haine contre la France, de *la Philippique* que Mathieu Scheiner, cardinal de Sion, prononça en 1514 dans le conseil d'Henri VIII, pour détourner ce prince de faire la paix avec Louis XII.

Cependant la réputation de publiciste ne suffisait point à l'ambition de Toland. Aussi, après avoir sans succès frappé à la porte du Parlement, chercha-t-il à se rapprocher des personnes souveraines. Il accompagna donc le comte de Macclesfield à Hanovre où ce seigneur alla porter l'acte de succession, et mit tout en œuvre pour faire utilement sa cour, soit à la princesse Sophie, soit à sa fille, Sophie-Charlotte, femme du prince, bientôt roi de Prusse, Frédéric-Guillaume. Ce premier voyage à Hanovre et à Berlin fut suivi d'un second en 1704 et d'un troisième en 1707.

Il ne paraît pas que Toland fût parvenu à réussir autant qu'il s'en vante, à Herren-Hausen et à Lutzenbourg, ni qu'il eût retiré de son empressement à se mêler des intérêts des princes, des avantages fort considérables. Une conférence théologique qu'il eut avec Beausobre, en présence de la reine de Prusse si noblement curieuse de toute espèce de spéculation, le convainquit d'une ignorance presque grossière, et Leibnitz, adversaire résolu des idées philosophiques de Toland autant qu'observateur attentif de ses démarches politiques, ne témoigna pas faire grand cas ni de l'esprit ou de la science du personnage, quoiqu'il le déclarât ingénieux [1], ni de ses intrigues en faveur des princes allemands. « M. Toland est maintenant ici, écrivait-il en 1708 de Hanovre à Thomas Burnet ; il a fait un tour à Berlin et à Vienne, et il repasse en Angleterre. Il a été le bienvenu à la cour de Dusseldorf, et régalé de

---

[1] Cf. Leibnitii *Opera omnia*, édit. Dutens, t. I, p, 100 ; t. V, p. 142, 316, 492.

quelques médailles, parce qu'il a fait imprimer un petit discours en Angleterre, pour montrer que l'Électeur n'est nullement persécuteur des protestants, comme on le lui avait imputé. »

D'ailleurs, des assiduités de Toland auprès des deux princesses, dont Leibnitz était, depuis longtemps, l'intime confident et le philosophe attitré, à peine une mention et une mention qui atteste clairement que si, chez Toland, Leibnitz prisait peu le penseur, il dédaignait encore davantage le politique. « Comme madame l'Électrice aime la conversation des gens d'esprit, écrivait-il à Burnet, elle a pris plaisir d'entendre les discours de M. Toland et de se promener avec lui dans le jardin de Herren-Hausen en compagnie d'autres Anglais, dont quelques-uns, qui ne connaissent pas l'humeur de madame l'Électrice, se sont imaginé qu'ils parlaient ensemble des choses très importantes qui regardaient l'État, au lieu que moi qui ai été témoin de leurs discours bien souvent, je sais bien qu'ils roulaient ordinairement sur des matières d'esprit et de curiosité. »

C'était, d'autre part, à la reine de Prusse, que sous le titre de *Lettres à Séréna,* Toland avait eu la prétention d'adresser les trois premières des cinq *Lettres philosophiques* qu'il publiait en 1704. La première traite *de l'origine et de la force des préjugés ;* la seconde comprend l'*Histoire du dogme de l'immortalité de l'âme chez les païens ;* la troisième a pour objet *l'origine de l'idolâtrie et les fondements de la religion païenne ;* la quatrième est écrite *à un gentilhomme hollandais, pour lui prouver que le système de Spinoza est dépourvu de fondements et pèche dans ses principes ;* dans la cinquième, *on prouve que le mouvement est essentiel à la matière, en réponse à quelques remarques qui ont été faites à l'auteur au sujet de sa réfutation du système de Spinoza*[1]. On ne voit pas cependant que ces dissertations, que Leibnitz a connues, puisqu'il les a, du moins en partie, réfutées, fussent arrivées, sous forme de *Lettres,* à leur royale destinataire. A son troisième voyage à Hanovre et à Berlin, Toland fut même froidement accueilli, ce qui le détermina à passer en Hollande, où il resta jusqu'en 1710, recherchant, sans beaucoup l'obtenir, la faveur du prince Eugène de Savoie.

---

[1] *Lettres philosophiques,* trad. de l'anglais (Londres, 1768, in-12).

Ce fut à la Haye qu'en 1709, désabusé peut-être des princes et de la politique et revenant à la théologie, il publia, en le dédiant à Collins, son *Adeisidemon, sive Titus Livius a superstitione vindicatus*, « l'homme sans superstition ou Tite-Live vengé [1] », auquel il ajoutait les *Origines judaïques, Origines judaïcæ*[2]. Du reste, comme à l'ordinaire, le sujet qu'indiquait le titre de l'ouvrage n'était à l'auteur qu'un prétexte pour développer des thèses qu'il estimait audacieuses, mais qui déjà n'avaient plus même le mérite de la nouveauté. C'est ainsi qu'en soutenant dans son livre que les athées sont moins dangereux que les superstitieux, Toland ne faisait que reprendre une maxime à laquelle, par ses *Pensées sur la Comète* (1681), Bayle avait donné quelque crédit. Il se rattra-

---

[1] *Hagæ-Comitis*, 1709. *In qua dissertatione probatur Livium historicum in sacris, prodigiis, et ostentis Romanorum enarrandis, haud quaquam fuisse credulum aut superstitiosum; ipsamque superstitionem non minus reipublicæ (si non magis) exitiosam esse quam purum putum atheismum.*

[2] *Ibid. Origines Judaïcæ, sive Strabonis de Moyse et religione judaïca Historia breviter illustrata.* Cf. *Mélange de Remarques critiques, historiques, philosophiques, théologiques, sur les deux dissertations de M. Toland, intitulées, l'une* L'HOMME SANS SUPERSTITION *et l'autre les* ORIGINES JUDAÏQUES, *etc. Par Elie Benoist, Pasteur de l'Église wallonne de Delfta* (Delf, 1712, in-8°).

pait, il est vrai, et devenait original en affirmant que Moïse et Spinoza professent sur la divinité à peu près les mêmes idées. Mais ayant eu la mauvaise inspiration de railler Huet, qui avait prétendu, dans sa *Démonstration évangélique*, que quelques-uns des personnages de l'Ancien Testament se retrouvent dans des divinités païennes, il s'attirait de la part du savant prélat une accablante réponse. « M. Toland, écrivait l'évêque d'Avranches, appelle superstition de croire une intelligence souveraine et un esprit infini, auteur et gouverneur du monde, et de lui rendre un culte religieux. Il appelle athéisme un aveu ingénu de ne reconnaître aucun Dieu, ni le monde, ni aucune de ses parties, ni aucun esprit supérieur. Il place sa religion entre ces deux extrémités, et la fait toute consister à donner, sans aucune raison, le nom de Dieu à une machine aveugle et destituée de raison, sans lui rendre aucun culte. Mais sentant néanmoins que cette religion n'est qu'un nom qu'il usurpe vainement et par ostentation, et que sa véritable religion est l'athéisme, il ne perd aucune occasion de vanter, avec exagération le mérite et les avantages de l'athéisme... La religion de M. Toland convient, avec celle d'Épicure, à n'avoir pas de religion. Mais elle en diffère, en se faisant un Dieu d'une autre sorte, fort pesant et fort matériel, mais également chimérique [1]. »

Toutefois, ni ses écrits ni ses voyages n'avaient pu procurer à Toland, au défaut de gloire, la sécurité de la vie de chaque jour. A son retour de Hollande en Angleterre, la générosité du comte d'Oxford, grand trésorier, lui vint en aide. Mais ayant bientôt perdu les bonnes grâces de ce seigneur, il se mit à composer des brochures contre le ministère alors au pouvoir et reprit ses publications mi-partie politiques, mi-partie religieuses. En 1715, il écrivait, en faveur des Juifs, une dissertation intitulée : *Raisons pour naturaliser les Juifs dans la Grande-Bretagne et dans l'Irlande, sur le même pied que toutes les autres nations* [2]. En 1718, il publiait la *Destinée de Rome, ou la probabilité de la prompte et finale destruction du pape* et son *Nazaréen* ou *le*

---

[1] *Dissertations sur diverses matières de religion et de philologie*, recueillies par l'abbé Tilladet (Paris, 2 v. in-12, 1712, t. 1, p. 455 et suiv.).

[2] Londres, in-8°, en anglais.

Christianisme des Juifs, des Gentils et des Mahométans [1]. Enfin, sans vouloir, ce qui serait aussi inutile que fastidieux, dresser une liste complète des œuvres de ce trop fécond écrivain, ajoutons qu'en 1720 il imprimait presque en même temps deux ouvrages, à des titres divers, considérables. L'un singulièrement intitulé *Tetradymus* ou les *Quatre jumeaux*, comprenait : 1° *Hodégus*, *où l'on prouve que la colonne de nuée et de feu qui guidait les Israélites dans le désert, n'était point miraculeuse* ; 2° *Clidophorus* ou le *Porte-clef*, ou *de la légitime distinction et application de la philosophie exotérique et de la philosophie ésotérique* ; 3° *Hypatie*, ou *Histoire de la plus vertueuse, la plus savante et la plus accomplie dame, que le clergé d'Alexandrie mit en pièces* ; 4° *Mangoneutes*, ou *Défense du Nazarénus*. L'autre, rédigé en latin, était son fameux *Pantheisticon*. Ce livre, qui épuisa ses dernières ressources, semblait renfermer aussi, avec ses dernières espérances, ses dernières

---

[1] Trad. de l'anglais (in-8°. Londres, 1777). *Lettres ou Dissertations, l'une sur les Nazaréens, l'autre sur le Christianisme tel qu'il se pratiquait en Irlande dans les premiers siècles.*

pensées. « Il le fit imprimer secrètement à ses dépens, dit l'auteur de sa *Vie*, et n'en fit tirer qu'un petit nombre d'exemplaires, qu'il distribuait, pour avoir quelques présents de ceux à qui il en donnait. Le pauvre malheureux, qui était alors fort bas percé, portait partout dans sa poche des exemplaires qu'il vendait mystérieusement aux personnes auxquelles il croyait pouvoir se fier. La plupart n'en achetaient que pour lui faire l'aumône, et même en cela sa fierté ne le cédait point à son adresse, car il n'en vendait guère au-dessous de la guinée. »

En somme, Toland avait aspiré à jouer le rôle sinon d'un dictateur des esprits, au moins d'un novateur, et il était resté, suivant l'expression sévère mais juste de Huet, « un aventurier ». Polygraphe et controversiste infatigable, il s'était, de l'aveu même de Naigeon, offert à l'ennemi, armé un peu à la légère, *levis armaturæ*. Il avait pu, à force d'effronterie, produire, en mainte circonstance, du scandale ; il s'était vu impuissant à conquérir la moindre autorité. « J'ai reçu votre réfutation de Toland (*Vindicias tuas contra Tolandum*), mandait de Berlin, en janvier 1722, Lacroze à Mosheim, [1] et je l'ai lue avec un plaisir extrême, comme tout ce qui vient de vous, quoique vous ayez peut-être tenu compte plus que de raison d'un homme de néant, qu'on dit mener en Angleterre une vie très misérable au milieu d'un universel et profond mépris. [2] »

Effectivement, vieilli de bonne heure, sans partisans, sans protecteurs, presque sans amis, Toland vivait obscurément depuis quatre années, aux environs de Londres, dans le village de Putney, où il demeurait chez un charpentier, lorsqu'il ressentit les atteintes du mal qui devait l'emporter. Sceptique en médecine comme presque en toutes choses, il se donna, pour tromper ses souffrances, l'inoffensive satisfaction d'écrire une diatribe contre les médecins. Il succombait

---

[1] En 1718, Mosheim écrivait à Lacroze : « *Nosti Jo. Tolandum libellum nuper, portentosis opinionibus refertum, nomine Nazareni edidisse. Hunc refutandum mihi sumpsi... Præfixa erit de certaminibus scriptisque Tolandi præfatio. At tu meam hic juvare posses diligentiam. Ex dialogis tuis hominem, cum Berolini degeret, tibi innotuisse perspexi... Noli itaque, si de fatis, vita, scriptis moribusque viri tibi quidquam cognitum, mihi illud invidere.* » Thesauri, Epistolici Lacroziani (Lipsiæ, 1842. t. I, p. 284).

[2] Ibid., t. III, p. 211, et 131. « *Ex imperitorum numero Tolandus est, vir qui omnium bonarum artium rudis sola se impudentia et impietate conspicuum et celebrem fecit.* »

le 11 mars 1722, âgé de cinquante-deux ans, aux suites d'un rhumatisme, qui se changea en jaunisse compliquée de fièvre. On rapporte qu'au moment d'expirer, il prit congé des rares assistants qui l'entouraient en leur disant : « Je vais dormir. » Ce devait être, après lui, la suprême parole de plus d'un révolutionnaire. Toland s'était fait à lui-même, peu de temps avant de mourir, une épitaphe latine où se peignent à la fois son orgueil effréné et son panthéisme désespérant.

« Ici gît Toland, qui, né en Irlande, près de Londonderry, étudia en Écosse, en Hollande et aussi à Oxford. Après plusieurs voyages en Allemagne, il passa aux environs de Londres son âge mûr. Il cultiva toute espèce de littérature et sut plus de dix langues. Défenseur de la vérité, champion de la liberté, il ne consentit à devenir le disciple ou le client de personne, et ni les menaces ni les maux ne purent le détourner de suivre la voie qu'il s'était tracée, préférant à l'utile l'honnête. Son esprit est réuni au Père éthéré, d'où il est sorti; son corps, cédant à la nature, repose dans le sein maternel. Lui-même ressuscitera pour l'éternité, mais il ne sera jamais le même Toland : *idem futurus Tolandus nunquam*. Demandez le reste à ses écrits ; *cætera ex scriptis pete.* »

Que penser, après cela, des jugements sur Toland, tels que celui que portait récemment un professeur de Marbourg ?

« Toland, écrivait M. Lange, est un de ces phénomènes qu'on aime à contempler : il nous découvre en lui une personnalité importante dans laquelle se fondent harmonieusement toutes les perfections humaines. » Vraiment M. Lange connaissait-il la personne de Toland et ses ouvrages autrement que par ouï-dire[1] ?

[1] *Histoire du Matérialisme et Critique de son importance a notre époque,* trad. de l'allemand (Paris, 1877-79, 2 v. in-8°, t. I, p. 294).

II

Des écrits multipliés de Toland, le *Pantheisticon* est le seul que nous nous proposions ici d'examiner. Aussi bien, de toutes les publications du philosophe Irlandais est-ce peut-être l'ouvrage qui, à tort ou à raison, a le plus contribué à sauver son nom de l'oubli, de même que, de tous ses livres, c'est celui sans doute où s'accusent avec le plus de netteté ses tendances, son caractère et ses opinions.

On le reconnaîtra sans peine. Le titre même du *Pantheisticon* en indique clairement, avec le sujet, les divisions, et il suffit d'en parcourir l'énoncé, pour s'être mis en quelque sorte toute une table des matières sous les yeux.

Pantheisticon, ou « Formulaire des réunions

de la societé Socratique, divisé en trois parties qui contiennent pour les Panthéistes ou les Associés : 1° leurs mœurs et axiomes ; 2° la notion de la Divinité et celle de la Philosophie ; 3° la notion de Liberté et de la Loi qui ne trompe pas et qui ne doit pas être éludée. » — En manière de préface se trouve une Diatribe ou dissertation pratique touchant les associations anciennes et nouvelles d'érudits, ou encore touchant l'Univers infini et éternel. En manière d'épilogue on a ajouté une courte Dissertation, relative à la double Philosophie que les Panthéistes doivent suivre, et à l'idéal de l'honnête homme. *Pantheisticon, sive Formula celebrandæ Sodalitatis Socraticæ, in tres particulas divisa; quæ Pantheistarum, sive Sodalium continent : 1° mores et axiomata; 2° numen et philosophiam; 3° libertatem, et non fallentem legem neque fallendam. Præmittitur de antiquis et novis eruditorum sodalitatibus, ut et de Universo infinito et æterno, diatriba. Subjicitur de duplici Pantheistarum philosophia sequenda, ac de viri optimi et ornatissimi idea, dissertatiuncula. Cosmopoli,* MDCCXX.

Ainsi trois parties, encadrées entre deux dissertations, dont l'une pose des principes, dont l'autre tire des conséqences, voilà exactement et en quelques mots toute l'économie de cette composition. La dissertation préliminaire ne laisse aucun doute sur la doctrine fondamentale du penseur Irlandais. Il s'y déclare très nettement panthéiste. Mais comme le panthéisme ressemble au Protée de la Fable, qui se présente aux regards sous les aspects les plus divers,

Omnia transformat sese in miracula rerum,

il est intéressant de constater quelle est la physionomie que Toland a su donner à ses conceptions panthéistiques, en même temps qu'on est conduit à rechercher de quelle origine procèdent ces idées.

Il est fort probablable que Toland s'était pénétré du sensualisme de Hobbes, et que les théories, après tout, grossières de l'auteur du Léviathan, avaient fait une impression durable sur son esprit. Ce qui demeure hors de conteste, c'est qu'il dut beaucoup fréquenter, non seulement les écrits, mais pendant ses séjours réitérés en Hollande, les amis, les disciples, les successeurs de Spinoza. Et en effet sa polémique contre toute Église et contre toute révélation, la discussion qu'il entreprend, en tant d'endroits de ses ouvrages, des textes des Écritures, ne sont en quelque sorte que des échos et des redites du *Tractatus theologico-politicus.*

D'un autre côté, plusieurs de ses *Lettres à Séréna* nous apprennent assez à quel point l'*Éthique* lui était familière, et quoique à diverses reprises il ait paru se donner la tâche de réfuter les doctrines qui s'y trouvent comprises, et cela par des raisons bonnes ou mauvaises, peu importe; nombre de maximes ne lui en demeurent pas moins communes avec Spinoza, notamment cette affirmation fondamentale que tout est un.

Cependant, ce serait une erreur de croire que Toland se fut directement formé à l'école de Spinoza. Pour découvrir le véritable inspirateur de Toland, il faut remonter un peu plus haut et en venir jusqu'à celui qui n'a pas été sans doute, mais qui aurait pu, qui aurait dû être l'inspirateur du philosophe de la Haye. Je veux parler de Giordano Bruno.

Assurément, entre le panthéisme de Spinoza et le panthéisme de Bruno subsistent des différences notables et qui sont tout aussi frappantes que celles qui distinguent la vie et le caractère de ces deux spéculatifs. Mais, au milieu même de ces différences, que de rapports! Car, pour l'un et pour l'autre, qu'est l'univers et tout ce qu'il renferme, autre chose que le double et alternatif mouvement, que la systole et la diastole de l'être, de la nature tour à tour *natura naturans* et *natura naturata?* C'est pourquoi on ne s'en est pas assez étonné. Quelle merveille n'est-ce point que Spinoza n'ait rien emprunté au célèbre Dominicain, qui peut-être n'avait jamais mis les pieds en Hollande, je l'accorde, mais qui, dans le laps de plusieurs années, s'était montré avec fracas, avait disserté publiquement et imprimé à Wittemberg, à Helmstœdt, à Marbourg, à Brunswick, à Prague, à Francfort, et dont les écrits étaient certainement connus soit à Amsterdam, soit à la Haye! Imaginera-t-on que Spinoza ait dissimulé les emprunts qu'il avait faits à Bruno, comme Huet en accuse Descartes et comme

Lacroze le reproche à Leibnitz[1] ? Une pareille supposition ne serait guère acceptable. Les habitudes de méditation solitaire où s'était réfugié Spinoza et où il se tenait confiné, son dédain transcendant pour toute espèce d'autorité, son constant mépris de l'érudition expliquent suffisamment que ce soit de son propre fonds qu'il ait tiré, comme l'araignée sa toile, tout le tissu de son panthéisme. C'est, il est vrai, sur certains principes de la Cabale et du Cartésianisme mal entendu, qu'il a ourdi la trame prodigieuse de ses déductions. « C'est d'un mélange de Cabale et de Cartésianisme et de leurs principes finalement corrompus, observait pertinemment Leibnitz, que Spinoza a formé son dogme monstrueux. » Mais si l'*Éthique* repose indubitablement sur des données qui viennent des Cabalistes et de Des

---

[1] *Thesauri Epistolici Lacroziani*, t. III, p. 78. *Jacobo Bruckero :*
« *Librum cui titulus est Spaccio della Bestia triomphante non legi, nisi in linguam anglicam conversum a viro nefario Jo. Tolando. In eo nihil agitur de episcopo Romano. Liber vero exigui momenti mihi visus est. Fateor tamen Brunum virum impium et malum incredibili vi ingenii polluisse. Multi viri docti ejus scriptis usi sunt. Ipse Leibnitius totum suum systema hausit ex Bruni libro de Maximo et Minimo. Hoc ipsi Leibnitio dixi et objeci ore et scripto.* »

cartes, rien ne prouve qu'on y doive constater en outre l'influence de Bruno.

Il n'en est pas de même du panthéisme de Toland. Pour peu que l'on consulte attentivement l'histoire de l'esprit humain en Angleterre, vers la fin du seizième siècle, on se convainc que, contrairement à Hallam[1], Whewel a eu parfaitement raison de soutenir[2] que Giordano Bruno contribua beaucoup à introduire en Angleterre les idées nouvelles de Copernic. Il suffit même, pour s'en assurer, de considérer le lieu et la date des principales publications de Bruno. Écoutons le plus récent historien de la philosophie en Angleterre. « Giordano Bruno, qui vint en Angleterre dans l'année 1583, écrit M. de Rémusat, y resta près de deux ans. Grand ennemi d'Aristote et presque autant de la religion de son pays, le philosophe napolitain, qui se qualifiait de *citoyen du monde*, de *fils du soleil son père et de la terre sa mère,* offrit à l'université d'Oxford son livre des *Trente sceaux* et il fut admis à faire entendre

---

[1] *Histoire de la Littérature de l'Europe pendant les quinzième, seizième et dix-septième siècles*, t. II, p. 113.
[2] *Hist. of. inductiv. Sciences*, t. I, p. 385.

ses idées sur l'immortalité de l'âme, devant des professeurs et des étudiants peu propres à concevoir l'identité d'une âme qui, toujours la même, passe d'un corps à l'autre, en s'en formant un nouveau chaque fois par l'agglomération de nouveaux atomes.

« Il assista à la séance solennelle où le comte palatin Albert de Lasco, oncle d'un roi de Pologne, et moitié prince, moitié aventurier, fut reçu en grande pompe, et il soutint devant lui la thèse du mouvement de la terre et de l'immensité de l'univers. Enfin dans un repas que lui donna le jour des Cendres Fulke Gréville, il fut admis à exposer de nouveau le système de Copernic, et cette conférence donna lieu aux dialogues imprimés sous le titre de *la Çena de le Ceneri* (1584). La rumeur qu'ils excitèrent n'empêcha point Bruno de publier à Londres, coup sur coup, divers ouvrages métaphysiques et la composition difficile à définir qui porte le titre bizarre de *Spaccio della Bestia trionfante* (1584). C'était une critique de la religion chrétienne et de toutes les religions au profit de la loi naturelle, ouvrage fort estimé des Italiens pour l'imagination et le talent, et qui, dédié à sir Philip Sydney, fut accepté des Anglais comme une attaque contre le papisme qui pouvait bien être appelé la *Bestia trionfante,* s'il était déjà la bête de l'Apocalypse [1]. »

Ce n'est même pas encore assez dire. En effet, qu'on y songe ! Les compositions que Bruno imprima à Londres ne sont rien moins, sans parler de celles qui viennent d'être mentionnées, que ce qu'il y a de capital dans ses œuvres philosophiques. Car ce sont avec l'*Explicatio triginta sigillorum et Ars reminiscendi* (1583), la *Cabala del cavallo Pegaseo* (1586) et les *Eroici furori* (1585), le *De la causa, principio et uno* (1584), le *De l'infinito, universo e mondi* (1584). Aussi n'y a-t-il pas lieu d'être surpris que les rêveries de Bruno soient entrées pour beaucoup dans la formation des chimères de Toland.

Rapproché du philosophe italien par certaines affinités de caractère, la pétulance, le désordre des

---

[1] *Histoire de la Philosophie en Angleterre* t. I, p. 56 et suiv. On s'étonne et on regrette que le savant auteur de cet ouvrage n'y ait pas même accordé à Toland une mention. Cf. *Jordano Bruno* par Christian Bartholmèss (Paris, 1846, 2 vol. in-8°.) Opere di Giordano Bruno Nolano, ora per la prima volta raccolte e publicate da Ad. Wagner (Lipsia, 1830, 2 v. in-8°).

idées, la fougue de l'imagination, la bizarrerie du langage, le désir d'innover, l'impatience de toute espèce de discipline, Toland ne pouvait manquer de se complaire et effectivement se complut dans le commerce d'un génie tel que Bruno. Comme Bruno, il se proclamait volontiers « *fils du soleil son père et de la terre sa mère* ». D'un autre côté, les écrits et la personne de Bruno étaient l'objet particulier de son attention. Ainsi Niceron rappelle que vers le même temps où Toland publiait le *Pantheisticon*, il traduisait en anglais le *Spaccio del la Bestia trionfante,* « montrant en cela, ajoute le pieux Barnabite, plus de passion pour l'athéisme que de discernement[1]. » Ce n'est pas tout : les œuvres posthumes de Toland, publiées à Londres en 1786 (3 v. in-8), contiennent deux morceaux concernant Bruno, l'un relatif aux circonstances qui précédèrent le supplice de l'infor-

[1] Cf. *Le Ciel réformé. Essai de traduction de partie du livre italien intitulé* : SPACCIO DEL LA BESTIA TRIONFANTE : *La Déroute ou l'expulsion de la beste triomphante : proposée par Jupiter, effectuée par le Conseil des Dieux, déclarée par Mercure. C'est Sophie qui en fait le récit; c'est Saulin qui l'entend et Nolanus qui le publie. Le tout divisé en trois dialogues, subdivisé en trois parties. Dédié à l'illustre et preux Chevalier, le seigneur Philippe Sidney.* — Imprimé à Paris, 1584. — 1750, in-18, trad. par l'abbé de Vougny,

tuné Dominicain, l'autre qui se rapporte à sa théorie favorite de l'immensité du Tout et des mondes innombrables. Enfin, le *Pantheisticon*, à lui seul, témoigne surabondamment de l'influence exercée sur Toland par Bruno. En effet, le titre même de la dissertation préliminaire par où débute cet écrit : *De universo infinito et æterno* reproduit presque littéralement soit le *De l'infinito, universo e mondi* de Bruno, soit, à la suite du *De monade, numero et figura,* ses huit livres *De innumerabilibus, immenso et infigurabili, seu de universo et mundis; Francfort,* 1681 [1]. Or, quand on entre dans l'analyse de ce petit traité, on y retrouve, parmi des maximes en partie Spinozistes, et quoi qu'en ait dit Toland, en partie Épicuriennes, tout le panthéisme Pythagorique et Copernicien du philosophe de Nola.

C'est ce qu'il faut faire voir sommairement.

Le *Pantheisticon* est beaucoup moins une mé-

---

[1] *Jordani Bruni Nolani De Monade, Numero et Figura liber Consequens Quinque de Minimo, magno et mensura. Item. De Innumerabilibus, Immenso et Infigurabili; seu de Universo et Mundis libri octo, Ad Illustriss. et Reverendiss. Heroem Henricum Julium Brunsvicensium et Lunæburgensium Ducem, Halberstadensium Episcopum,* etc. Francofurti, 1614, in-12.

taphysique qu'une éthique à laquelle une métaphysique telle quelle sert de préparation. Se séparer du vulgaire, marcher par où il faut aller et non par où l'on va, suivre la raison et non pas la coutume, prendre en mépris tous les biens périssables alors qu'on doit soi-même si vite périr, se mettre au-dessus de toute crainte et arriver ainsi à mener une existence douce et tranquille, voilà ce que Toland se propose d'enseigner à quiconque lira son ouvrage. Dans sa pensée, le *Pantheisticon* comprend une sorte de méthode pour arriver à la vie heureuse.

Cependant la vie de l'homme ne peut être solitaire. Naturellement sociable, il ne saurait vivre sans le secours et le concours de ses semblables. De là les différentes espèces de société, le mariage, la famille, la maison, la cité. Mais, à côté de ces sociétés qu'engendre la force des choses, il y en a d'autres toutes volontaires, et ce sont celles que les Grecs et les Romains désignaient sous le nom de *Phratries, Hétairies, Sodalitia, Sodalitates*. Il ne s'agit pas d'ailleurs ici des réunions secrètes qui auraient pour objet les intérêts d'une corporation, la religion ou la politique, et qui souvent ont été l'objet des rigueurs de la loi. Toland se défend de vouloir parler de telles assemblées. Les seules réunions dont il veuille rappeler le souvenir sont celles qui étaient connues chez les Grecs sous le nom de *symphonia, compotationes, scyndeipna* ou *concænationes, sussitia*, réunions toutes pacifiques, dont les membres, ou *sodales*, élisaient au sort l'un des leurs, qui devenait dès lors le *symposiarque*, l'*arbitre*, le *roi*, le *stratège*, le *père du festin*. De toutes ces réunions, les plus excellentes étaient les banquets dits Socratiques, *symposia socratica*, dont on rencontre chez les plus illustres disciples du divin Socrate, chez Platon et Xénophon, des exemples mémorables.

Suivant Toland, de telles associations se trouvent de son temps instituées, toutes pareilles aux banquets des anciens, que remplissaient agréablement de libres entretiens, et ce sont ces associations socratiques, *socraticæ sodalitates*, qu'il a dessein de faire connaître et dont il entreprend l'apologie.

Les membres qui composent ces associations sont pour la plupart philosophes ou bien près de l'être. Ne jurant sur la parole d'aucun maître, affranchis du joug de l'éducation et de l'habitude, dégagés des liens des religions de leur pays comme des liens des lois, c'est en usant d'une entière liberté de pensée et sans préjugé d'aucune sorte qu'ils discourent avec une parfaite tranquillité d'âme de toutes choses, tant sacrées que profanes.

Ils se nomment d'ordinaire Panthéistes, en raison de la doctrine qui leur est propre sur Dieu et l'univers, doctrine diamétralement opposée à celle des Épicuriens, des Chaologues et des Oneiropoles. Les Panthéistes n'admettent en effet ni confusion primitive ni fortune, et moins encore reconnaissent-ils que le hasard soit en aucune façon l'artisan du monde.

En ce qui touche la cause et l'origine des choses, leur dogme est celui du vieux et savant Linus :

« *Du Tout sont toutes choses et de toutes choses est le Tout.* »

Cependant il y a dans le Tout infini un mouvement et une intelligence qui en font la force et l'harmonie, d'où naissent les apparences des choses, dont l'individualité tient à la forme, cette forme elle-même n'étant qu'une simple disposition de la matière. De là, dans l'univers, des mondes infinis qui se distinguent entre eux, en ant que par ies du monde, par des attributs particuliers, mais qui ne sont nullement, au regard du Tout, des parties réellement séparées.

Et qu'on ne craigne point que la perfection de l'univers souffre aucunement de ce que les choses se meuvent par parties, puisque c'est en suite d'une génération incessante que se produisent de nouvelles perfections. La perfection de l'univers n'est pas davantage compromise parce que chaque jour se dissolvent les agrégats qui sont formés de la réunion des parties. C'est en quoi consiste, au contraire, le souverain degré de la perfection; car, dans le Tout, rien ne périt; la mort d'un être fait la naissance d'un autre être et réciproquement, et toutes choses, par un changement perpétuel de formes, par une variété et des vicissitudes pleines de beauté, emportées en quelque sorte dans des orbes sans fin, conspirent à la communion et à la conservation du Tout. C'est également ce qu'enseignait Musée lui-même, lorsqu'il prononçait ces paroles si souvent répétées, que « c'est de l'Un que toutes choses ont été produites, de même que c'est dans l'Un qu'elles viennent toutes se résoudre et s'absorber. »

Or, cette force ou énergie du Tout, laquelle crée toutes choses et les modère, c'est là Dieu, qu'on peut également, si l'on veut, appeler l'Esprit et l'Ame du monde, et c'est pourquoi les *Sodales* ou Associés Socratiques sont appelés Panthéistes, estimant, comme ils le soutiennent, que ce n'est qu'abstractivement que la force de l'univers se distingue de l'univers lui-même.

Il est impossible de ne pas l'observer : une telle théorie n'est-elle pas textuellement le thème que, par un plagiat ou une redite dont apparemment ils n'ont point conscience, reproduisent, avec des airs d'oracle, quelques *Free Thinkers* ou libres penseurs de nos jours, lorsqu'ils nous parlent d'un Univers-Dieu qu'anime une force secrète, que presse un ressort intérieur, et dont les phénomènes, sans cesse renouvelés, par où se manifeste la diversité même des êtres, conspirent aveuglément à la réalisation de plus en plus complète du bien ?

Malgré sa jactance habituelle, Toland se montre d'ailleurs moins outrecuidant que ses imitateurs. Non seulement c'est à l'antiquité la plus reculée qu'il rapporte cette doctrine, mais il s'efforce de l'autoriser des plus grands noms depuis l'ère chrétienne. C'est ainsi qu'à son sens, elle aurait été celle d'Occam, de Cajetan, de saint Thomas d'Aquin lui-même, lesquels ne croyaient point se mettre en contradiction avec la cosmogonie Mosaïque, quand ils professaient que Dieu est la cause éternelle du monde éternel, et que toutes choses, sans intermédiaire, sont éternellement émanées de Dieu.

En somme, les éléments de la réalité sont infinis en même temps que simples et indivisibles, et c'est de leur composition, de leur séparation, de leurs combinaisons variées que résultent toutes choses, mais avec une mesure, un poids, des mouvements qui leur sont propres. Rien de nouveau ne se produit dans le monde, excepté le changement de lieu, d'où procèdent la naissance et la mort de tous les êtres. Qu'on n'aille pas néanmoins confondre cette philosophie des Panthéistes avec le mécanisme et les fictions d'Épicure. Pas de vide où les atomes se disposent au hasard en vertu de leur déclinaison; tout est plein. Dans l'espace infini, ni haut, ni bas, ni milieu, ni bornes. D'ailleurs, universelle et intime est l'action infinie de l'univers infini, action qu'expriment tous les mouvements particuliers dont elle est le total, et qui, mutuellement, se limitent, s'empêchent, se retardent ou s'accélèrent. Toutes choses, en effet, sont en mouvement, et toutes les diversités quelconques ne sont que des noms divers imposés à des mouvements particuliers, la nature n'offrant pas un seul point en repos, et le repos n'étant vraiment lui-même qu'un mouvement de résistance.

Mais quoi! si toutes choses, à parler rigoureusement, ne sont que mouvement, la pensée elle-même n'est-elle que mouvement ? Toland n'hésite pas à reproduire ici les assertions de Hobbes et de Spinoza. Suivant lui, comme d'après le promoteur du *somatisme* et le géomètre de l'*Éthique*, la pensée n'est qu'un mouvement du cerveau. C'est dans le système cérébro-spinal, non dans le cœur, que s'élabore et se produit le mouvement tant de la pensée que de la sensation, et de là vient que chez tous les animaux ce mouvement varie en raison même de la structure de leur cerveau. Pour ce qui est de la pensée, notamment, elle est due à l'action de l'éther sur le cerveau, de l'éther, feu suprême, qui enveloppe tout, qui pénètre tout, dont le feu de cuisine, *ignis culinaris*, n'est qu'une image grossière ; qui est plus mobile que la pensée même, plus subtil que toute autre matière ; qui doucement ébranle et vivifie, sans brûler comme le feu ordinaire, sans dissiper, sans détruire. C'est le feu souverain que célèbre l'auteur du livre de *la Diète,* lequel, silencieux, invisible, intangible, toujours actif, dispose naturellement et gouverne tout, qui fait l'art, l'esprit, la prudence, l'augmentation, le mouvement, la diminution, le changement, le sommeil et la veille. C'est le feu que désigne Horace par l'expression de *divinæ particula auræ.* C'est chez Virgile ce qu'il appelle *spiritus intus alens, cœlestis origo, igneus vigor.* C'est ce que les modernes nomment « esprits animaux » et « fluide nerveux ». Quel que soit le mode de formation des idées, toutes les idées sont corporelles, le cerveau où elles se forment ne pouvant rien produire que de corporel, puisqu'il est un organe corporel. En un mot, la langue n'est pas plus l'organe de la saveur que le cerveau celui de la pensée.

Quelle est, d'un autre côté, la nature des éléments, dont le mouvement engendre la diversité des choses, on dirait mieux des apparences, et, sous l'action de l'éther, dans le cerveau, la pensée ? Ce sont des germes éternellement vivants. Et qu'on ne l'entende pas seulement des hommes, des quadrupèdes, des reptiles, des oiseaux, des poissons ou des plantes. Les pierres, les minéraux, les métaux proviennent aussi de germes, se forment dans des matrices qui leur sont propres, s'accroissent par une nourriture qui leur est particulière. Rien sur la terre qui ne soit organique, rien qui ne soit engendré de quelque semence, si bien que c'est avec raison qu'on peut appeler la terre *la Mère panspermie*, la terre qui a pour époux d'une jeunesse éternelle le soleil *Pammestor*.

Cette explication de l'origine et de la formamation des choses se rattache nécessairement à une certaine astronomie. Et, en effet, c'est l'astronomie Pythagoricienne, ou plutôt Égyptienne, et, pour parler avec les modernes, Copernicienne, qu'adoptent les Panthéistes. Le soleil leur apparaît placé au centre des planètes qui accomplissent autour de lui leurs révolutions, et parmi lesquelles la terre n'est pas la moins considérable, tandis que d'autres terres innombrables, semblables à notre terre, décrivent autour d'autres soleils leurs orbes inflexibles et que les comètes elles-mêmes suivent une voie dont elles ne s'écartent jamais. Spectacle admirable, qui fait bien comprendre ce qu'est la musique des sphères, dont parlent les plus doctes parmi les anciens ! L'immutabilité sous le changement ; une série éternelle de mouvements, quoique aucun mouvement ne soit éternel ; une série éternelle de choses, quoique aucune chose ne soit éternelle ; des créations sans cesse renouvelées, quoique, à vrai dire, il n'y ait pas de création, un *processus* et un *recessus* à l'infini : voilà pour les Panthéistes le secret de l'univers.

II

Une philosophie de la nature telle que, depuis Toland, ont pu tour à tour la construire, en y mettant l'empreinte personnelle de leur passion ou de leur génie, d'Holbach et Diderot, Schelling et Hegel, ou plus récemment Schopenhauer, voilà donc quelle est la doctrine des Panthéistes ! Mais Toland se hâte d'ajouter que cette philosophie se divise, comme chez les sages de l'antiquité, en philosophie externe ou populaire et en philosophie véritable. Un compagnon Socratique professe-t-il quelque hérésie qui soit une tradition de sa famille ou une pratique ancienne de son pays ? Les autres affiliés ne songent nullement à lui en faire un grief; car ils ne disputent point sur des arguties scolastiques, et tiennent que dans les choses indifférentes rien n'est plus sage que cet antique adage « qu'il faut parler avec le vulgaire et penser avec les philosophes ».

Toutefois, s'il advient que la religion paternelle ou celle que sanctionnent les lois soit entièrement détestable ou en partie; si, par exemple, elle est atroce, obscène, tyrannique, ou qu'elle refuse à autrui la liberté, alors il est licite aux compagnons Socratiques et c'est pour eux un droit d'embrasser incontinent une doctrine plus douce, plus pure et plus libérale. Ce n'est pas, en effet, seulement la liberté de pensée, mais aussi la liberté d'agir que, toute licence à part, ils estiment inviolables, et tous les tyrans trouvent en eux des adversaires irréconciliables, que ces tyrans soient des monarques despotiques, des aristocrates oligarques, ou des démagogues anarchiques.

Associés par de tels principes, les Panthéistes ont institué des banquets. Non pas qu'ils y recherchent les plaisirs de la bonne chère. Ce qu'ils s'y proposent, c'est uniquement de jouir des agréments d'une réunion entre amis et de goûter les charmes de la conversation. Il ne s'agit point d'y boire longuement, et tous les jeux de hasard en sont sévèrement bannis. On n'y introduit ni danseuses, ni joueurs de flûte, ni bouffons. De savants discours et un enjouement délicat en font tout l'attrait. Ce ne sont pas, encore un coup, des festins d'Apicius ; la table y est frugale mais bien servie, simple mais élégante. On y voit les visages souvent attentifs, jamais les fronts soucieux. C'est lorsque tous les serviteurs, comme autant d'ignorants et de profanes, ont été écartés, et qu'à la manière des anciens, on a exactement fermé les portes, que commencent, sur les sujets les plus divers, les entretiens. Outre les problèmes qui peuvent naître des hasards de la conversation, l'assemblée se propose une question à résoudre, comme dans le *Banquet* de Platon. Ou bien encore, comme dans le *Banquet* de Xénophon, chacun traite à son tour un sujet qu'on lui indique ou qu'il a choisi. C'est sans esprit de contention qu'on y disserte des choses sérieuses, et sans légèreté de celles qui ne sont qu'agréables. A ces banquets préside un

Roi du festin, qui jouit absolument de la même autorité qu'autrefois chez les Grecs et les Romains. Tous les sociétaires d'une localité sont tenus de se rendre à chaque réunion, à moins qu'ils ne soient empêchés par la maladie, par un voyage, ou par quelque autre cause qui puisse leur servir d'excuse. Ce qui est d'ailleurs particulièrement notable, c'est le formulaire tripartite qui sert de règlement à ces réunions et qui en résume l'esprit : *Formula celebrandæ Sodalitatis Socraticæ*. On en lit, chaque fois que les sociétaires se réunissent, une partie, ordinairement la première ou la dernière : le Modérateur prononce le premier mot et les autres répondent quelquefois même en chantant, *concinendo*. Mais on récite le formulaire tout entier aux jours de solstice et d'équinoxe, ou dans telle autre circonstance, surtout lorsqu'un nouveau sociétaire est reçu, ce qui n'a jamais lieu qu'à l'unanimité des suffrages, quoique la simple majorité suffise pour l'exclure. Afin de rendre les brigues impossibles, les Modérateurs sont élus suivant l'ordre même de leur admission dans la Société. C'est le Roi du festin précédemment nommé qui parle le premier dans les réunions, et c'est le nouveau Roi du festin qui préside le banquet. Les sociétaires s'appliquent fréquemment à interpréter le canon philosophique qui est contenu dans la deuxième partie du formulaire, et ils en déduisent, à la manière des anciens Socratiques, les théorèmes les plus abstrus de la physique. Ajoutons, pour abréger et passer sous silence les autres discours qu'ils échangent sur les plus sublimes sujets, qu'à des époques déterminées ils commentent la loi de nature, cette loi qui est la vérité même et qui ne trompe jamais, ainsi que l'établit la deuxième partie du formulaire, c'est-à-dire la Raison, à la lumière de laquelle ils dissipent toute espèce de ténèbres, chassent les inquiétudes vaines, se dégagent des révélations imaginaires, rejettent les miracles inventés à plaisir, les mystères absurdes, les oracles ambigus, en un mot mettent à nu toutes les ruses, toutes les machinations, toutes les fraudes, toutes les tromperies, tous les contes de vieille femme, qui forment comme un nuage impur sous lequel disparaît la Religion, comme une nuit profonde où est plongée la **Vérité**.

Quel est donc ce *Formulaire*, règle souveraine des Sociétés Socratiques ? On ne saurait en donner une juste idée en le résumant, et il faut, de toute nécessité, en placer sous les yeux du lecteur le texte à peu près complètement traduit. Aussi bien, Toland a-t-il eu recours ici à une mise en scène qu'il est impossible de supprimer ; car elle nous introduit, pour ainsi dire, au sein même d'une de ces réunions d'initiés.

PREMIÈRE PARTIE DU FORMULAIRE

Contenant les Mœurs et les Axiomes de la Société.

LE ROI DU FESTIN *dit le premier :*

Pour notre bonheur et notre bien,

L'ASSISTANCE *répond :*

Nous avons institué une Société Socratique.

LE ROI DU FESTIN

Fleurisse la philosophie !

L'ASSISTANCE

Avec les arts libéraux.

LE ROI DU FESTIN

Faites silence. Que cette réunion (et il n'y a rien qu'on n'y doive penser, dire, faire) soit consacrée à la Vérité, à la Liberté, à la Santé, triple objet des vœux des sages,

L'ASSISTANCE

Et maintenant et toujours.

LE ROI DU FESTIN

Appelons-nous égaux et frères ;

L'ASSISTANCE

Confrères aussi et amis.

LE ROI DU FESTIN

Loin de nous la contention, l'envie, l'opiniâtreté.

L'ASSISTANCE

Que parmi nous règnent la docilité, la science, l'urbanité.

LE ROI DU FESTIN

Aimons les jeux et les ris.

L'ASSISTANCE

Que les Muses et les Grâces nous soient propices.

LE ROI DU FESTIN

Ne jurons par la parole de personne.

L'ASSISTANCE

Non, fût-ce par la parole de Socrate lui-même. Nous exécrons toute *Hiérotechnie*.

LE ROI DU FESTIN

Afin pourtant que, sous les auspices d'autorités convenables (la Liberté restant toujours sauve), sous les auspices des meilleurs des hommes, nous accomplissions tout selon les rites, écoutez, très chers Confrères, les paroles de Marcus Porcius Caton, le très grave Censeur, telles que les rapporte Cicéron, le très saint Père de la Patrie, dans le treizième chapitre du *Traité de la Vieillesse.*

L'ASSISTANCE

Nous sommes dévoués à la Vérité et à la Liberté, afin de pouvoir être délivrés de la Tyrannie et de la Superstition.

LE ROI DU FESTIN

Il lit un passage du *Traité de la Vieillesse,* où Caton fait l'éloge des associations, *Sodalitates,* fondées sous sa questure.

L'ASSISTANCE

Loués soient Socrate et Platon, Marcus Caton et Marcus Cicéron.

LE ROI DU FESTIN

Dissertons sérieusement de toutes choses, et fréquemment interrompons nos recherches pour converser

L'ASSISTANCE

Savamment, modestement, gaiement.

LE ROI DU FESTIN

Scrutons les causes des choses, afin de vivre joyeux et de mourir tranquilles.

L'ASSISTANCE

Afin de rendre l'âme, délivrés de toute crainte, sans être exaltés par la joie, sans être abattus par la tristesse.

LE ROI DU FESTIN

Afin de nous moquer des terreurs du vulgaire et des fictions des charlatans, chantons des vers d'Ennius.

LE ROI DU FESTIN ET L'ASSISTANCE

Je ne fais pas le moindre cas de Marse l'Augure, ni des Aruspices qui courent les villages, ni des Astrologues du cirque, ni des prêtres d'Isis, ni des Interprètes des songes; leur science, en effet, non plus que leur art, n'a rien de divin ; ce sont de superstitieux prophètes et d'impudents bateleurs, gens ou paresseux ou fous, ou que la pauvreté presse, qui ignorent le sentier qu'ils doivent suivre et prétendent montrer aux autres la voie ; qui promettent des richesses à ceux dont il sollicitent une drachme. Que de ces richesses donc ils prennent une drachme et qu'ils rendent le reste.

LE ROI DU FESTIN

Écoutez encore, excellents amis, ce même très sage Caton, qui, au quatorzième chapitre de ce même *Traité de la Vieillesse,* nous donne par son exemple un divin précepte.

L'ASSISTANCE

Afin que nous soyons sains, pleins d'allégresse et heureux.

LE ROI DU FESTIN

Il lit un passage du *Traité de la Vieillesse*, dans lequel Caton rappelle les banquets qu'il s'est plu à célébrer, à la manière du Banquet de Xénophon, jusque chez les Sabins.

L'ASSISTANCE

Loué soit Xénophon; imitons les rustiques Sabins.

LE ROI DU FESTIN

Repaissons largement notre esprit, modérément notre ventre.

L'ASSISTANCE

Cela est juste et bon.

LE ROI DU FESTIN

Offrons une libation aux Grâces.

L'ASSISTANCE

Buvons à petits coups.

SECONDE PARTIE DU FORMULAIRE

Contenant la Religion et la Philosophie de la Société.

LE ROI DU FESTIN

Écartez le profane vulgaire.

L'ASSISTANCE

Tout est fermé et sûr.

LE ROI DU FESTIN

Dans le monde toutes choses sont l'Un, et l'Un est Tout en toutes choses.

L'ASSISTANCE

Ce qui est Tout en toutes choses, c'est Dieu, éternel et immense, ni engendré, ni périssable.

LE ROI DU FESTIN

C'est en lui que nous vivons, que nous nous mouvons et que nous existons.

L'ASSISTANCE

De lui est né tout être, et tout être retournera ensuite à lui, car il est pour toutes choses le principe et la fin.

LE ROI DU FESTIN

Chantons un hymne sur la nature de l'Universel.

L'ASSISTANCE

Quel qu'il soit, l'Universel anime, forme nourrit, accroît, crée toutes choses ; il ensevelit et reçoit en soi toutes choses ; de toutes choses il est le Père ; c'est en lui que toutes choses, qui sortent de lui, retournent finalement et périssent [1].

Ou encore :

Par la loi de leur mortalité, toutes choses

---

[1] Pacuvius cité par Cicéron, liv. I, chap. LVII.

créées sont sujettes au changement ; avec le cours des ans les terres ne restent pas les mêmes et les nations revêtent, à travers les siècles, des aspects différents. Mais le *Monde* demeure intact et conserve toute son intégrité ; ni les longs jours ne l'augmentent, ni la vieillesse ne le diminue ; dans sa course pas un point en lui ne se meut et il court sans se fatiguer. Toujours il sera le même, parce que toujours il a été le même ; nos pères ne l'ont pas vu autre et autre ne le verront pas nos neveux ; il est *Dieu*, éternellement immuable [1].

LE ROI DU FESTIN

Il lit le passage des *Tusculanes* où Cicéron exalte, sur un ton lyrique, les bienfaits de la Philosophie. *O vitæ Philosophia dux!* etc. [2].

L'ASSISTANCE

La Raison est la vraie et première Loi, le flambeau et la lumière de la Philosophie.

---

[1] *Manil, astronom.* Liv. v. 515.
[2] Liv. V, chap. II.

LE ROI DU FESTIN

Il lit le passage du *Discours pour Roscius* où Cicéron explique que les Furies dont parle la Fable sont, pour les criminels, l'idée et la conscience même de leurs crimes [1].

L'ASSISTANCE

Pour bien vivre la vertu suffit seule et devient à elle-même une ample récompense.

LE ROI DU FESTIN

Ce qui est honnête, cela seul est bien.

L'ASSISTANCE

Et il n'y a d'utile que ce qui est louable.

LE ROI DU FESTIN

Maintenant il faut lire distinctement le *Canon philosophique*, et vous y devez, très chers Frères, prêter la plus scrupuleuse attention.

---

[1] *Pro Roscio Amerino*, cap. xxiv.

L'ASSISTANCE

Si la contemplation de la Nature est agréable, très utile en est la science ; c'est pourquoi nous sommes attentifs, nous réfléchirons et jugerons.

LE ROI DU FESTIN

Il lit plusieurs passages des *Questions Académiques,* dans lesquels Cicéron expose ce que les anciens philosophes entendaient par la Nature, cause à la fois et effet, force et matière, Monde en tant qu'effet, et, en tant que force, Raison ; dont ils disent qu'elle est l'âme du Monde, ou encore l'Esprit et la Sagesse parfaite qu'ils appellent Dieu. Suivant eux, Dieu est pour les choses célestes Prudence ; pour les hommes Nécessité, ou fatal et immuable enchaînement de l'ordre éternel, et quelquefois Fortune, parce que les causes sont obscures et que nous les ignorons [1].

L'ASSISTANCE

Nous n'avons plus désormais à douter ni de la nature de l'Efficient ni de la nature de l'Effet.

---

[1] Liv. 1, chap. VI, VII.

LE ROI DU FESTIN

Célébrons la céleste source des âmes, qui jaillit dans la plus petite comme dans la plus grande.

LE ROI DU FESTIN ET L'ASSISTANCE

Tous chantent les vers des *Géorgiques*, où Virgile, à propos des abeilles, célèbre le Dieu qui circule à travers l'Univers :

Esse apibus partem divinæ mentis et haustus Æthereos dixere : Deum namque ire per omnes Terrasque, tractusque maris, cœlumque profundum [1].

LE ROI DU FESTIN

Maintenant faisons commémoration des hommes et des femmes de l'Antiquité, que recommandent leurs préceptes ou leurs actions.

L'ASSISTANCE

Afin que par leur exemple et par leur doctrine ces personnages nous soient secourables.

---

[1] *Georg.*, liv. IV, vers 220 et suiv.

LE ROI DU FESTIN

Il dit : Bienfaisant Selomo (*sic*), Thalès, Anaximandre, Xénophane, Mélissus, Ocellus, Démocrite, Parménide, Dicéarque, Confucius ; Bienfaisante Cléobuline, Théano, Pamphila, Cérellia, Hypatie.

L'ASSISTANCE

Elle répond à chaque nom : soyez-nous secourable.

LE ROI DU FESTIN

Que le reste du chœur des philosophes soit loué. Souvenons-nous des serviteurs et des servantes de la Vérité.

L'ASSISTANCE

Que tous ceux qui méritent de l'être, soient loués et honorés.

LE ROI DU FESTIN

Offrons une libation aux Muses.

L'ASSISTANCE

Buvons quelques coups.

TROISIÈME PARTIE DU FORMULAIRE

Contenant la Liberté de la Société et la Loi qui ne trompe pas et qui ne doit pas être éludée.

LE ROI DU FESTIN

Ne cessons de souhaiter un esprit sain dans un corps sain ; n'abandonnons pas légèrement la vie, mais jamais non plus ne craignons la mort.

L'ASSISTANCE

Rien n'est plus désirable ; tous nos efforts doivent tendre à ce qu'il en soit ainsi.

LE ROI DU FESTIN

C'est pourquoi, chantons joyeusement et en mesure.

LE ROI DU FESTIN ET L'ASSISTANCE

Tous chantent les deux premières strophes de

l'ode d'Horace : « *Justum ac tenacem propositi virum,* etc. [1].

LE ROI DU FESTIN

La joie est plus précieuse aux sages que le lucre.

L'ASSISTANCE

La joie est la marque d'un homme libre ; la tristesse, celle d'un esclave.

LE ROI DU FESTIN

Il vaut mieux ne commander à personne que d'être l'esclave de quelqu'un.

L'ASSISTANCE

On peut vivre, en effet, honnêtement sans avoir d'esclave ; avec un maître, il n'y a pas de vie qui soit acceptable.

LE ROI DU FESTIN

Il est nécessaire d'obéir aux lois ; car sans elles ni propriété, ni sûreté.

[1] Liv. III, od. III.

L'ASSISTANCE

Nous sommes donc esclaves des lois, afin de pouvoir être libres.

LE ROI DU FESTIN

La liberté diffère autant de la licence,

L'ASSISTANCE

Que de la liberté la servitude.

LE ROI DU FESTIN

Écoutez donc, excellents Confrères, gravez profondément dans vos âmes et toujours pratiquez dans vos actions la Règle certaine de bien vivre, de bien mourir, de tout faire en perfection, la Règle, dis-je, qui ne doit pas être éludée, et la Loi qui ne trompe jamais; en voici le texte exact et dans les termes mêmes où l'a autrefois définie en un langage inimitable Marcus Tullius.

L'ASSISTANCE

Nous ouvrons les oreilles et nous élevons nos cœurs.

LE ROI DU FESTIN

Il lit le passage si connu de la *République* de Cicéron sur la loi naturelle : *Est quidem Vera lex recta ratio, naturæ congruens, diffusa in omnes, constans, sempiterna... Nec vero per Senatum, aut per Populum, solvi hac lege possumus. Neque est quærendus Explanator, aut Interpres ejus alius; nec erit alia Lex Romæ, alia Athenis, alia nunc, alia posthac : sed et omnes gentes, et omni tempore, una Lex, et sempiterna et immortalis, continebit. Unusque erit communis quasi Magister et Imperator omnium Deus ille, Legis hujus inventor, disceptator, lator : cui; qui non parebit, ipse se fugiet, ac naturam hominis aspernabitur;* etc. [1]

L'ASSISTANCE

C'est par cette loi que nous voulons être régis et gouvernés, et non point par les mensongères et superstitieuses fictions des hommes.

LE ROI DU FESTIN

Les lois imaginées ne sont ni claires, ni uni-

---

[1] Liv. III, cité par Lactance. Liv. VI, chap. VIII.

verselles, ni toujours les mêmes, ni jamais efficaces.

L'ASSISTANC

Elles ne sont donc utiles qu'à très peu, ou plutôt elles ne le sont à personne, si ce n'est à ceux-là seuls qui les interprètent.

LE ROI DU FESTIN

Cependant, prêtez l'oreille. — Il lit un passage du Traité *de la Divination* où Cicéron s'élève contre la Superstition, concluant que s'il faut propager la Religion qui convient avec la connaissance de la Nature, il est nécessaire de déraciner la Superstition [1].

L'ASSISTANCE

Le superstitieux ne veille ni ne dort tranquille; ni il ne vit heureux, ni il ne meurt en sécurité; vivant et mort, il devient la proie des prestolets.

---

[1] *De Divinatione*, liv. II, *cap. ult.*

LE ROI DU FESTIN

La durée de vie que la Nature accorde à chacun,

L'ASSISTANCE

Chacun doit en être content.

LE ROI DU FESTIN

Celui qui craint ce qui ne peut être évité, celui-là ne peut jamais vivre l'âme en repos.

L'ASSISTANCE

Mais celui qui ne craint pas la mort, parce qu'elle est nécessaire, celui-là s'assure une vie heureuse.

LE ROI DU FESTIN

Comme la naissance a été pour nous le commencement de toutes choses, ainsi la mort en sera le terme.

L'ASSISTANCE

Comme rien ne nous a concerné avant la naissance, rien non plus ne nous concernera après la mort.

LE ROI DU FESTIN

Celui qui pleure de ce qu'il ne vivra pas dans mille ans est aussi insensé.

L'ASSISTANCE

Que celui qui pleurerait pour n'avoir pas vécu il y a mille ans.

LE ROI DU FESTIN

L'opinion seule et la coutume exigent une pompe funèbre et des funérailles.

L'ASSISTANCE

Il faut donc les mépriser pour nous, mais non les négliger pour les nôtres.

LE ROI DU FESTIN

Buvons.

L'ASSISTANCE

Ainsi soit-il.

LE ROI DU FESTIN

Je bois en l'honneur de la Société

L'ASSISTANCE

Nous buvons à pleins verres.

LE ROI DU FESTIN

Que le nouveau Roi du festin préside aux autres exercices.

L'ASSISTANCE

Ainsi soit-il.

Le banquet se continue avec tempérance, les convives enseignant et apprenant tour à tour, ce qui est la marque distinctive et le but suprême de la Société.

IV

Ce n'était pas assez pour Toland que d'avoir proclamé l'excellence des associations Socratiques et témoigné d'une admiration sans bornes pour la beauté du *Formulaire* qui est leur loi. Il éprouve encore le besoin de célébrer les mœurs des sociétaires. D'après lui, ceux-ci n'ont rien plus à cœur, non seulement que de pratiquer la modestie, la continence, la justice et les vertus de toute sorte, mais encore que d'exciter les autres par la parole autant que par l'exemple, à suivre les mêmes errements. C'est d'ailleurs d'une manière humaine qu'ils accomplissent ce qui est humain. Leur religion est simple, claire, facile, irréprochable, désintéressée ; elle n'est point fardée, enveloppée, contentieuse, incompréhensible ou mercenaire ; elle ne repaît point les esprits de fables vaines; elle ne les emprisonne pas dans les liens de superstitions honteuses, cruelles ou ridicules; elle ne sert point d'instrument, à l'encontre de l'utilité commune, aux intérêts privés d'une famille ou d'une faction, et quant à ceux qui repoussent ses dogmes (pourvu qu'ils soient gens honnêtes ou pacifiques), elle ne les flétrit ni ne les persécute; encore bien moins leur inflige-t-elle des tortures ou des supplices. Aussi les Panthéistes peuvent-ils être justement appelés les initiés et les hiérophantes de la Nature. Ce sont les Druides et les Pythagoriciens du temps présent.

Toutefois, Toland n'a pu s'empêcher de le remarquer. N'est-ce point contre les Panthéistes un grief très grave que de les entendre professer une double doctrine, d'un côté une philosophie populaire qu'ils accommodent aux préjugés du vulgaire ou aux dogmes publiquement revêtus de la sanction des lois, d'autre part une philosophie secrète, entièrement conforme à la nature des choses et ainsi à la Vérité même? Quoi! ce n'est que portes closes et avec des amis d'une probité et d'une prudence reconnues, qu'ils osent, sans masque et sans détour, exposer cette philosophie secrète, dans son intégrité tout ensemble et dans sa nudité ? N'y a-t-il pas là une dissimulation condamnable ? — Ceux-là seuls, répond Toland, peuvent douter de la sagesse d'une telle conduite, qui ignorent ce qu'est la nature humaine et ce que sont les faits. Quelle est effectivement la religion ou quelle est la secte qui souffre qu'on la contredise, qu'on accuse ses enseignements d'erreur ou de fausseté, ses cérémonies de vaine montre ou d'ineptie ? Ces enseignements ne passent-ils point pour être venus du ciel, quoiqu'ils sentent terrlement la terre ? Ne sont-ils pas, si on veut en croire ceux qui s'en portent les interprètes, ne sont-ils pas divins et souverainement nécessaires à la conduite de la vie, quoique, de toute évidence, ils soient humains, entièrement inutiles et superflus, ou même trop souvent se réduisent à un amas de fictions bizarres, pour la plupart pernicieuses à l'existence commune et à la tranquillité publique ? Or, parmi tant d'opinions diverses et qui se combattent, s'il n'est pas impossible qu'il y en ait une de vraie, il ne se peut certainement pas qu'il y en ait plus d'une de vraie. C'est pourquoi, les Panthéistes, dans leur modération, en usent avec les hommes insensés et opiniâtres, comme les nourrices avec leurs nourrissons, dont elles caressent les lubies et flattent les caprices.

Quiconque, en effet, ne se prête pas aux fantaisies des petits enfants, leur devient insupportable et odieux. Il en est de même de ceux qui ne s'accommodent pas, en tout, aux sentiments des ignorants ; ils sont pris par eux en déplaisance, et les choses en viennent à ce point que, vivants, on voudrait leur interdire l'eau et le feu ; morts, leur infliger des peines éternelles. C'est en vain, d'un autre côté, qu'on s'efforcerait de déraciner de toutes les âmes la superstition ; ce qui reste uniquement à faire, c'est d'empêcher, en lui arrachant les dents et en lui coupant les griffes, que ce monstre abominable puisse exercer partout ses ravages. Aussi est-ce aux princes et aux politiques, qui se trouvent animés de ces dispositions, qu'il faut attribuer tout ce qu'il y a aujourd'hui dans le monde de liberté religieuse, au grand profit des lettres, des rapports et de la concorde des citoyens. Quant aux superstitieux et aux hypocrites idolâtres, c'est-à-dire aux hommes qui portent un masque et qui sont d'une piété méticuleuse, ce sont eux qui méritent la mise hors la loi, les amendes, les spoliations, les flétrissures, les incarcérations, l'exil et la mort. — Toland se laisse aller à ces excès de langage.

Ainsi, c'est à son sens, grâce à cette double philosophie, qu'au milieu des dissensions des sectes, de leurs luttes et de leurs déchirements, les Panthéistes vivent en sécurité, sans amour pour ceux-ci, sans haine pour ceux-là, dégagés des passions des partis, étrangers à leurs querelles, tout occupés du salut de la chose publique et du bien commun du genre humain. A ceux qui errent, ils montrent volontiers, s'ils le désirent, le droit chemin; sinon, ils entretiennent doucement avec eux les relations ordinaires de la vie. Ils estiment en effet et posent en principe qu'il ne faut prendre personne en dégoût ou en mépris, à cause d'opinions indifférentes et sans portée; qu'on doit, de quelque nation ou de quelque religion que soit un homme, le rechercher pour ses qualités d'âme et pour sa vertu; que la perversité seule des mœurs nous est un motif de nous éloigner de lui. Conséquemment, les Panthéistes n'appellent jamais sur personne le châtiment ou l'infamie pour une simple opinion, pour des paroles ou des actions inoffensives, non plus que jamais ils n'exhortent et ne poussent qui que ce soit à se souiller d'une pareille iniquité. C'est aux fanatiques menteurs et aux femmelettes impuissantes qu'il appartient d'exciter le magistrat contre ceux auxquels on ne peut reprocher d'autre crime que de proposer des objections insolubles et de mener une vie réglée et sainte. Aussi bien, nul dépositaire de la puissance publique ne prêtera l'oreille aux discours de ces fous furieux, à moins qu'il ne soit lui-même dominé par la superstition, ou qu'esclave de l'ambition et n'ayant en vue que son avantage, il ne tienne aucun compte de la vertu et du mérite. Du reste, les Associés Socratiques n'ont qu'un but, c'est de vivre contents de leur sort, comme ils l'entendent et non comme l'entend autrui, et, sans se soucier ni du blâme ni de la louange, d'orner leur âme de vertu et de science leur esprit. De la sorte ils se mettent mieux en état d'être utiles à eux-mêmes, à leurs amis, à leur patrie, à leurs semblables ; de la sorte encore ils s'approchent plus sûrement de la perfection à laquelle tout homme de savoir et d'honneur est tenu de penser et d'aspirer, et, autant qu'il est en eux, réalisent l'idéal du sage, tel que Cicéron le propose à la fin du premier livre *des Lois;* l'idéal de l'homme prudent qui connaît l'univers et qui se connaît soi-même, citoyen du monde entier, adepte d'une religion pure, apôtre incorruptible de la vertu.

Qui oserait, demande Toland, élever sa pensée au-dessus d'une semblable conception, ou qui prétendrait l'égaler ? Toute discipline, d'autre part, est illusoire, qui n'a point pour objet d'assagir les hommes. C'est pourquoi, avant tout, le Panthéiste, rendu sage ou bien près de l'être, n'ira point contredire, à ses risques et périls, les idées reçues, lorsqu'elles s'éloigneront de la vérité philosophique ; il ne se taira pas néanmoins absolument, quand il se présentera une occasion opportune de parler ; mais il n'exposera jamais sa tête que pour sa patrie et pour ses amis. Ensuite, non seulement il n'enviera point, mais il communiquera spontanément à autrui les vérités qu'il lui sera loisible d'affirmer sans danger, telles que les vérités politiques, astronomiques, économiques ; il ne le fera cependant jamais sans les précautions nécessaires, parce que le vulgaire juge bien moins d'après la réalité que d'après l'opinion. Pour ce qui est des dogmes sacrés, celui qui se rapporte à Dieu, par exemple, ou encore celui qui regarde la nature des âmes, il les considérera en silence et les pèsera à leur valeur. Mais il ne s'ouvrira sur rien de ce qui touche à l'*ésotérique*, ni aux malhonnêtes gens, ni aux ignorants ; ne se communiquant qu'aux seuls Associés Socratiques ou à d'autres esprits pénétrants, intègres et instruits. Cette réticence et cette prudente réserve, je le sais, conclut Toland, ne plairont pas à tout le monde. Néanmoins, les Panthéistes ne se déclareront pas davantage, jusqu'à ce qu'il leur soit permis de penser ce qu'ils veulent et de dire ce qu'ils pensent.

Y a-t-il donc une Société Socratique telle que celle qu'a décrite Toland, et y récite-t-on effectivement le *Formulaire* dont il a exposé la teneur ? Ou plutôt n'est-ce point là, chez l'auteur du *Pantheisticon*, un pur jeu d'imagination et comme une ironique fiction ? C'est avec un demi-sourire que Toland répond à ceux qui pourraient lui faire une question pareille, qu'il les laisse libres de supposer, autant qu'il leur plaira, que la Société Socratique n'est qu'un idéal, ou bien que la fable s'y mêle à la réalité. Du moins ne saurait-on révoquer en doute qu'en plus d'un endroit se rencontrent des Panthéistes nombreux, qui ont aussi leurs associations en même temps que des réunions privées où ils célèbrent des banquets, et, ce qui en est l'assaisonnement suprême, où ils philosophent. Qu'importe qu'on y récite le *Formulaire*, partout et toujours, en entier ou en partie? Toland se borne à souhaiter que le lecteur sache s'en servir et en tirer profit. Il le faut d'ailleurs observer: Toland, qui, dans la rédaction de son *Pantheisticon*, s'était certainement inspiré des traditions maçonniques fort anciennes en Angleterre; Toland devait aussi, par cet ouvrage même, contribuer sans doute à la diffusion de la Franc-Maçonnerie, qu'en 1725 introduisit en France lord Derwent-Waters. Et en effet Panthéistes et Francs-Maçons ne sont pas sans se rapprocher par plus d'une affinité.

V

Bayle écrivait quelque part : « Je prétends avoir une vocation légitime pour m'opposer aux progrès des superstitions, des visions et de la crédulité populaire. » Nul doute que Toland ne s'attribuât, à certains égards, une vocation de même sorte. Il n'y a pas, en effet, une seule de ses nombreuses publications philosophiques, qui ne soit, sous une forme directe ou détournée, une agression violente contre les croyances de son temps et la religion de son pays. Une aveugle passion de sectaire, alors même qu'il s'élève contre toute espèce de secte, une logique à outrance dont une érudition de mauvais aloi parvient mal à couvrir les paralogismes ou les sophismes, une hardiesse d'assertions qui tourne à l'effronterie et une impétuosité d'attaque qui va jusqu'à l'invective, ce sont là les caractères que présente sa polémique et que l'on retrouve, à des degrés divers, dans tous ses ouvrages. Le *Pantheisticon* recèle, en outre, des intentions d'ironie presque outrageuse; car manifestement la disposition même du livre, imprimé rouge et noir, et où se rencontrent des antiphones, des leçons, des litanies, offre une contrefaçon de la liturgie ecclésiastique, qui en devient une dérision. S'il fallait s'en rapporter à certains annotateurs, Toland aurait même poussé la moquerie jusqu'à l'indécence.

C'est ainsi que l'un d'eux rapporte avoir lu sur quelques exemplaires du *Pantheisticon* la prière suivante : « Tout-puissant et éternel Bacchus, toi qui as établi la société humaine surtout par et pour le boire, accorde-nous la grâce que les têtes des buveurs, alourdies par les *beuveries* d'hier, soient soulagées par les *beuveries* d'aujourd'hui, et que cela ait lieu sans fin, de *beuveries* en *beuveries*. Ainsi soit-il. *Omnipotens et sempiterne Bacche, qui humanam societatem maxime in bibendo constituisti, concede propitius, ut istorum capita, qui hesterna compotatione gravantur, hodierna leventur, idque fiat per pocula poculorum. Amen.* » Il est vrai que Mosheim ne veut pas que l'on mette à la charge de Toland cette bouffonnerie rabelaisienne. Suivant lui, elle aurait été intercalée après coup par un contradicteur du philosophe de Redcastle, dans le dessein de tourner en dérision la société des Panthéistes, en les faisant passer pour des ivrognes, tandis que « c'étaient des gens graves, sobres et tempérants ».

Quoi qu'il en soit, ce qui demeure incontestable, c'est que Toland, nonobstant quelques précautions oratoires d'ailleurs assez clair semées, s'est posé, dans le *Pantheisticon,* en adversaire résolu de toute révélation. Vainement il distingue parfois d'une révélation vraie les fausses révélations. Au fond, pour lui comme pour Bayle, toute révélation est superstition, vision, système de fictions destinées à repaître la crédulité populaire. Il n'admet pas même ce qu'on appelle la religion naturelle et ne reconnaît, en définitive, ce qui est fort différent, d'autre religion que la religion de la nature. Toland aurait-il donc raison?

Qu'on veuille bien, sans parti pris d'aucune sorte et en se plaçant simplement en face des faits, y réfléchir ! On ne pourra, ce semble, se refuser à reconnaître que de la religion naturelle à la religion de la nature la pente est fort glissante. Par exemple, où trouver, malgré ce qu'elle a d'un peu banal, une plus éloquente exposition de la religion naturelle que la *Profession de foi du Vicaire Savoyard* ? Cependant, après avoir béni le sage auteur de l'ordre qui se manifeste dans l'univers, après l'avoir béni sans toutefois le prier, que fait Rousseau ? Il se perd, en imagination, dans l'espace ; il invoque, parmi d'étourdissantes extases, l'Être, le grand Être, et finalement se sent porté « à se fondre, pour ainsi dire, dans le système des êtres, à s'identifier avec la nature entière, à se jeter tête baissée dans le vaste océan de la nature ». Quel vague, en effet, n'y a-t-il pas, et, partant, sous d'essentiels rapports, quelle inconsistance dans la religion dite naturelle et quelles lacunes ! Ainsi, qu'est-ce qu'une religion sans culte, et néanmoins qui a jamais pu concevoir et où a-t-on jamais découvert un culte qui fût l'expression de la pure religion naturelle ! Qu'est-ce qu'une religion qui s'annonce comme répondant en perfection à tous les besoins de l'humanité et dont pourtant les hommes ne se sont jamais contentés? Diderot aura beau affirmer que toutes les religions positives ne sont que des hérésies de la religion naturelle. Que ses disciples expliquent, s'ils le peuvent, comment il se fait que les religions positives se rencontrent partout et que la religion naturelle ne se montre organisée nulle part. Quel est, en un mot, le peuple auquel, en aucun temps, ait suffi la religion naturelle ? Ou quel est le philosophe qui s'y soit borné, lorsqu'il a voulu, sinon régler sa propre vie, ce qui est pour chacun l'inviolable secret de la conscience, mais, se dégageant des abstractions d'une méditation solitaire, exercer sur ses semblables une influence de direction ? Ni l'Inde ni même la Chine ne se sont passées d'incarnation ou de révélation, et on n'a jamais répudié toutes les religions établies que pour être promptement et inévitablement tenté de les remplacer par une religion nouvelle. Ne parlons ni des Saturnales de la déesse Raison, ni des fêtes bientôt après célébrées en l'honneur de l'Être Suprême, ni de la pitoyable comédie des Théophilanthropes. Mais voyez de nos jours les Saint-Simoniens ! Leurs visées étaient d'abord uniquement économiques et politiques, et la force des choses les a nécessairement conduits à s'ingénier, pour constituer, sous l'appellation de *Nouveau Christianisme,* une espèce de religion. Voyez surtout les Positivistes ! Si parmi les maximes qu'avec un naïf à la fois et farouche orgueil ils prennent pour autant d'intuitions de génie, il en est que leur chef reconnu ait affecté de répéter à satiété, sans se douter des non-sens qu'elles impliquent, c'est, d'une part, que la science exclut toute considération de cause première ou de finalité ; c'est, d'un autre côté, que l'histoire se partage en trois époques : l'époque de la religion qui est superstition, l'époque de la métaphysique qui est chimère, et l'époque de la science qui est actuellement pour le genre humain l'époque de la virilité. Le lourd et épais dogmatisme de M. Auguste Comte ne l'a pourtant pas empêché de prétendre fonder, à son tour, une religion. Car, après avoir d'abord mérité que Saint-Simon son maître lui reprochât d'abolir par la science le sentiment en inclinant à un sec athéisme, il en venait à professer « que ce n'est que par l'association religieuse ou une Église, que, dans la subordination nécessaire du pouvoir matériel au pouvoir spirituel, se complète l'unité ». Certes, il ne proposait pas de ressusciter « un impuissant théisme ». — « On parle de religion naturelle, observait-il, comme si toute religion n'était pas nécessairement surnaturelle ! » Repoussant donc « toute restauration ténébreuse d'idées surnaturelles », c'était « sans Dieu ni roi, par le culte systématique de l'humanité » qu'il entendait « réorganiser ». Cette réorganisation cependant se résolvait en une religion. Car, si M. Comte n'admettait point qu'elle eût l'idée de Dieu pour support, il n'en faisait pas moins de l'Humanité, objet de cette religion, un Dieu Trinité, grand Milieu ou Espace, grand Fétiche ou Terre, grand Être ou Humanité, dont « le sexe affectif est l'expression la plus haute » et, sans rougir de ces savantes inepties, imaginait, pour une telle religion, à côté d'un culte privé s'exerçant par la prière et l'affection, un culte public, rendu à l'Humanité dans la personne des grands hommes avec ses sacrements et ses fêtes, et dont gravement il s'intronisait lui-même le grand-prêtre salarié. Tant il est vrai que les hommes ne peuvent se passer de religion ! Tant il est vrai aussi qu'en matière de religion, il est bien difficile de s'en tenir à la religion naturelle, qui, laissée à elle-même, incline la plupart du temps à ne plus être que la religion de la nature, c'est-à-dire aboutit à la négation même de toute religion !

Toutefois, il importe de le constater. Si la religion naturelle et la religion de la nature tendent en général à se confondre, au début elles semblent être et sont en réalité très distinctes. Non seulement en effet la religion naturelle est la base de toute religion, mais, évidemment, le degré d'excellence d'une religion positive se mesure à son plus ou moins de convenance avec la religion naturelle, ou, ce qui revient au même, avec les sentiments religieux qui animent naturellement le cœur de l'homme et les idées religieuses qui naturellement occupent son esprit. De là, parmi les trois grandes religions qui se partagent le monde, le Christianisme, le Mahométisme, le Bouddhisme, l'éclatante supériorité du Christianisme ; car le Christianisme, qui est contraignant pour la nature humaine et fort souvent l'étonne ou lui répugne, ne contredit, en somme, que les mauvais instincts de l'homme, tandis qu'il suscite ou développe en lui toutes les vertus.

Écoutez Montesquieu ! « M. Bayle, écrivait-il, après avoir insulté toutes les religions, flétrit la religion chrétienne : il ose avancer que de véritables chrétiens ne formeraient pas un État qui pût subsister. Pourquoi non ? Ce serait des citoyens infiniment éclairés sur leurs devoirs, et qui auraient un très grand zèle pour les remplir ; ils sentiraient très bien les droits de la défense naturelle : plus ils croiraient devoir à la religion, plus ils penseraient devoir à la patrie. Les principes du Christianisme, bien gravés dans le cœur, seraient infiniment plus forts que ce faux honneur des monarchies, ces vertus humaines des républiques et cette crainte servile des États despotiques[1]. » Et ailleurs : « Chose admirable ! la religion chrétienne qui ne semble avoir d'objet que la félicité de l'autre vie, fait encore notre bonheur dans

---

[1] *Œuvres complètes* (Paris, Lefèvre, 1826, 8 v. in-8, .3, p. 258). *Esprit des Lois.*

celle-ci[1]. » A coup sûr, il serait aussi absurde que dangereux de confondre avec l'athéisme la religion naturelle. « N'ai-je pas toujours ouï dire, remarquait très bien l'auteur de l'*Esprit des Lois*, que nous avions tous une religion naturelle ? N'ai-je pas ouï dire que le Christianisme était la perfection de la religion naturelle ? N'ai-je pas ouï dire que l'on employait la religion naturelle pour prouver la révélation contre les déistes ? et que l'on employait la même religion naturelle pour prouver l'existence de Dieu contre les athées ? On dit que les Stoïciens étaient des sectateurs de la religion naturelle : et moi je dis qu'ils étaient des athées, puisqu'ils croyaient qu'une fatalité aveugle gouvernait l'univers, et que c'est par la religion naturelle que l'on combat les Stoïciens. On dit que le système de la religion naturelle rentre dans celui de Spinoza : et moi, je dis qu'ils sont contradictoires, et que c'est par la religion naturelle qu'on détruit le système de Spinoza. Je dis que confondre la religion naturelle avec l'athéisme, c'est confondre la preuve avec la chose qu'on veut prouver, et l'objection contre l'erreur

---

[1] *Œuv. compl.*, t. 3, p. 154.

avec l'erreur même; que c'est s'ôter les armes puissantes que l'on a contre cette erreur[1]. » Cependant, s'il est vrai qu'on travaille à infirmer le Christianisme en s'attaquant à la religion naturelle, réciproquement s'attaquer au Christianisme, n'est-ce pas du même coup, qu'on le sache ou qu'on l'ignore, s'en prendre à la religion naturelle, pour en venir peu à peu à la religion de la nature ou à l'athéisme?

Tel a été précisément le cas de Toland. Naigeon ne s'y est pas mépris. A la vérité, il ne sait pas beaucoup de gré au sceptique Irlandais de sa polémique acharnée et mal déguisée contre la religion chrétienne. Car, suivant le docte Naigeon, « cette religion est si généralement décriée, surtout parmi les gens instruits, les seuls dont le jugement soit de quelque poids dans la balance du vrai et du faux, que le philosophe, qui perdrait son temps à prouver l'absurdité et la fausseté du Christianisme, serait presque aussi ridicule que ceux qui l'admettent comme vrai et comme divinement inspiré. » Sans doute encore, l'athéisme de Toland paraît à Naigeon bien superfi-

---

[1] *Œuv. compl.*, t. 5, p. 28 *Défense de l'Esprit des Lois.*

ciel, et c'est avec un accent de pédantisme ineffable, qu'il déclare que « si l'auteur du *Pantheisticon* a entraîné quelques hommes peu instruits vers l'athéisme, ils ne peuvent pas au moins se promettre de s'être préparé dans ce port, où d'ailleurs la méditation, le calcul et une étude profonde de la nature doivent seuls conduire, une retraite assurée et paisible. » Mais pour frivole qu'il le juge, Toland n'en demeure pas moins, aux yeux de Naigeon, et c'est par là qu'il lui inspire intérêt, en même temps qu'un comtempteur du Christianisme, le fauteur ardent d'une science sans Dieu.

Assurément, et on l'a cent fois observé, la qualification d'athée a été, en mainte occasion, prodiguée comme une gratuite injure. On a pu aussi remarquer justement, même contre un Naigeon ou contre un Lalande, qu'il n'y eut jamais d'athée effectif et parfait. Car il en est de l'athéisme comme du Pyrrhonisme. « La nature soutient la raison impuissante et l'empêche d'extravaguer jusqu'à ce point. » Toutefois on ne saurait se le dissimuler; le mot d'athée a un sens très nettement défini, et, théoriquement du moins, l'athéisme compte au nombre des systèmes de philosophie. Quant à Toland, en particulier, loin de le calomnier ou de le diffamer en le taxant d'athéisme, ce serait lui retirer, en quelque façon, ce dont il faisait comme son plus beau titre de gloire, que de ne point reconnaître en lui un athée.

En effet, illusion vraiment surprenante ! Toland ne cherchait à propager l'athéisme que parce qu'il le considérait, apparemment, comme un infaillible moyen d'amener le règne de la tolérance. Il se croyait et disait donc athée à bonne intention. Or, il est trop clair que si l'idée de Dieu était bannie de l'intelligence des hommes, il n'y aurait plus parmi eux de religions, et que, s'il n'y avait plus de religions, toutes les dissensions religieuses auraient pris fin. Mais la question est de savoir si cette paix que Toland préconise ne serait point, en admettant qu'elle fût possible, la paix du cimetière, ou encore si cette paix imaginaire ne se résoudrait pas en violences horribles, en une guerre de tous contre tous, *bellum omnium contra omnes*. Oui, telle est la nature de l'homme, que supposer l'abolition de toute religion, c'est follement supposer l'abolition de l'espèce humaine elle-même. Car l'homme, qui est un animal politique, est essentiellement aussi un animal religieux. Quoi qu'on dise, il ne parviendra jamais à se pervertir au point qu'il vive comme les brutes, auxquelles suffisent les satisfactions de leurs sens. Le sentiment s'ajoute chez lui à la sensation et la domine, et c'est avec un irrésistible élan que son cœur soupire après je ne sais quoi d'infini que lui révèle sa raison. Supprimez les religions, et l'homme n'est plus l'homme. Ne trouvant plus au-dessus de lui d'autorité qui lui commande, sa force seule constitue son droit, sa faiblesse seule son devoir, et son existence, désormais sans idéal, n'est qu'une agitation plus ou moins douloureuse sous l'aiguillon des appétits. Les religions, par conséquent, sont nécessaires, de même qu'en fait elles demeurent indestructibles.

Il est vrai que trop fréquemment les religions sont entrées en lutte les unes contre les autres, et que de ces conflits on a vu résulter des oppressions abominables. Toland, dont les écrits avaient été condamnés à être brûlés par la main du bourreau, et contre lequel, à cause de ses doctrines, une procédure criminelle avait été dirigée, Toland avait manifestement des motifs personnels et pressants pour appeler de ses vœux le règne de la tolérance. Mais, s'il faut le louer d'avoir revendiqué la liberté de conscience, liberté hasardeuse sans doute, mais qui n'en est pas moins la première des libertés et comme la racine de toutes les autres, comment ne pas constater qu'il a conçu de la tolérance une idée très fausse? On ne distingue pas assez, en effet, quand on parle de tolérance, deux choses qui pourtant, comme le remarquait judicieusement Turgot[1] ne devraient jamais être confondues : la tolérance religieuse et la tolérance civile. A parler exactement, la tolérance religieuse est un complet non-sens. Une religion dont les dogmes ne seraient pas inaccommodables ne serait plus une religion, et lui demander d'admettre dans son sein des doctrines étrangères ou de souffrir une diminution quelconque de ses propres enseignements, c'est tout simplement exiger d'elle

---

[1] *Le Conciliateur ou Lettres d'un ecclésiastique à un magistrat sur le droit des citoyens à jouir de la tolérance civile, pour leurs opinions religieuses; sur celui du clergé de repousser par la puissance ecclésiastique, les erreurs qu'il désapprouve; et sur les devoirs du prince à l'un et à l'autre égard.* — Voyez mon livre intitulé : *Trois Révolutionnaires : Turgot, Necker, Bailly* (Paris, 1886, in-12, 2ᵉ édit., p. 24 et suiv.).

le suicide. Tout autre est la tolérance civile, dont l'établissement, partout où elle existe, a été une si précieuse conquête, en même temps que d'ordinaire si chèrement achetée. Cette tolérance consiste, non point dans la négation par l'État de toute religion (un état athée, une loi athée ne seraient bientôt qu'anarchie), mais dans la liberté efficacement assurée aux religions diverses que professent les citoyens d'un même État. Encore cette protection accordée à la liberté de conscience, qui est aussi la liberté de pensée, doit-elle se réduire à de justes bornes. Croire ce qu'on veut, penser ce qu'on veut, si tant est, à le bien prendre, qu'on croie et qu'on pense comme on veut et non pas comme on peut, c'est là, à ses risques et périls, le droit indéniable, imprescriptible, de tout être humain. Mais ce droit, abstractivement absolu, a nécessairement, dans une société, des limites que lui impose pour chaque homme le même droit chez les autres hommes. C'est pourquoi, si, au demeurant, la liberté de conscience se trouve impénétrable à une contrainte quelconque, s'il est désirable que la liberté de pensée, de son côté, reste à l'abri de toute coercition, il n'en est pas de même des actes qui procèdent de l'une et de l'autre liberté. Une autorité, incontestablement, est indispensable qui empêche les empiétements et prévienne les subversions, et cette autorité est l'autorité même de l'État. Certes, Hobbes et Spinoza inauguraient la plus odieuse des tyrannies, lorsqu'ils déclaraient nécessaire, au nom de l'ordre, de soumettre les consciences et les croyances à l'empire de l'État. Mais prétendre, sous prétexte de tolérance, que l'État soit obligé de souffrir des organisations, des cultes, des prédications parlées ou écrites qui ne vont à rien moins qu'à ruiner les parties hautes de la moralité humaine, c'est-à-dire les supports mêmes de toutes les religions, c'est s'égarer en de frivoles discours, c'est s'obstiner à méconnaître les lois vitales des sociétés, c'est contredire, par amour du paradoxe, les données de l'histoire de tous les pays et de tous les siècles. Cicéron, un païen, Locke, l'apôtre de la tolérance[1], ne craignaient point d'affirmer, à des époques certainement fort différentes et dans des milieux assurément très divers, « qu'il

---

[1] Voyez son *Épitre sur la tolérance* à Limborch (Gouda, 1686) et les trois autres lettres depuis ajoutées par lui sur le même sujet.

y a des doctrines qui ne doivent pas être discutées dans l'École, mais punies par le magistrat. » Et de nos jours, ne voit-on pas la libre et libérale population d'Amérique repousser impitoyablement, refouler sans cesse devant elle la secte impure des Mormons ?

Les doctrines professées par Toland étaient-elles donc politiquement intolérables [1] ?

On ne saurait le contester. C'est, en général, un mauvais signe pour une philosophie que d'être bipartite et de comprendre deux espèces d'enseignements, l'un qui s'adresse à la foule et se produit au grand jour, l'autre qui cherche l'ombre,

---

[1] « Peut-être, écrivait Locke au premier livre de son *Essai sur l'entendement humain,* peut-être que si nous examinions avec soin la vie et les discours de bien des gens qui ne sont pas loin d'ici, nous n'aurions que trop de sujet d'appréhender que dans les pays les plus civilisés il ne se trouve plusieurs personnes qui ont des idées fort faibles et fort obscures d'une divinité et que les plaintes que l'on fait en chaire du progrès de l'athéisme, ne soient que trop bien fondées. De sorte que bien qu'il n'y ait que quelques scélérats entièrement corrompus qui aient l'impudence de se déclarer athées, nous en entendrions beaucoup plus qui tiendraient le même langage, si la crainte de l'épée du magistrat ou les censures de leurs voisins ne leur fermaient la bouche, tout prêts d'ailleurs à publier aussi ouvertement leur athéisme par leurs discours, qu'ils le sont par le dérèglement de leur vie, s'ils étaient délivrés de la crainte du châtiment, et qu'ils eussent étouffé toute pudeur. » En écrivant de telles paroles, Locke n'aurait-il pas songé un peu à Toland, naguère son protégé?

affecte le mystère et ne se communique qu'à des initiés. Que certains chefs d'École, chez les Anciens, aient divisé leurs leçons en ésotériques ou acroamatiques et en exotériques, cela n'a rien qui doive surprendre. Ils s'accommodaient ainsi aux degrés divers d'avancement et d'instruction de leurs disciples, beaucoup plus peut-être qu'ils ne se préoccupaient de ne point éveiller d'ombrageuses susceptibilités, quoique, avec raison, ils s'en préoccupassent aussi quelquefois. Mais trop souvent, et sauf des exceptions plus ou moins fameuses, dont le souvenir se présente de lui-même à l'esprit, ce n'est pas la sublimité d'une doctrine et ce qu'elle peut avoir d'ardu, qui en a fait une doctrine secrète. Presque toujours il en est des doctrines secrètes comme des sociétés secrètes. Elles ne se dérobent à la lumière et ne fuient la publicité que pour éviter des contradictions redoutables, et ces contradictions ne sont pas constamment, il s'en faut, celles de la force qui entreprend d'opprimer le droit, ni celles du mensonge ou de l'erreur qui s'élève contre la vérité. La plupart du temps, au contraire, ces doctrines ne se dissimulent que parce qu'elles soulèveraient contre elles les protestations du plus grand nombre des hommes, ou donneraient ouverture, par l'application de leurs maximes, à toute espèce de débordements.

On raconte que Voltaire, au milieu des fumées capiteuses d'un souper, imposa silence à ses convives et leur enjoignit d'attendre, pour continuer leurs propos, que les portes fussent fermées et les laquais sortis. « Je ne veux pas, observait-il, m'exposer a être assassiné cette nuit. » C'est également portes closes, et la précaution n'est pas de trop, que discourent entre eux les Panthéistes, dont Toland décrit le conciliabule imaginaire. Rien, en apparence, de plus inoffensif ou même de plus louable que la formule sous laquelle ils invoquent, comme une sorte d'autre Trinité, la Liberté, la Vérité, la Santé. Mais que l'on passe des généralités aux détails et qu'on en vienne aux précisions. D'un Dieu personne, dans le *Pantheisticon*, pas un mot ; Dieu, pour Toland, est la force interne, innommée, qui agite la matière et sourdement l'organise. De l'âme, dans le *Pantheisticon*, pas un mot ; la pensée, pour Toland, est un mouvement du cerveau. Du respect de l'immuable justice et de l'idée de l'immortalité qui en reste l'infaillible sanction, dans le *Pantheisticon,* pas un mot; pour Toland, en dépit de la loi souveraine qu'il exalte sous le nom de Raison, tout système de lois est une mobile et arbitraire convention ; l'existence présente demeure à elle-même son but, et, après avoir vécu joyeusement, c'est avec une indifférence profonde, avec un parfait mépris de tout symbole religieux, que le Panthéiste doit sentir se dissoudre l'agrégat de molécules, dont la cohésion fortuite formait son éphémère individualité. Ainsi, ni Divinité, ni âme, ni éternelle justice, ni avenir immortel ; voilà, en somme, le fond des théories du penseur de Redcastle, et ce qu'il nomme Vérité. Quelle base pour y asseoir la Liberté ! Et n'est-il pas manifeste qu'une société où prévaudraient de pareilles leçons, serait à l'avance ruinée? A beaucoup d'égards, par conséquent, il ne se pouvait pas que, de son temps, Toland ne fît point de son formulaire panthéistique une doctrine secrète. Ajoutons-le : si une philosophie qui proclame l'existence d'un Dieu vivant, la spiritualité de l'âme, l'obligation absolue du devoir, la certitude d'une vie future, semble banale à quelques raffinés, comment ne pas remarquer que la philosophie, qui repousse de telles affirmations, ne témoigne guère de plus d'originalité et d'invention ? Et ne serait-il pas facile d'établir que les hypothèses qu'une science superbe s'efforce solennellement d'accréditer, ne sont, en gros, que des redites aussi fastidieuses que creuses, dont on rencontre jusque chez les plus anciens représentants de la spéculation Grecque les premières énonciations ? Cette philosophie négative offre, en tous cas, cet inconvénient grave et qui la condamne, je ne dirai pas d'être attristante (les âmes fortes savent braver les assauts de la tristesse) mais de se trouver entièrement inapplicable aux nécessités les plus impérieuses de l'existence des peuples non moins que de l'existence des individus.

Y aurait-il donc deux philosophies, l'une que Toland jugeait et que de nos jours quelques esprits rares estiment avec lui indispensable aux ignorants, au vulgaire, ou, comme ils parlent, aux sots; l'autre, vide de Dieu, d'âme, de loi divine, d'immortalité, et qui suffirait aux intelligences d'élite et aux savants? Autant presque vaudrait renouveler la distinction exécrable et si généralement décriée des deux morales, de la morale du peuple et de la morale des honnêtes gens. Autant vaudrait soutenir qu'en ce qui concerne la vie humaine, il y a deux vérités. Certes, la science n'est point identique au sens commun, et Descartes et Leibnitz ont eu sur notre nature et notre destinée de tout autres vues qu'un laboureur ou qu'un vigneron. Mais pour sublimes que paraissent les théories auxquelles il se complaît, après les avoir laborieusement imaginées, un philosophe s'abuse étrangement et devient comme le jouet de son propre génie, qui ne sait point, suivant la belle parole de Térence, se reconnaître en tout homme et reconnaître tout homme en lui,

Homo sum, humani nil a me alienum puto.

Une philosophie qui ne convient point à tout homme, quel qu'il soit, ne convient à aucun homme, quel qu'il puisse être, et c'est pourquoi les doctrines du *Pantheisticon* ou les doctrines analogues ne sont guère, en définitive, que de pernicieux et assez misérables divertissements de l'esprit. Tous pétris de la même poussière, ne sommes-nous pas tous faits pour la même vérité ?

LA PHILOSOPHIE DE BUFFON

Condorcet, dans son *Éloge de Buffon,* exaltait le siècle où vécut son illustre contemporain, « siècle, écrivait-il, où l'esprit humain, s'agitant dans ses chaînes, les a relâchées toutes et en a brisé quelques-unes ; où toutes les opinions ont été examinées, toutes les erreurs combattues, tous les anciens usages soumis à la discussion ; où tous les esprits ont pris, vers la liberté, un essor inattendu. » Ces paroles qui ne sont pas exemptes d'emphase, ne sont pas non plus dénuées de vérité. Jamais, en effet, le despotisme et le fanatisme ou l'intolérance n'eurent de plus ardents adversaires que ceux-là même, qui, au dix-huitième siècle, tendaient, sans trop le vouloir peut-être, à inaugurer d'autres genres de despotisme, de fanatisme ou d'intolérance. Les intelligences, à cette époque, ne sont pas seulement possédées de l'idée d'égalité ; l'amour du genre humain y semble remplir tous les cœurs. Le mot de guerre y est devenu abominable, et on ne rêve rien moins que les embrassements d'une paix universelle et perpétuelle. En un mot, on poursuit le progrès par toutes les voies, progrès indéfini, mal défini, et qu'en partie néanmoins on réalise. Car la justice est améliorée, l'esclavage condamné, le servage aboli, la liberté revendiquée sous toutes les formes, liberté de pensée, liberté de conscience, liberté individuelle, liberté commerciale, liberté politique [1]. On s'imagine qu'enfin va s'ouvrir, en toutes choses, une ère de régénération. Cependant, tandis que dans l'ordre social sont ainsi et bruyamment proclamés les droits de l'esprit, tout l'homme (et l'homme tout entier se trouve confondu avec l'homme politique), tout l'homme est, en général, considéré comme n'étant que matière. La métaphysique reste dédaigneusement, outrageusement proscrite

---

[1] Voyez mon livre intitulé : *l'ancienne France et la Révolution* avec une *Introduction sur la Souveraineté nationale*, 1 vol. in-12 (Paris, 1873).

sous l'appellation que l'on croit infamante de mysticisme, et la physique paraît seule, à tous égards, mériter le beau nom de science.

Contradiction étrange, prodigieuse, et qui pourtant, jusqu'à un certain point, s'explique ! Le dix-huitième siècle, effectivement, ni en bien ni en mal, n'est né spontanément de lui-même. Et déjà, vers la fin de l'âge précédent, le relâchement des mœurs, l'affaiblissement des croyances, le discrédit du Cartésianisme, avaient produit un courant qui, au dix-huitième siècle, ne fit que s'étendre et grossir jusqu'à déborder. Les libertins vivaient en quelque sorte cachés et gardaient en public quelque ménagement de langage. Les philosophes se montrèrent au grand jour, décidant de tout et souvent sur le ton d'une cynique hardiesse. En dépit d'oppositions occultes ou de revendications violemment réprimées, le dix-septième siècle, d'autre part, avait été, en somme, un siècle de spiritualisme, d'autorité et de tradition. C'est, au contraire, avec un mépris outrecuidant du passé, que le dix-huitième siècle se précipite vers l'avenir, ne voyant guère que d'odieuses entraves dans tout ce qui pouvait régler son élan, et d'insupportables obstacles dans les doctrines spiritualistes qui constituaient comme le fond de l'ancien établissement social. Aussi le dix-huitième siècle s'efforce-t-il de substituer à un spiritualisme qu'il estime asservissant, un matérialisme qu'il juge libérateur, et auquel les découvertes ou les applications des sciences physiques et naturelles assuraient un irrésistible crédit. C'est ainsi que, par l'avènement du règne de la matière, les contemporains de Condorcet travaillaient à établir le règne d'un esprit nouveau, mais enfin, sans en avoir conscience, le règne de l'esprit.

Quoi qu'il en soit, on ne le saurait contester : c'est par le scepticisme que le dix-huitième siècle commence, de même que c'est par le matérialisme que ce siècle finit. On doute alors de l'âme, de son existence substantielle et propre, de ses facultés et notamment de son libre arbitre. Dieu, à son tour, n'est guère réputé qu'un fantôme, ou si on en maintient le nom dans le discours, on nie sa personnalité et on raille sa providence. D'ailleurs, on n'attribue aux idées d'autre source que la sensation. C'est pourquoi, et en allant au fait, une masse organisée et dont l'ensemble des fonctions est désigné par le mot d'âme, voilà ce qu'est l'homme. Sentir et, par la sensation, autant qu'il se peut, jouir, pour retourner ensuite, sous le coup d'une dissolution fatale, aux éléments d'où il est sorti, voilà quelle est sa destinée. La matière universelle ou la force interne et inconnue qui agite la matière, l'âme du monde ou la nature, voilà ce qu'est Dieu. Et ce dogmatisme superbe qui simplifie tout parce qu'il confond tout, ce dogmatisme aussi facile que grossier, s'impose comme le dernier mot de la science et la plus sûre garantie de la prospérité nationale, jusqu'au jour où la Convention reconnaissant que, fût-il incarné dans le culte de la raison, le culte de la nature n'est qu'une idolâtrie qui répond mal aux nécessités de la vie d'un peuple, porte un décret en deux articles, dont le premier proclame l'existence de Dieu, et le second l'immortalité de l'âme. Les politiques de 1793 se voient ainsi obligés d'infliger finalement un démenti à la plupart des philosophes du dix-huitième siècle.

Toutefois, le matérialisme de cette époque n'avait pas laissé que de soulever, à cette époque même, d'éloquentes protestations, et plus d'un écrivain, non parmi les médiocres, s'était refusé à subir le joug de théories grossières et désespérantes. Au premier rang, il faut citer Buffon, l'auteur de l'*Histoire naturelle,* de la *Théorie de la Terre,* des *Époques de la Nature* et des *Discours,* trop oubliés, *sur l'Homme et sur la nature des Animaux.* Naturaliste incomparable, zoologiste célèbre, géologue de premier ordre, Buffon, durant sa longue et active existence qui s'écoula tout entière (1707-1788), soit dans sa terre de Montbard, soit au Jardin du Roi, Buffon n'étudia la matière sous tous ses aspects et ne la pénétra dans toutes ses profondeurs, que pour devenir le défenseur passionné, l'apologiste convaincu, on dirait bien le chantre de l'esprit.

I

Ce serait une erreur de croire que Buffon, reprenant en philosophie les errements de Gassendi, ou plutôt suivant aveuglément, comme la plupart des penseurs de son temps, les traces de Locke, se soit fait, par exemple, l'émule de Condillac. Loin de là. Buffon estime, se montrant peut-être en cela bien sévère, que l'auteur du *Traité des Sensations* est « un philosophe sans philosophie ». Suivant Buffon, « le sentiment ne peut, à quelque degré que ce soit, produire le raisonnement; » et par sentiment, il entendait la sensation. C'était, de prime abord, se séparer nettement de Condillac. Et, en effet, entre Condillac et Buffon, quoiqu'ils aient eu, l'un et l'autre, recours, pour expliquer l'origine des idées, à des fictions analogues; dans ces fictions mêmes, quelles différences! Chez Condillac, c'est un homme-statue, pure capacité vide que remplit d'abord la sensation d'odeur et où toute sensation, par une évolution incompréhensible, se transforme peu à peu en idées et en facultés. Chez Buffon, c'est le premier homme qui, au moment de la création, s'éveille en possession déjà de toutes les énergies de son être, et que ravit en extase le spectacle éblouissant d'une nature neuve comme lui. « J'ouvris les yeux... La lumière, la voûte céleste, la verdure de la terre, le cristal des eaux, je crus d'abord que tous ces objets étaient en moi. » Buffon ne parle, il est vrai, dans ce morceau souvent cité, que des idées qui nous viennent par les sens, et nullement de celles que l'âme découvre en elle-même et tire de son propre fond. Mais s'il n'a point complètement échappé aux influences du sensualisme de Locke, il procède bien davantage, en même temps que de Bacon et de Newton, de Descartes et de Leibnitz. Il suffit, pour s'en convaincre, de constater dans quelles étroites limites il circonscrit le rôle des sens. « L'esprit, quoique resserré par les sens, quoique souvent abusé par de faux rapports, n'en est, d'après lui, ni moins pur ni moins actif. L'homme qui a voulu savoir a commencé par les rectifier, par démontrer leurs erreurs, il les a traités comme des organes mécaniques, comme des instruments qu'il faut mettre en expérience pour les vérifier et juger de leurs effets. » On ne saurait certainement mieux distinguer des sens et des organes des sens l'esprit qui les emploie et interprète leurs informations. Buffon se sépare résolument aussi des théoriciens abusés qui, se flattant d'obtenir en tout une certitude qui soit exactitude, affectent de dédaigner tout autre procédé que celui des géomètres. Quoiqu'il se laisse aller à prétendre d'une façon très contestable « que la vérité physique et mathématique est seule existante, et que la vérité physique est vraie absolument, mais que les vérités morales ne sont que convenance et probabilités », il n'en soutient pas moins « que la vérité mathématique n'est vraie que relativement ». Appliquer à l'étude de la nature la géométrie et le calcul, « c'est donc faire, de ce qui est, un être abstrait et qui ne ressemble plus à l'être réel ». Buffon estime « que la seule et vraie science consiste dans la connaissance des faits ». Il exprime même le regret que, de son temps, cette connaissance soit si négligée, et, à ce propos, ose bien porter cette affirmation qui au premier abord cause quelque surprise. « Dans ce siècle même où les sciences paraissent être cultivées avec soin, je crois, écrit-il, qu'il est aisé d'apercevoir que la philosophie est négligée et peut-être plus que dans aucun autre siècle ? » D'où viennent ces plaintes de Buffon ? C'est que, à son avis, « la plupart des naturalistes ne font que des remarques partielles ». Or « il vaut mieux avoir un faux système ; il sert du moins à lier nos découvertes et c'est toujours une preuve que l'on sait penser ». Une métaphysique est nécessaire, « qui rassemble les idées particulières, qui les rende plus générales et qui élève l'esprit au point il doit être pour voir l'enchaînement des causes et des effets. Le génie n'est pas seulement « de la patience ; c'est une vue synthétique, intuitive, compréhensive ». Aussi Buffon dira-t-il souvent : « Voilà ce que j'aperçois par la vue de l'esprit. L'esprit, tel est par excellence l'instrument de conquête de la science ; et pour l'homme, sa vraie gloire c'est la science. »

II

Spiritualiste par le but qu'il poursuit, spiritualiste par la méthode qu'il emploie, Buffon, par les résultats même de ses travaux, témoigne hautement de la puissance merveilleuse de l'esprit.

Qu'on y songe ! Ce n'est pas l'œil qui voit, c'est l'esprit qui voit par l'œil, lorsque nos regards se tournent vers les cieux. Effectivement, que nous donne alors la vue des sens, inséparable des organes des sens ? De misérables, de fausses, de fugitives apparences. C'est l'esprit, au contraire, et l'esprit seul qui nous dévoile vraiment les splendeurs du firmament, qui nous en manifeste les lois, qui nous en découvre la constitution, qui nous en révèle jusqu'aux origines. Il n'y avait pas encore d'œil humain, que déjà était partie, du foyer d'où elle émane, la lumière qui, après des milliers d'années, est venue frapper notre rétine; et cet œil, ouvert un instant, s'éteint à jamais, des milliers d'années avant que de nouveaux rayons, à travers l'immensité de l'espace, se soient épanchés pour l'éclairer. Or, ce que l'œil ne soupçonne même pas, qui le perçoit, sinon l'esprit?

Ce qu'un Descartes, par intuition pure, ce qu'un Newton, par calcul et « en y pensant toujours », a fait pour le ciel, Buffon l'a fait pour notre globe par la vue de l'esprit. Ne parlons pas de sa *Théorie de la Terre*, qui n'est qu'un essai, mais arrêtons-nous à ses *Époques de la Nature*, dont on a pu dire justement « que de tous les ouvrages du dix-huitième siècle, c'est celui qui a le plus élevé l'imagination des hommes ».

« Il a fallu trente siècles de culture à l'esprit humain, observait très bien Buffon, seulement pour reconnaître l'état présent des choses. » Néanmoins, cet état actuel du globe n'est que le résultat d'une succession de changements et comme le dénouement de scènes tragiques dont l'homme n'a pas été le témoin. Est-il donc possible de les restituer et d'en saisir la trace ? Sans doute, « il s'agit de percer la nuit des temps, de reconnaître, par l'inspection des choses actuelles, l'ancienne existence des choses anéanties, et de remonter par la seule force des faits subsistants à la vérité historique des faits ensevelis ». Mais cet effort, l'esprit en est capable et Buffon n'hésite point à se faire le narrateur du drame grandiose, terrible, qui a précédé sur la terre la naissance de la nature sensible et intelligente. De la masse du soleil, obliquement choqué par une comète, une parcelle s'est détachée, d'abord incandescente et fluide, puis consolidée par le refroidissement. C'est ainsi qu'est née notre planète. Les mers l'ont ensuite recouverte, comme l'attestent les coquillages que l'on a rencontrés sur de hautes cimes, mais les mers n'ont recouvert les continents que pour ensuite se retirer. C'est alors que les éléphants, les hippopotames et d'autres animaux qu'on ne rencontre plus que dans le Midi ont habité le Nord, « le Nord, berceau de tout ce que la nature, dans sa première force, a produit de plus grand. » Ultérieurement s'est effectuée la séparation des deux continents, et enfin l'homme est apparu, « grand et dernier œuvre de la création ».

Telle est l'histoire de la terre. Roman! s'écriera-t-on peut-être. Roman, si l'on veut, à condition que l'on avoue que l'esprit est du moins un prestigieux romancier. Récit, d'ailleurs, qui, en réalité, est bien plus près de l'histoire que de la fiction! Quelles que soient en effet les erreurs de détail qu'y ait signalées la science contemporaine, ou les lacunes qu'elle y constate, l'ensemble en demeure, après tout, d'une vérité inattaquable. Oui, sous le présent, l'esprit a su démêler avec certitude les lentes et complexes évolutions du passé; de ce qui est, il a conclu d'une manière infaillible à ce qui a été; dans les êtres actuels, il a saisi l'image des êtres disparus; quelques débris informes lui ont suffi à reconstruire des mondes, et il s'est convaincu que l'homme n'avait pris le sceptre de la terre, que lorsque la terre s'était trouvée digne de recevoir son empire. Il y a plus : dans cette recherche à travers les âges, l'esprit, scrutant la matière, a vainement demandé à la matière la raison de la matière. L'esprit, au terme de ses investigations audacieuses autant que patientes, l'esprit a rencontré l'esprit ; l'esprit humain, le suprême esprit! Linné écrivait avec tremblement, consterné qu'il était par le spectacle de la nature : *Deum sempiternum, immensum, omniscium, omnipotentem, expergefactus a tergo transeuntem vidi et obstupui*. « J'ai vu, comme réveillé d'un long sommeil, j'ai vu passer, mais sans apercevoir sa face, le Dieu éternel, immense, omniscient, omnipotent ; je l'ai vu et je me suis senti rempli de stupeur. » Le génie serein de Buffon éprouve rarement de ces troubles et ne se laisse point d'ordinaire envahir par cette émotion religieuse. Dans ce qu'il nomme constamment la création, Buffon n'en proclame pas moins hautement l'action du Créateur.

Ce n'est pas que Buffon procède par voie de finalité. Au contraire, il semble, au premier abord, la condamner sans réserve. « Ce n'est point par des causes finales que nous pouvons juger des ouvrages de la nature ; dire qu'il y a de la lumière parce que nous avons des yeux, ou que nous avons des yeux parce qu'il y a de la lumière, n'est-ce pas dire la même chose ? Ou plutôt, que dit-on ?

Trouvera-t-on jamais rien par cette voie d'explication ? » On aurait pu répondre à Buffon que c'était pourtant par cette voie d'explication que Harvey, par exemple, avait trouvé la circulation du sang, en cherchant à quelle fin servaient les valvules du cœur et quel était leur usage. Quoi qu'il en soit, c'est judicieusement que Buffon veut qu'on distingue les questions où l'on emploie le pourquoi, de celles où l'on doit employer le comment, et de celles encore où on ne doit employer que le combien.

Adversaire comme absolu de la finalité, Buffon semble ne pas même admettre qu'il y ait des classifications. « La main du Créateur ne paraît pas s'être ouverte pour donner l'être à un certain nombre déterminé d'espèces ; la nature marche par des gradations inconnues et, par conséquent, elle ne peut se prêter totalement à ces divisions, puisqu'elle passe d'une espèce à une autre espèce et souvent d'un genre à un autre genre par des nuances imperceptibles. Il faut ne rien voir d'impossible, s'attendre à tout et supposer que tout ce qui est peut être. Les espèces ambiguës remplissent les intervalles de la chaîne. » Ainsi, aprés tout, « il n'existe réellement dans la nature que des individus ; les genres, les ordres, les classes n'existent que dans notre imagination. »

Néanmoins, en d'autres et nombreux passages de ses écrits, Buffon ne laisse pas d'observer, et sans soupçonner qu'il risque de la sorte de se contredire, que tous les êtres forment une chaîne, et que c'est d'anneaux qui demeurent fixes que cette chaîne se compose.

Les anneaux fixes, ce sont les espèces. Car, fécondité continue, perpétuelle, invariable, voilà le signe des individus qui appartiennent à une même espèce. « L'empreinte de chaque espèce est un type dont les principaux traits sont gravés en caractères ineffaçables et permanents à jamais. » A ce compte, d'une espèce peuvent provenir des races différentes, mais d'une espèce ne sauraient se tirer d'autres espèces. « Les espèces, par conséquent, sont les seuls êtres de la nature, êtres perpétuels, aussi anciens, aussi permanents qu'elle. Ce sont les unités créées, dont l'espèce humaine est la première ; toutes les autres ne viennent qu'en second et troisième ordre. »

Ces anneaux, d'autre part, se déploient en une chaîne qui est continuité, en une série qui est harmonie. Et, déjà, que de ressorts, de forces, de machines, de mouvements, qui concourent dans cette petite partie de matière qui constitue le corps d'un animal ! Que de rapports, que de combinaisons qui vont au même but, et qui ne cessent d'être des merveilles que par l'habitude que nous avons prise de ne pas réfléchir ! Mais comment, du moins après avoir considéré, en même temps que le renouvellement, la durée des espèces, ne pas être frappé aussi de l'unité de structure de tous les êtres dont l'homme est le type ? « L'homme, prenant son corps pour le modèle physique de tous les êtres vivants, et les ayant mesurés, sondés, voit que la forme de tout ce qui respire est à peu près la même. » Il y a, en effet, « un plan toujours le même, toujours suivi de l'homme au singe, du singe aux quadrupèdes, des quadrupèdes aux cétacés, des cétacés aux oiseaux, des oiseaux aux poissons, des poissons aux reptiles. Ce plan, bien saisi par l'esprit humain, est un exemplaire fidèle de la nature vivante, la vue la plus simple et la plus générale sous laquelle on puisse la considérer ; et, quand on veut l'étendre et passer de ce qui vit à ce qui végète, on voit ce plan, qui d'abord n'avait varié que par nuances, se déformer par degrés, des reptiles aux insectes, des insectes aux vers, des vers aux zoophytes, des zoophytes aux plantes, et, quoique altéré dans toutes les parties extérieures, conserver néanmoins le même fond. » Le végétal n'est qu'un animal qui dort. Quelque infinie qu'elle paraisse, la diversité se ramène de la sorte à l'unité. C'est que, en effet, « l'Être suprême n'a voulu employer qu'une idée et la varier en même temps de toutes les manières possibles, afin que l'homme pût admirer également et la magnificence de l'exécution et la simplicité du dessein. » Ce n'est donc pas seulement le ciel, c'est la terre qui raconte la gloire de Dieu.

A la vérité, Buffon se déclare « affligé toutes les fois qu'on abuse de ce grand, de ce saint nom de Dieu ; il est blessé toutes les fois que l'homme le profane et qu'il prostitue l'idée du premier être, en la substituant à celle du fantôme de ses opinions. » Mais il se hâte d'ajouter que « plus il a pénétré dans le sein de la nature, plus il a admiré et profondément respecté son auteur ». Si Dieu ne peut être compris, c'est qu'il ne peut être comparé, et s'il est nécessaire de raffermir de temps en temps et même d'agrandir l'idée de Dieu dans l'esprit et le cœur de l'homme, chaque découverte produit ce grand effet, chaque nouveau pas que nous faisons dans la nature nous ramène au Créateur.

Buffon n'a garde effectivement d'identifier la nature et Dieu. Il affirmera bien de la nature « qu'elle est une puissance vive, immense, qui embrasse tout, qui anime tout ». Mais qu'est-ce, à ses yeux, que cette puissance? C'est une idée. « Lorsqu'on nomme la nature purement et simplement, on en fait une espèce d'être idéal auquel on a coutume de rapporter comme à leur cause tous les effets constants, tous les phénomènes de l'univers. La nature n'est point une chose, car cette chose serait tout; ce n'est point un être, car cet être serait Dieu. » Qu'est-ce, en définitive, que la nature? « C'est le système des lois établies par le Créateur pour l'existence des choses et la succession des êtres. » C'était reproduire

Descartes. « Par la nature considérée en général, écrivait Descartes à la fin de ses *Méditations*, je n'entends maintenant autre chose que Dieu même, ou bien l'ordre et la disposition que Dieu a établies dans les choses créées. »

Hérault de Séchelles prétend, parmi les autres assertions diffamatoires dont abonde son pamphlet intitulé *Voyage à Montbard*, que, dans l'intimité d'une conversation familière, Buffon lui aurait dit : « J'ai toujours nommé le Créateur, mais il n'y a qu'à ôter ce mot et à mettre à la place la puissance de la nature. » A quiconque lit attentivement ses ouvrages, ce géologue illustre, ce zoologiste de génie, ce rénovateur des sciences naturelles dit sans cesse, au contraire : « J'ai souvent nommé la nature, mais il n'y a qu'à ôter ce mot et à mettre à la place la puissance du Créateur [1]. »

La nature, ou ce qui est né, ce qui a été créé, c'est la matière, c'est l'animal, et c'est l'homme.

---

[1] Si l'on veut connaître quels étaient, à ce sujet, les sentiments intimes de Buffon, qu'on lise les paroles émues, enthousiastes, avec lesquelles il accueillit, lors de son apparition, le livre de Necker, intitulé *De l'importance des idées religieuses*, et que M.ᵐᵉ Necker, amie de Buffon, a consignées dans sa *Correspondance*.

III

Chose singulière ! loin d'affirmer l'existence de la matière comme celle d'une première et indéniable réalité, Buffon la pose comme une sorte de postulat. « Admettons cette existence de la matière, écrit-il, et, quoiqu'il soit impossible de la démontrer, prêtons-nous aux idées ordinaires, et disons qu'elle existe. »

Buffon est-il donc sceptique à la façon de Berkeley ? Évidemment non. Mais il constate que plus on analyse l'idée de matière, moins on y découvre un fond consistant. Qu'est-ce, en effet, que la matière ? Une abstraction. Il n'y a de concret que les corps. Et qu'est-ce qu'un corps ? « Une forme composée, divisible, variable, destructible, » et ainsi « toute la matière n'a rien de constant, rien de réel, rien de général par où nous puissions la saisir et nous assurer de la connaître ». Volontiers, en parlant de la matière, Buffon répéterait le mot d'Héraclite : « Tout s'écoule. »

Inaccessible en soi, la matière ne se connaît que par ses propriétés. Toute matière est étendue, pesante, impénétrable, figurée, divisible, capable d'être mise en mouvement, ou contrainte de demeurer en repos par l'action ou la résistance d'une autre matière. Et sans s'expliquer sur la cause du mouvement initial, Buffon observe que tout mouvement peut devenir lumière et chaleur. Les deux grandes lois du mouvement sont d'ailleurs, à l'en croire, l'attraction et la répulsion.

Voilà pour la matière inorganique. Mais comment expliquer la formation des corps organisés ou des animaux ? Est-ce par génération spontanée que procède de l'inorganique l'organique ? Ou faut-il voir dans l'organique comme le résultat d'une création toute spéciale ? Du temps de Buffon, Charles Bonnet, reprenant les idées de Leibnitz, professait la théorie de la préexistence des germes, théorie assez inutilement compliquée de celle de l'emboîtement des germes. Mais en vain, à la même époque, Spallanzani, par ses belles expériences, confirmait-il une doctrine que les travaux définitifs de M. Pasteur ont mise de nos jours hors de sérieuse contestation. Entre la théorie des germes et celle de la génération spontanée, Buffon, négligeant, dédaignant même sur cette délicate question des origines de la matière organique, les vues de ses contemporains, Buffon soutenait une doctrine moyenne. « L'idée de ramener l'explication de tous les phénomènes à des principes mécaniques est assurément grande et belle, écrivait Buffon ; c'est le pas le plus hardi qu'on pût faire en philosophie et c'est Descartes qui l'a fait ; mais cette idée n'est qu'un projet et ce projet est-il fondé ? » Oui, sans doute, il y a une matière inorganique, substance informe, soumise à la mécanique. Mais n'y a-t-il pas lieu de reconnaître des éléments de vie dans des molécules organiques dont la somme est constante, invariable, qui, par conséquent, sont impérissables?

Buffon imaginait donc que des molécules organiques vivantes, pénétrantes, produisent l'animal ou le végétal, selon qu'elles rencontrent un moule intérieur ou une matière convenable. Tout individu, à ce compte, est formé par l'assemblage d'une multitude de petits individus sensibles. Needham et, à certains égards, Leibnitz, avaient donné de l'organique à peu près la même explication. Ce qui est propre à Buffon, c'est qu'il tient qu'il y a simplement transport, sans aucune multiplication possible, des molécules organiques vivantes. Descartes s'assurait qu'une même quantité de matière et de mouvement est déposée dans l'univers. Leibnitz était persuadé qu'il fallait dire : une même quantité de force ; Buffon nous parle d'une même quantité de vie. La terre, à l'en croire, se trouve toujours également peuplée, « toujours resplendissante de la première gloire de Celui qui l'a créée. »

IV

Cependant, quelles différences n'y a-t-il pas entre la matière inorganique et la matière organisée. Et dans l'organique même, que de degrés ! Ce n'est pas qu'entre l'animal et la plante Buffon ne constate beaucoup plus de propriétés communes que de différences réelles. Où trouver en effet entre l'animal et la plante d'essentielles différences ? Serait-ce se mouvoir ? Mais l'huître ne se meut pas. Sentir, percevoir ? Mais, pour l'animal, sentir, percevoir, c'est se mouvoir sous une pression ; or, en cette façon, la sensitive sent et perçoit. Se nourrir ? Mais les végétaux se nourrissent par leurs racines. Comme les animaux, les plantes respirent ; il y a pour les plantes un sommeil ; les plantes ont des sexes. Finalement, la faculté de croître, de se développer, de se reproduire, qui réside dans les animaux et les végétaux, constitue « une espèce d'unité toujours subsistante et qui paraît éternelle ». On peut même parler d'une âme des plantes ; car la vie animale et la vie végétale ne sont-elles pas, en somme, la vie ? Le fœtus végète, et « un végétal n'est qu'un animal qui dort ». Le vivant ou l'animé, « au lieu d'être un degré métaphysique des êtres, est une propriété physique de la matière », et le polype qui est le dernier des animaux est la première des plantes. Toutefois, du minéral à la plante, et de la plante à l'animal, malgré leurs intimes analogies, quels progrès ! La matière inanimée n'a ni sensation, ni sentiment, ni conscience d'existence. « L'animal réunit toutes les puissances de la nature ; les forces qui l'animent lui sont propres et particulières ; il veut, il agit, il se détermine, il opère, il communique par ses sens avec les objets les plus éloignés ; son individu est un centre où tout se rapporte, un point où l'univers entier se réfléchit, un monde en raccourci. » Mais quoi ! en est-il donc ainsi de tous les animaux, ou plutôt n'est-ce pas uniquement à l'homme que s'applique, dans ce qu'elle a d'essentiel, cette magnifique description de l'animal?

Buffon n'admettait pas que des considérations sur l'âme ne dussent pas trouver place dans les livres d'histoire naturelle. « Pourquoi, en effet, retrancher de l'histoire naturelle de l'homme l'histoire de la partie la plus noble de son être, pourquoi l'avilir et ne le voir qu'animal, quand il est d'une nature très différente, très distinguée et si supérieure aux bêtes qu'il faudrait être aussi peu éclairé qu'elles pour pouvoir les confondre. » — « Que l'homme s'examine, continuait Buffon, qu'il s'analyse, qu'il s'approfondisse, et il reconnaîtra la noblesse de son être, il sentira l'existence de l'âme, il cessera de s'avilir, et verra d'un coup d'œil la distance infinie que l'Être suprême a mise entre les bêtes et lui. Dieu seul connaît le présent, le passé, l'avenir, est de tous les temps ; l'homme qui dure si peu d'instants ne connaît que des instants, mais en lui une puissance vive, immortelle, compare ces instants, les distingue, les ordonne ; par elle il connaît le présent, juge le passé et prévoit l'avenir. » Voilà l'homme ; « formé de terre et composé de poussière, c'est l'organisation, la vie, l'âme, qui fait proprement son existence. » Que sont les animaux ?

Nul n'a, plus soigneusement que Buffon, distingué l'homme, tout animal qu'il soit par son corps, de l'animal proprement dit. Car l'animal, proprement dit, lui, est avant tout machine, et il n'hésite point à décider que rien ne se produit chez cet être autrement que par une pression, d'où suit une impulsion. « Dans l'animal, l'action des objets sur les sens en produit une autre sur le cerveau, sens intérieur et général, qui reçoit et conserve l'ébranlement; de la sorte, le principe de détermination du mouvement chez l'animal est, en effet, purement mécanique et absolument dépendant de l'organisation. » Que parle-t-on, par exemple, de l'industrie des abeilles? « Quels qu'en puissent être les miracles, il est clair qu'ils n'ont été ni prévus, ni ordonnés, ni conçus par les abeilles qui les exécutent, et qu'ils ne dépendent que du mécanisme universel et des lois du mouvement établies par le Créateur. Qu'on mette ensemble, dans le même lieu, dix mille automates animés d'une force vive, et tous déterminés par la ressemblance parfaite de leur forme extérieure et intérieure et par la conformité de leurs mouvements, à faire chacun la même chose dans ce même lieu, il en résultera nécessairement un ouvrage régulier. » Ce n'est pas tout. « Qu'on remplisse un vaisseau de pois, ou plutôt de quelque autre graine cylindrique, et qu'on le ferme exactement, après y avoir versé autant d'eau que les intervalles qui restent entre ces graines peuvent en recevoir ; qu'on fasse bouillir cette eau, tous ces cylindres deviendront des colonnes à six pans. On en voit clairement la raison qui est purement mécanique : chaque graine, dont la figure est cylindrique, tend, par son renflement, à occuper le plus d'espace possible dans un espace donné ; elles deviennent donc toutes nécessairement hexagones par la compression réciproque. Chaque abeille cherche à occuper le plus d'espace possible dans un espace donné : il est donc nécessaire aussi, puisque le corps des abeilles est cylindrique, que leurs cellules soient hexagones par la même raison des obstacles réciproques. »

On a beaucoup reproché à Descartes son automatisme (qu'aussi bien lui imposaient logiquement les principes de son système), sans vouloir le plus souvent remarquer que, tout en considérant les bêtes comme des automates ou des machines, il ne leur refusait ni la vie, ce qui eût été absurde, ni même le sentiment. S'il les compare à des horloges, c'est pour bien faire entendre, à l'aide même d'une hyperbole, que les bêtes n'ont point, comme l'homme, une âme immortelle. Buffon apporte à son propre mécanisme des tempéraments analogues, ou même de plus larges encore. Il estime, en effet, « que les animaux ont le sentiment, même à un plus haut degré que nous. » Ils ont donc la conscience de leur existence actuelle, mais Buffon leur refuse celle de leur existence passée. Les animaux ont des sensations, mais il leur manque la faculté de les comparer. Donc ils n'ont pas de moi ; car chez l'homme le sentiment intérieur qui constitue le moi est composé de la sensation de son existence actuelle et du souvenir d'une existence passée, lequel souvent l'affecte plus que le présent. Pour l'animal, ni passé, ni avenir. A vrai dire, les animaux ne savent pas qu'ils existent, mais le sentent. Leur mémoire et leur imagination consistent également tout entières dans des impressions plus ou moins durables, mais non pas dans le pouvoir de produire ou de combiner des idées. Il y a, en effet, deux espèces de mémoire, l'une qui est la trace de nos idées, l'autre qui n'est que renouvellement de sensations. La première émane de l'âme, la seconde est la seule qu'on puisse accorder à l'animal. Destitué de l'idée du temps, l'animal ne compare point et ses rêves ne sont que sensations. Car pour qu'il y ait mémoire, il est nécessaire qu'à des sensations s'attachent des idées, l'entendement étant d'abord comparaison de sensations à idées, puis comparaison d'idées. Or, les animaux ne font pas la première et beaucoup d'hommes ne font pas la seconde. Enfin, les animaux ont des passions ; ils ont leur espèce d'amitié, d'orgueil, d'ambition, tous les semblants des passions humaines; mais ces passions sont purement animales. Cependant il faut, dans les passions, distinguer le physique et le moral, et c'est ainsi que, suivant Buffon, « il n'y a dans l'amour que le physique qui soit bon ». Tous les attachements ne viennent pas de l'âme; mais c'est de l'âme que viennent les plus nobles et qui supposent la puissance de réfléchir. Telle est l'amitié où les sens n'ont point de part et qui n'émane que de la raison. C'est pourquoi le chien est susceptible d'attachement, mais non pas véritablement d'amitié ; car, « c'est l'âme de son ami qu'on aime, et pour aimer une âme, il faut en avoir une. » Chez les animaux, ni haine, ni amour ; parce que leur nature est simple, ils n'éprouvent ni nos regrets ni nos remords, ni nos craintes ni nos espérances. A parler exactement, ils ne connaissent ni le plaisir ni la douleur, mais ils les sentent. Tout effleurement leur est plaisir, toute secousse leur est douleur et leur unique moyen d'avoir du plaisir, c'est d'exercer leur sentiment pour satisfaire leur appétit. Chez l'homme, le plaisir et la douleur physiques sont la moindre partie de son bonheur, qui essentiellement consiste dans les plaisirs de l'esprit dont le savoir est l'appétit. Comment ne pas l'ajouter? Il n'y a rien chez les animaux de cette imagination qui nous pousse au dehors, qui souvent nous torture, qui fait que nous voudrions changer la nature de notre âme; non plus que les animaux ne sont capables d'aucun calcul relatif à l'avenir. Une observation superficielle peut attribuer aux fourmis quelque prévoyance ; une observation plus attentive la leur refuse, et il est facile de se convaincre que si elles font des amas, ces amas ne leur deviennent pourtant d'aucun usage. « On me reproche de tout ôter aux animaux, conclut Buffon. Bien loin de tout leur ôter, je leur accorde tout, à l'exception de la pensée et de la réflexion. L'éléphant approche de l'homme par l'intelligence autant que la matière approche de l'esprit. »

Sans doute, la nature procède par degrés imperceptibles et par nuances. Mais il n'y en a pas moins une distance infinie entre les facultés de l'homme et celles de l'animal le plus parfait. Si l'homme se rapportait à l'ordre des animaux, il y aurait des êtres moins parfaits que l'homme et plus parfaits que l'animal, par lesquels, insensiblement, on descendrait de l'homme au singe. Or, cela n'est pas. « On passe tout à coup de l'être pensant à l'être matériel, de la puissance intelligente à la force mécanique, de l'ordre et du dessein au mouvement aveugle, de la réflexion à l'appétit. »

V

Tout marque dans l'homme sa supériorité sur tous les autres êtres vivants, et la primauté de sa nature perce à travers les organes matériels. Certainement, on doit en convenir, l'espèce humaine ne diffère pas essentiellement des autres espèces par les facultés corporelles, et, à cet égard, son sort eût été à peu près le même que le leur. Ce n'est pas qu'entre l'homme et l'animal, si les organes intérieurs sont à peu près identiques, ne se remarquent des différences prodigieuses jusque dans l'enveloppe et à l'extérieur. Chez l'homme, un feu divin anime son visage; son cerveau, relativement au volume, est de plus grande étendue, et comment, avec sa main, comparer, par exemple, le pied du cheval? Pour pénétrants qu'ils soient chez les animaux, les sens ne sont pas aussi bons que chez l'homme. Le premier sens chez l'homme est le tact, l'odorat est le dernier ; chez l'animal, c'est le contraire. Chez l'homme, le tact, la vue, l'ouïe sont des sens supérieurs, l'odorat et le goût des sens moins parfaits; chez l'animal, l'odorat est l'organe universel du sentiment. L'homme en effet doit plus connaître qu'appéter, tandis que l'animal est tout d'abord remué par l'appétit. Ses vices même mettent entre l'homme et l'animal une différence ; car l'homme se distingue de l'animal par l'intempérance, et plus souvent malade que l'animal, il périt à tout âge. Mais c'est surtout l'intelligence humaine qui fait l'excellence de l'espèce humaine. Effectivement « pouvons-nous douter que nous ne différions prodigieusement des animaux par le rayon divin qu'il a plû au souverain Être de nous départir? Et ne voyons-nous pas que dans l'homme la matière est conduite par l'esprit? »

Toutefois, il est nécessaire d'en venir à des précisions. Et assurément, afin de marquer d'une manière exacte toutes les différences qui séparent l'homme des bêtes, il faudrait, ainsi que l'observe très bien Buffon, il faudrait connaître les qualités intérieures de l'animal aussi bien que nous connaissons les nôtres. Mais il ajoute, non moins à propos, que, comme il n'est pas possible que nous ayons jamais connaissance de ce qui se passe à l'intérieur de l'animal, nous ne pouvons juger que par les effets. Combien d'ailleurs, à considérer ces effets, n'est-il pas manifeste qu'autre chose est l'homme et autre chose l'animal!

Ainsi chaque animal a sa patrie naturelle, et c'est avec une rigueur toute scientifique que Buffon estime qu'il est permis d'établir une distribution géographique des animaux. Telle contrée, tel climat, telle espèce. L'homme, au contraire, est partout. Il a trouvé moyen de résister aux intempéries des climats; il a créé la chaleur lorsque le froid l'a détruite; la découverte et les usages de l'élément du feu, dûs à sa seule intelligence, l'ont rendu plus robuste qu'aucun des animaux et l'ont mis en état de braver les suites mortelles du refroidissement. D'autres arts, c'est-à-dire d'autres traits de son intelligence, lui ont fourni des vêtements, des armes, et bientôt il s'est trouvé le maître du domaine de la terre ; les mêmes arts lui ont donné le moyen d'en parcourir toute la surface et de s'habituer partout, parce qu'avec plus ou moins de précautions tous les climats lui sont devenus pour ainsi dire égaux. D'un autre côté, tandis que les animaux se subdivisent en espèces qui sont inviolables, l'homme est « la seule espèce qui fasse à la fois espèce et genre ». Comme le globe est le domaine de l'espèce humaine, la nature se prête à toutes ses situations, et, répandue par toute la terre, l'espèce humaine est partout la même parce qu'elle est une. Sans doute on y rencontre des variétés ; mais ces variétés tiennent à la nourriture, à l'éthique et surtout au climat. L'homme est blanc en Europe, noir en Afrique, jaune en Asie, rouge en Amérique ; pourtant races blanche, noire, jaune, rouge, ce n'est toujours que le même homme qui est teint diversement par les climats. « On peut regarder le climat comme la cause première et presque unique de la couleur des hommes. » La fécondité permanente de toutes les races humaines qui peuvent s'unir et propager en commun la grande et unique famille du genre humain en prouve assez l'unité et, plus encore peut-être que dans l'organisation des hommes, cette unité apparaît dans leurs sentiments. Le malheureux nègre lui-même est-il donc étranger aux tendres émotions, et n'est-il pas aisé de découvrir en lui le germe de toutes les vertus?

C'est parce qu'ils appartiennent à la même espèce, que les hommes vivent en société. Pour les animaux, il n'y a point de société véritable; c'est tout au plus s'ils vivent en troupe. Les animaux subordonnés se mangent les uns les autres; donc ils sont de même nature et l'homme est différent. Aucun animal, en outre, n'a jamais établi sa domination sur d'autres animaux, tandis que l'homme domine l'animal. Le plus stupide des hommes suffit à conduire le plus spirituel des animaux. L'homme, aussi bien, s'est approprié les animaux comme les choses, et cette appropriation a été une conquête de son intelligence beaucoup plus que de sa force. Ce n'est que lorsque la puissance de l'homme a secondé celle de la nature, que s'est produite la *septième et dernière Époque*. Jusque-là, l'homme vivait tremblant sur une terre qui tremblait sous ses pieds. Mais après s'être soumis les animaux, il a, par leur secours, converti les déserts en guérets, les bruyères en épis, changé, en un mot, la face des choses. Effectivement, sur trois cents espèces de quadrupèdes qui occupent la surface de la terre et sur quinze cents espèces d'oiseaux, l'homme en a choisi dix-neuf ou vingt, et ces vingt espèces figurent seules plus grandement dans la nature et font plus de bien sur la terre que toutes les autres espèces réunies. En multipliant les espèces utiles, l'homme augmente sur la terre la quantité de mouvement et de vie. Et cet empire de l'homme sur les animaux n'est qu'une particularité de l'action qu'il exerce sur toute la nature, dont il transforme les produits. Voyez le grain dont il fait son pain ; ce n'est point un don de la nature, mais le grand, l'utile fruit de l'intelligence de l'homme et de ses recherches dans le premier des arts. Nulle part sur la terre on n'a trouvé de blé sauvage, et c'est évidemment une herbe perfectionnée par ses soins. Si l'on veut des exemples plus modernes de sa puissance sur les végétaux, il n'y a qu'à comparer nos légumes, nos fleurs et nos fruits avec les mêmes espèces, telles qu'elles étaient il y a cent cinquante ans ; ils ne leur ressemblent que de nom. D'ordinaire, les choses restent et les noms changent ; ici c'est le contraire, ce sont les noms qui restent et les choses qui ont changé ! Les végétaux n'ont pas de races ; l'homme y multiplie les espèces. Chez les animaux, il crée, relève ou ennoblit les races en les croisant ; il s'est ennobli lui-même, en transformant le végétal en animal, et tous deux en sa propre substance, qui se répand ensuite par multiplication. Après Dieu, il est dans la nature le grand sélecteur, comme il est le grand nomenclateur.

Effectivement, si l'homme choisit, élimine et combine, c'est qu'il est doué d'intelligence et de liberté. De là aussi le langage, cet autre privilège qui le distingue si essentiellement des animaux. Car l'animal crie, il ne parle pas ; et tandis que l'homme varie comme à l'infini l'expression de sa pensée, « le cri de l'animal est quelque chose de tracé dans l'espèce ». La parole n'agit pas sur l'animal comme signe intellectuel, mais comme son, bruit; cause physique. Ce n'est point davantage parce que l'organe de la parole manque à l'animal, que l'animal ne parle pas. La langue du singe est aussi parfaite que celle de l'homme; le perroquet répète machinalement des articulations. Les animaux ne parlent pas, parce qu'ils ne pensent pas. C'est pourquoi, « quelque ressemblance qu'il y ait entre le Hottentot et le singe, l'intervalle qui les sépare est immense, puisque à l'intérieur il est rempli par la pensée et au dehors par la parole. »

D'un autre côté, l'homme n'est-il point, à l'exclusion de l'animal, seul capable de progrès ? Considérez les animaux : chaque espèce y fait invariablement la même chose et en même façon. L'ordre de l'action est tracé dans les espèces et n'appartient point à l'individu qui n'a pas d'âme qui le spécifie. Si les animaux avaient une âme, il en faudrait une pour chaque espèce, à laquelle chaque individu participerait; elle serait donc matérielle. L'animal en effet n'invente rien. Tout ce qu'il doit faire, il le fait du premier coup : l'abeille sa ruche, l'oiseau son nid, le castor sa cabane, sans améliorer jamais son ouvrage, non plus que dans cet ouvrage aucune nuance ni aucun détail ne distingue entre eux les ouvriers. Si les animaux avaient une intelligence ou une âme, leurs ouvrages seraient variés ; il y aurait des cellules, des nids, des cabanes plus solides, de plus d'élégance et plus commodes. C'est ainsi que dans un même art se produit une diversité d'artistes et que chez un même artiste se rencontre une diversité de manières, ce qui tient non pas au plus ou au moins de perfection des organes, mais à l'âme et aux dispositions de l'âme. Loin de témoigner aucune réflexion, l'uniformité invariable et instantanée du travail atteste, par conséquent, que l'animal est dépourvu de la faculté de réfléchir. C'est, au contraire, parce qu'il réfléchit, que l'homme ne connaît aucune borne à ses perfectionnements et à ses inventions. Toutes ses œuvres, d'ailleurs, sont marquées d'une empreinte qui lui est propre et accusent son individualité. C'est ce qui en constitue l'excellence et leur assure la durée. Que de livres, notamment, sont abolis par d'autres livres ! Car les faits, les découvertes, toutes ces choses « sont hors de l'homme ». Mais le style « est de l'homme même, il ne peut ni s'enlever, ni se transporter, ni s'altérer », et ainsi l'auteur est sûr de vivre, qui est parvenu à imprimer à ses écrits le sceau de sa personnalité.

Enfin, il est impossible de ne pas l'observer : l'animal paraît ne plus rien désirer quand ses appétits sont satisfaits, et repu, il s'endort, pour chercher de nouveau, à son réveil, la pâture nécessaire à son existence. Sa vie ne dépasse pas le cercle étroit de la sensation. Il n'en est pas de même de l'homme. De la complexité de sa nature résulte une complexité de vie, où les sens n'ont, malgré tout, que la plus faible part. Des besoins tout autres que ceux du corps constamment le travaillent, et qu'il les place dans de hautes ou dans de basses régions, on le voit incessamment en quête d'un idéal qu'il poursuit toujours et qu'il n'atteint jamais. Bossuet constatait, avec l'accent d'une mélancolie solennelle, que « tout homme va tirant après soi la longue chaîne traînante de ses espérances trompées ». Buffon affirme, à son tour, non sans une communicative tristesse « que si on observait les hommes, on verrait que presque tous mènent une vie timide et contenteuse, et que la plupart meurent de chagrin ».

Ainsi, dans son infirmité même, se révèle la supériorité de l'homme sur les animaux. Ce n'est pas seulement en degré qu'il en diffère ; c'est une différence de nature qui l'en sépare, et Buffon n'hésite pas à conclure que s'il leur ressemble, c'est, après tout et quoique par là même il s'en distingue, c'est, après tout, uniquement par l'extérieur.

VI

Cependant, organisés comme nous, vivants comme nous, les animaux, suivant Buffon, auraient-ils donc, comme nous, une âme ? Buffon qui déclare « les animaux capables de tout excepté de raison » n'est certes pas pour leur refuser l'instinct; mais comment expliquer l'instinct ? L'homme a une âme et seul il est fait pour le rire et les larmes qui dépendent de l'action de l'âme. L'instinct serait-il une âme, quoique essentiellement distincte de l'âme humaine, ou cette excitation (*instinctus,* ἐν στίζειν) en vertu de laquelle, avec une infaillible nécessité, se conservent et se reproduisent les animaux, ne serait-elle pas plutôt simplement une manifestation supérieure du mécanisme universel ?

Chez tous les animaux se manifeste l'instinct. Néanmoins, de toute évidence, ce n'est pas chez l'huître, par exemple, laquelle n'est qu'un demi-animal et comme une nuance entre les animaux et les végétaux, qu'il convient de l'envisager, mais chez l'animal, qui, par son organisation comme par ses actions, semble le plus se rapprocher de l'homme. Tel est le singe, auquel, parce qu'il contrefait et copie l'homme, on est parfois tenté d'attribuer plus d'esprit qu'à l'homme qui ne fait ni ne copie rien.

Buffon l'observe avec profondeur : juger ainsi, c'est ne pas comprendre quelle distance il y a entre faire et contrefaire. En réalité, l'imitation nous coûte plus que l'invention, parce que notre âme est à nous et que nous n'avons de commun avec notre espèce que la matière de notre corps. Sans doute la plupart des hommes ne font que ce qu'ils voient faire; les formules remplissent toute la capacité de leur entendement et les dispensent de réfléchir assez pour créer. Aussi, leur âme est-elle en quelque sorte moins âme. C'est qu'en effet l'imitation dépend de la vivacité des impressions d'un sens intérieur matériel, et les enfants ne sont les meilleurs pantomimes que parce qu'ils ont des sens exquis et qu'ils réfléchissent le moins. Conséquemment, loin de prouver ni esprit ni pensée, le talent d'imitation prouve plutôt le contraire.

Comment, dès lors, s'étonner que les animaux imitent et mieux que l'homme? Leur éducation n'est aussi prompte que parce qu'elle n'est qu'une imitation confirmée par l'habitude. N'ayant pas d'âme, ils ne pensent ni ne réfléchissent, et n'ayant pas de *moi*, tout principe d'individualité ou de différence leur fait défaut. Leur supériorité d'imitation atteste, manifestement leur infériorité.

Tel est précisément le cas du singe. Presque tous les animaux imitent leurs semblables. Le singe imite l'homme, parce que, malgré des différences physiologiques spécifiques, il est extérieurement à peu près conformé comme nous ; de là, chez le singe, une suite de mouvements copiés sur les nôtres. Mais au lieu de dessein, d'intelligence, d'esprit, ce sont de simples rapports de figure, de mouvement, d'organisation, de sentiment; c'est une application particulière de lois de la nature qui sont générales et communes à tous les êtres animés. C'est pourquoi, finalement, si des résultats de la machine animale, l'imitation est le plus prodigieux, elle n'est pourtant qu'un résultat.

Circonstance notable ! Ce n'est point chez les animaux supérieurs, chez le chien ou le cheval, l'éléphant ou le castor qu'on admire le plus l'instinct ; c'est chez des insectes, qui sans cœur ni poumons, mais avec des parties qui servent aux mêmes fonctions, diffèrent autant que possible de l'homme et des autres animaux : on a nommé les abeilles. Les abeilles, en effet, qui bâtissent le plus solidement possible, dans le moindre espace possible, avec le plus d'économie possible, les abeilles n'ont-elles pas leur géométrie ? Ne sont-elles pas animées de sentiments d'ordre et de prévoyance ? Et n'est-ce pas dans leur ruche où chacun travaille pour tous qu'il faut chercher le véritable amour de la république ? — Ce sont là des considérations sur lesquelles Buffon se plaît à insister, afin d'en montrer le néant. « Plus on observe ce panier de mouches, remarque-t-il ironiquement, plus on découvre de merveilles. Le

Créateur n'est-il pas assez grand par ses ouvrages sans notre imbécilité ? On imagine des merveilles et puis on les admire..» Buffon « ne peut entendre prêcher la morale et la théologie des insectes ».

Si la cellule était, comme on le croit, l'ouvrage intelligent de l'abeille, l'abeille aurait plus d'esprit que nous. Mais quoi ! solitaires, prises une à une, les abeilles ne produisent rien, et il leur faut, pour exécuter leur travail, une société ou un assemblage physique. N'est-ce pas la preuve manifeste qu'il n'y a dans ce travail que rapport mécanique, combinaison de mouvements proportionnelle au nombre, rapport qui n'est compliqué que parce qu'il dépend de plusieurs milliers d'individus ? Effectivement, la mère abeille produisant dix mille individus dans un même lieu et à la fois, ces individus, pour continuer à vivre, doivent s'arranger en quelque façon, d'où résulte un ordre ; ils agissent tous, les uns comme les autres, avec des forces égales, d'où, en suite de la compression réciproque, résultent des hexagones. Parce que leur nombre est moindre et moindre aussi leur compression, les guêpes et les frelons n'offrent que des constructions plus grossières. Comment s'émerveiller de la régularité des hexagones construits par les abeilles ? Cette régularité ne se trouve-t-elle pas, et encore plus grande, dans les cristaux, dans les graines, dans les fleurs ?

Qu'on ne parle pas davantage de la prévoyance des abeilles. L'abeille travaille tant qu'il y a des fleurs ; si on lui ôte son miel, elle recommence, et son labeur dure autant que les objets mêmes auxquels il s'applique. Cette république si vantée des abeilles se résout pour nous en une foule de petites bêtes qui ne semblent avoir d'autre destination que de nous fournir de la cire et du miel, et, en somme, s'il n'y avait pas d'huîtres et de polypes, les abeilles seraient au dernier rang des animaux. On sait ce qu'est la prétendue prévoyance des fourmis ; il en est de même de la prévoyance des abeilles, comme aussi de celle des mulots et des oiseaux. Les mulots amassent en proportion non de leurs besoins, mais du lieu qu'ils occupent, et c'est relativement à leur organisation que les oiseaux construisent leurs nids. Encore un coup, les animaux ignorent ce qui doit arriver et ce qui est ; c'est ainsi qu'une poule couve des œufs de canards ou même des œufs de craie. Si les animaux étaient doués d'intelligence, leur âme serait plus prévoyante que la nôtre, car la raison doute tandis que l'instinct agit infailliblement. Aussi l'instinct n'est-il, à le bien prendre, que mécanisme et stupidité. Au fond, « on admire d'autant plus qu'on observe davantage et qu'on raisonne moins, ou plutôt on raisonne sur des faits avant de s'être assuré qu'ils sont réels ; bien observés, on en trouverait aisément la cause, et les préjugés disparaîtraient. »

Que l'instinct soit un mécanisme vivant, mais un mécanisme qui ne suppose point une âme, c'est ce qui devient encore plus manifeste quand on considère chez les bêtes l'uniformité invariable de leurs actions. A coup sûr, elles sont susceptibles d'éducation, de domestication ; les animaux peuvent apprendre à refaire ce qu'ils ont fait une fois, à faire longtemps ce qu'ils ont fait un instant, spontanément ce qu'ils ont fait par force, par habitude ou par hasard ; en un mot, on dresse les animaux ; mais, laissés à eux-mêmes, ils retombent.

Oui, loin de supposer une âme, l'instinct exclut l'âme. Or, si l'instinct n'est pas âme, qu'est-il ? « Séparons-nous de tout ce qui appartient à l'âme, écrit Buffon, ôtons-nous l'entendement, l'esprit et la mémoire ; ce qui nous restera sera la partie matérielle par laquelle nous sommes animaux ; nous aurons des besoins, des sensations, des appétits, nous éprouverons du plaisir et de la douleur, nous aurons des passions ; tout cela peut s'expliquer chez les animaux, sans pensée ni réflexion, par le seul sens intérieur matériel et les ébranlements organiques de ce sens. »

Toutefois, que faut-il entendre par ce sens intérieur matériel et ces ébranlements organiques? — Le sens intérieur matériel ? — Le cerveau est à l'animal un sens intérieur et général qui reçoit toutes les impressions que les sens extérieurs lui transmettent ; il est plus général et garde plus longtemps l'ébranlement que les autres sens ; mais, comme les sens extérieurs, c'est un organe mécaniquement affecté en même temps qu'un principe purement mécanique de détermination de mouvement. Chez l'homme existe, à la vérité, ce même sens intérieur, mais il n'est que moyen ou cause secondaire de mouvement, subordonné au sens supérieur, lequel réside dans la substance spirituelle qui nous anime et nous conduit. Chez l'animal le sens intérieur matériel est tout ; le cerveau y est une masse d'appui, et les nerfs en sont les parties que l'action des puissances met en mouvement. — Les ébranlements organiques ? — Les sens, surtout relatifs à l'appétit, portent l'impression modifiée dans le cerveau où elle devient sensation. Le cerveau, en conséquence de cette impression, agit sur les nerfs et leur communique l'ébranlement reçu, d'où suivent, avec le mouvement progressif, toutes les actions extérieures du corps et des membres de l'animal. A ce compte, dira-t-on, la réaction dépasse l'action, ce qui, en mécanique, est contradictoire. Mais ne voit-on pas, répond Buffon, qu'une étincelle suffit pour enflammer par son choc un baril de poudre ? C'est l'action des objets qui fait naître le désir, et c'est le désir qui produit le mouvement progressif. Un maître présente de la nourriture à son chien qu'il a battu, et qui finit par accepter l'aliment qui lui est offert. Chez ce chien battu se renouvellent les ébranlements de la douleur en même temps que se font sentir ceux de l'appétit, ce qui établit d'abord une sorte d'équilibre. Un troisième ébranlement produit par l'action du maître devient la cause déterminante du mouvement de l'animal. C'est là un effet purement mécanique et qui dépend absolument de l'organisation, et c'est ainsi que les ébranlements organiques modifient, en y introduisant le mouvement, le sens intérieur matériel.

Quelle idée donc, au demeurant, concevoir de ce sens intérieur matériel ? Parfois, en parlant du cerveau qui en est l'organe, Buffon semble distinguer du cerveau ce sens ; mais, en dernière analyse, c'est avec le cerveau que ce sens est par lui identifié. Les animaux, conséquemment, ne sont-ils pour Buffon que des machines ? Oui et non. Ce ne sont pas des machines, si par machines on entend, comme Descartes, des automates chez lesquels le mouvement aurait engendré la vie. Mais ce sont des machines, si on reconnaît que ces machines d'une espèce particulière résultent de molécules organiques ou vivantes. « Au fond, écrivait de nos jours Claude Bernard, la vie n'est qu'un mécanisme. » Tel était déjà à peu près le sentiment de Buffon, et, suivant l'auteur de l'*Histoire naturelle*, il en est de même de l'instinct, qui n'est que le résultat mécanique du sens intérieur, lequel est purement matériel.

Qu'on y réfléchisse ! Être ou n'être pas doué de pensée, être raisonnable ou sans raison, suivant Buffon, tout est là, et « les animaux sont capables de tout, excepté de raison ». Or, comme il n'y a pas de milieu entre être raisonnable et être sans raison, non plus qu'entre le positif et le négatif, il est évident que l'homme organisé comme l'animal ne ressemble guère d'ailleurs à l'animal que par l'extérieur, et que, le juger par cette ressemblance matérielle, c'est s'arrêter à l'apparence au lieu d'aller à la réalité.

Pour l'homme, [Buffon ne craint pas même d'en venir à cette assertion inattendue et fort hasardée], la matière est une enveloppe étrangère, dont l'union nous est inconnue et la présence nuisible, et l'ordre de pensées qui constitue notre être en est peut-être tout à fait indépendant. Pour l'animal, au contraire, la matière est tout.

Sans doute, il n'est pas étonnant que l'homme, qui se connaît si peu, qui confond les sensations et les idées, qui distingue si mal le produit de l'âme et le produit du cerveau, se compare aux animaux, qu'il n'admette entre lui et eux qu'une nuance dépendant de l'organisation; il n'est pas étonnant qu'il les fasse raisonner, entendre, se déterminer, et qu'il leur attribue même, avec les qualités qu'il a, celles qui lui manquent. Mais qu'il s'étudie attentivement lui-même, et il se convaincra qu'il est d'une nature essentiellement différente, que seul il fait classe à part. C'est, qu'en effet, quoique les ouvrages du Créateur soient en eux-mêmes tous également parfaits, si l'animal est l'ouvrage le plus complet de la nature, l'homme en est le chef-d'œuvre.

VII

Qu'est-ce donc que l'homme? « Quelque intérêt que nous ayons à nous connaître, remarque Buffon, je ne sais si nous ne connaissons pas mieux tout ce qui n'est pas nous. » Quoi qu'il en soit, d'après Buffon et à n'en pas douter, « l'homme intérieur est double, *homo duplex;* il est composé de deux principes différents par leur nature et contraires par leur action. L'âme, ce principe spirituel, ce principe de toute connaissance, est toujours en opposition avec cet autre principe animal et purement matériel, qui est le corps. Le premier est une lumière pure qu'accompagnent le calme et la sérénité, une source salutaire dont émanent la science, la raison, la sagesse; l'autre est une fausse lueur qui ne brille que par la tempête et dans l'obscurité, un torrent impétueux qui coule et entraîne à sa suite les passions et les erreurs. » Le principe animal se développe le premier; le principe spirituel se manifeste plus tard et se perfectionne par l'éducation.

Il est aisé, en rentrant en soi-même, de reconnaître l'existence de ces deux principes. N'y a-t-il pas en effet des heures, des jours, des saisons où, par dégoût, nous voulons ce que nous ne faisons pas et faisons ce que nous ne voulons pas? Alors en nous règne l'ennui, ce triste tyran de toutes les âmes qui pensent, et le *moi* nous apparaît divisé en deux personnes, dont la première, faculté raisonnable, blâme ce que fait la seconde, mais n'est pas assez forte pour vaincre. De la sorte succède en nous à l'équilibre un antagonisme qui atteste notre dualité.

Malgré son étrangeté ou même son apparente contradiction, cette union de l'âme et du corps est acceptée par Buffon comme un fait qu'il n'y a point à discuter et qu'il ne cherche pas non plus à expliquer. Ce qui le frappe et ce qu'il note avec insistance, c'est que l'âme, quelque mêlés que soient à ses développements les développements du corps, l'âme se distingue du corps et constitue le fond même de notre être. « L'existence de notre âme nous est démontrée, ou plutôt nous ne faisons qu'un, cette existence et nous ; être et penser sont pour nous la même chose. Cette vérité est intime et plus qu'intuitive ; elle est indépendante de nos sens, de notre imagination, de notre mémoire et de toutes nos autres pensées relatives. » Buffon va même jusqu'à ajouter « que l'existence de notre corps et des autres sujets extérieurs est douteuse pour quiconque raisonne sans préjugé ».

Effectivement, dire que l'âme est distincte du corps, parce que l'âme est inétendue, immatérielle et immortelle, et le corps, étendu, matériel et mortel, c'est ne rien dire ; car cela se réduit à nier du corps ce qu'on affirme de l'âme. Mais dire que de ces deux substances, nous sommes certains de l'existence de la première et peu assurés de l'existence de l'autre, que celle-là n'a qu'une forme, la pensée, tandis que l'autre est moins une substance qu'une capacité de recevoir des formes, c'est établir quelque chose.

Quoi! la sensation ne témoigne-t-elle pas que l'âme est tellement confondue avec le corps, qu'on ne saurait distinguer de l'âme le corps! Buffon répond que les sensations que nous éprouvons n'ont rien de commun avec les corps qui les déterminent, non plus qu'avec notre propre corps sur lequel ces corps font impression. Qu'a de commun avec la lumière la sensation de la lumière, ou avec le son la sensation du son? Absolument rien. Cela seul ne suffirait-il donc pas pour nous prouver que notre âme est, en effet, d'une nature différente de celle de la matière?

Les sensations sont uniquement des modes de l'âme et comme des façons de voir. Qu'on nous suppose dépourvus à peu près de toute espèce de sensations, comme ce serait le cas d'un homme à la fois aveugle, sourd et lépreux, notre âme n'en existera pas moins. Il y a plus; la matière n'est pas nécessaire aux sensations. Car les sensations ne se produisent-elles pas en nous pendant le sommeil, alors que les rapports sont rompus avec les objets qui les déterminent, et en l'absence même de ces objets?

L'étendue, la matière, pourraient donc ne pas

exister, sans que pour cela nous dussions cesser d'être capables d'éprouver des sensations ou d'exister. Il en est de la matière en général comme de notre corps en particulier. Vienne la mort (et la mort consiste pour Buffon dans la séparation des deux substances), « après la mort, notre corps existe ; il a même tout le genre d'existence qu'il peut comporter ; il est le même qu'il était auparavant ; cependant, l'âme ne s'aperçoit plus de l'existence du corps ; il a cessé d'être pour nous. Tout ce qui cause nos sensations, la matière en général, pourrait bien ne pas plus exister pour nous que notre propre corps, qui ne sera plus rien pour nous ».

Une telle théorie, surtout dans les considérations qui la terminent, laisse assurément beaucoup de place à l'incertitude et appelle la controverse. Buffon invoque des arguments moins contestables, lorsque, au-dessus des sens proprement dits, il signale en nous « un sens d'une nature supérieure, qui réside dans la substance spirituelle, qui nous anime et qui nous conduit ». Rarement, sans doute, « faisons-nous usage de ce sens intérieur qui nous réduit à nos vraies dimensions, et sépare de nous tout ce qui n'est pas nous. » D'ordinaire « nous cherchons à nous répandre, à exister hors de nous ». — « Cœur, esprit, sens, travaillent contre ce sens, » qui est la conscience. « C'est cependant de ce sens qu'il faut nous servir, si nous voulons nous connaître ; c'est le seul par lequel nous puissions nous juger. » De là le moi, où le sentiment de l'actuel se joint au sentiment du passé ; de là, en somme, la vie et la puissance de l'âme. Ainsi, c'est l'âme qui veut tandis que le corps ne fait qu'obéir tout autant qu'il peut. Supposez un homme voulant atteindre un objet et qui tout à coup se trouve privé des membres nécessaires. A défaut de jambes, il se servira de ses genoux ; à défaut de genoux et de cuisses, il se servira de ses bras et de ses mains ; à défaut de bras et de mains, il rampera, se traînera de toute la flexibilité de ses vertèbres, s'accrochera par le menton ou avec les dents. C'est donc l'âme qui commande et le corps n'est qu'un instrument. L'âme, d'autre part, s'unit immédiatement à tel objet qui lui plaît, malgré la distance ; le corps, non ; blessé par ce qui est trop près, tout lui est un obstacle.

Si la contemplation était un attouchement, comment pourrait-elle s'appliquer à l'éloigné et à l'abstrait? Si la volonté était un mouvement, comment s'exercerait-elle sans qu'il y eût espace? Ce sont autant d'oppositions à la matière; l'être qui contemple et qui veut ne peut être qu'immatériel.

Ce n'est pas tout; l'âme qui s'affranchit des conditions de l'espace, brave également les nécessités du temps. La succession des différents âges est impuissante à produire en elle la moindre altération, et la vieillesse particulièrement n'est « qu'un préjugé. » Unie au corps pendant un certain nombre d'années, il est tout simple que l'âme finisse par en être désunie. Effectivement tout change dans la nature, tout s'altère, tout périt; le corps de l'homme n'est pas plutôt arrivé à son point de perfection qu'il commence à déchoir; peu à peu il s'appesantit, se solidifie, et se produisent la caducité, la décrépitude, la mort. La vie s'éteint par nuances successives, et la mort n'est que le dernier terme de cette suite de degrés, la dernière nuance de la vie. « De même, en effet, que le corps a passé par des degrés insensibles de formation, de même insensiblement aussi il se déforme jusqu'à ce qu'arrive l'instant où l'âme doit se séparer de son corps, l'abandonner et le rendre à la masse commune de la matière à laquelle il appartient. » La mort conséquemment n'a rien d'effrayant ; elle n'est qu'une dernière nuance d'un état précédent. Comme nous commençons de vivre par degrés, nous finissons de mourir comme nous avons commencé, et l'un et l'autre nous arrivent de la même façon, sans que nous le sentions, sans que nous puissions nous en apercevoir. » Aussi bien, « pourquoi craindre la mort, si l'on a bien vécu pour n'en pas craindre les suites ? Pourquoi redouter cet instant, puisqu'il est préparé par une infinité d'autres instants du même ordre, puisque la mort est aussi naturelle que la vie ? » La mort est un spectre à distance et vains sont les effrois de l'imagination. Ce que Buffon tient, d'ailleurs, pour évident, c'est que « plus on a d'esprit, plus on existe. » C'est par la puissance de réfléchir que se distinguent les hommes.

« L'homme, à la vérité, n'a connu que tard l'étendue de sa puissance, et même il ne la connaît pas encore assez; elle dépend en entier de l'exercice de son intelligence. Plus il observera, plus il cultivera la nature, plus il aura de moyens pour se la soumettre et de facilité pour tirer de son sein des espèces nouvelles, sans diminuer les trésors de son inépuisable fécondité. Quoique subordonnée à celle de la nature, sa puissance souvent a fait plus qu'elle, ou du moins l'a si merveilleusement secondée que c'est à l'aide de nos mains qu'elle s'est développée dans toute son étendue, et qu'elle est arrivée par degrés au point de perfection et de magnificence où nous la voyons aujourd'hui. » Maître de la nature par son intelligence, l'homme, par son intelligence, doit aussi s'appliquer à devenir maître de lui-même. « Il a fallu six cents siècles à la nature pour construire ses grands ouvrages, pour attiédir la terre, pour en façonner la surface et arriver à un état tranquille ; combien n'en faudra-t-il pas pour que les hommes arrivent au même point, et cessent de s'inquiéter, de s'agiter et de s'entre-détruire ? » Et pourtant, « que l'homme ne pourrait-il pas sur lui-même, c'est-à-dire sur sa propre espèce, si sa volonté était toujours dirigée par son intelligence ! Qui sait jusqu'à quel point il pourrait perfectionner la nature, soit au moral, soit au physique ? Que l'homme donc, conclut Buffon, agisse sur lui-même ; car si la science est sa vraie gloire, la paix est son vrai bonheur. »

En résumé, jeté nu sur la terre nue, l'homme, par son génie, non seulement égale la nature, *majestati naturæ par ingenium,* mais il la surpasse. S'il n'est point indépendant de la nature, ce qui n'appartient qu'au Créateur, à beaucoup d'égards il la domine et continue l'action créatrice ; car « il coopère à l'harmonie générale par la volonté, le travail, l'industrie, la civilisation. » De la sorte se trouve vérifiée par l'étude de la nature, telle que l'a comprise Buffon, cette parole de Pascal, que : « tous les corps, le firmament, les étoiles, la terre et ses royaumes, ne valent pas le moindre des esprits ; car il connaît tout cela et soi ; et les corps, rien. »

TABLE DES MATIÈRES

	Pages.
INTRODUCTION	v
Des idées d'esprit et de matière dans la philosophie de Bacon	1
Robert Boyle et l'idée de nature	43
Toland, panthéisticon	85
La philosophie de Buffon	197

www.ingramcontent.com/pod-product-compliance
Lightning Source LLC
Chambersburg PA
CBHW050254170426
43202CB00011B/1681